Y55°0.
c.bK.3.

OEUVRES

DE

J. B. POQUELIN
DE MOLIÈRE.

TOME TROISIÈME.

SENLIS,

IMPRIMERIE STÉRÉOTYPE DE TREMBLAY.

OEUVRES

DE

J. B. POQUELIN
DE MOLIÈRE.

TOME TROISIÈME

A PARIS,
CHEZ MME VEUVE DABO,
A LA LIBRAIRIE STÉRÉOTYPE, RUE DU POT-DE-FER., N.º 14.
1824.

DON JUAN,

OU

LE FESTIN DE PIERRE,

COMÉDIE EN CINQ ACTES,

Représentée le 15 février 1665.

PERSONNAGES.

Don JUAN, fils de don Louis.
ELVIRE, femme de don Juan.
Don CARLOS, } frères d'Elvire.
Don ALONSE,
Don LOUIS, père de don Juan.
FRANCISQUE, pauvre.
CHARLOTTE, } paysannes.
MATHURINE,
PIERROT, paysan.
LA STATUE DU COMMANDEUR.
GUSMAN, écuyer d'Elvire.
SGANARELLE, } valets de don Juan.
LA VIOLETTE,
RAGOTIN.
Monsieur DIMANCHE, marchand.
LA RAMÉE, spadassin.
UN SPECTRE.

La scène est en Sicile.

DON JUAN,

OU

LE FESTIN DE PIERRE.

ACTE PREMIER.

SCÈNE I.

SGANARELLE, GUSMAN.

SGANARELLE, *tenant une tabatière.*

Quoique puissent dire Aristote et toute la philosophie, il n'est rien d'égal au tabac : c'est la passion des honnêtes gens; et qui vit sans tabac n'est pas digne de vivre. Non seulement il réjouit et purge les cerveaux humains, mais encore il instruit les ames à la vertu, et l'on apprend avec lui à devenir honnête homme. Ne voyez-vous pas bien, dès qu'on en prend, de quelle manière obligeante on en use avec tout le monde, et comme on est ravi d'en donner à droite et à gauche, partout où l'on se trouve? On n'attend pas même que l'on en demande, et l'on court au-devant du souhait des gens : tant il est vrai que le tabac inspire des sentiments d'honneur et de vertu à tous ceux qui en prennent. Mais c'est assez de cette matière; reprenons un peu notre discours. Si bien donc, cher Gusman, que done Elvire ta maîtresse, surprise de notre départ, s'est mise en campagne après nous; et son cœur, que mon maître a su toucher trop fortement, n'a pu vivre, dis-tu, sans le venir chercher ici. Veux-tu qu'entre nous je te dise ma pensée? J'ai peur qu'elle ne soit mal payée de son amour, que son voyage en cette ville ne produise peu de fruit, et que vous n'eussiez autant gagné à ne bouger de là.

GUSMAN.

Et la raison encore? Dis-moi, je te prie, Sganarelle, qui peut t'inspirer une peur d'un si mauvais augure? Ton maître t'a-t-il ouvert son cœur là-dessus? et t'a-t-il dit qu'il eût pour nous quelque froideur qui l'ait obligé à partir?

SGANARELLE.

Non pas; mais, à vue de pays, je connois à peu près le train des choses, et, sans qu'il m'ait encore rien dit, je gagerois presque que l'affaire va là. Je pourrois peut-être me tromper; mais enfin, sur de tels sujets, l'expérience m'a pu donner quelques lumières.

GUSMAN.

Quoi! ce départ si peu prévu seroit une infidélité de don Juan? Il pourroit faire cette injure aux chastes feux de done Elvire?

ACTE I, SCÈNE I.

SGANARELLE.

Non; c'est qu'il est jeune encore, et qu'il n'a pas le courage...

GUSMAN.

Un homme de sa qualité feroit une action si lâche?

SGANARELLE.

Hé! oui, sa qualité! La raison en est belle! et c'est par-là qu'il s'empêcheroit des choses...!

GUSMAN.

Mais les saints nœuds du mariage le tiennent engagé.

SGANARELLE.

Hé! mon pauvre Gusman, mon ami, tu ne sais pas encore, crois-moi, quel homme est don Juan.

GUSMAN.

Je ne sais pas, de vrai, quel homme il peut être, s'il faut qu'il nous ait fait cette perfidie; et je ne comprends point comme, après tant d'amour et tant d'impatience témoignée, tant d'hommages pressants, de vœux, de soupirs et de larmes, tant de lettres passionnées, de protestations ardentes et de serments réitérés, tant de transports enfin et tant d'emportements qu'il a fait paroître, jusqu'à forcer, dans sa passion, l'obstacle sacré d'un couvent pour mettre done Elvire en sa puissance; je ne comprends pas, dis-je, comme, après tout cela, il auroit le cœur de pouvoir manquer à sa parole.

SGANARELLE.

Je n'ai pas grand peine à le comprendre, moi; et

si tu connoissois le pélerin, tu trouverois la chose assez facile pour lui. Je ne dis pas qu'il ait changé de sentiments pour done Elvire, je n'en ai point de certitude encore. Tu sais que, par son ordre, je partis avant lui; et, depuis son arrivée, il ne m'a point entretenu : mais, par précaution, je t'apprends, *inter nos*, que tu vois en don Juan mon maître le plus grand scélérat que la terre ait jamais porté, un enragé, un chien, un démon, un Turc, un hérétique qui ne croit ni ciel, ni enfer, ni diable, qui passe cette vie en véritable bête brute, un pourceau d'Épicure, un vrai Sardanapale, qui ferme l'oreille à toutes les remontrances qu'on lui peut faire, et traite de billevesées tout ce que nous croyons. Tu me dis qu'il a épousé ta maîtresse; crois qu'il auroit plus fait pour sa passion, et qu'avec elle il auroit encore épousé toi, son chien et son chat. Un mariage ne lui coûte rien à contracter; il ne se sert point d'autres pièges pour attraper les belles, et c'est un épouseur à toutes mains. Dame, demoiselle, bourgeoise, paysanne, il ne trouve rien de trop chaud ni de trop froid pour lui; et si je te disois le nom de toutes celles qu'il a épousées en divers lieux, ce seroit un chapitre à durer jusqu'au soir. Tu demeures surpris, et changes de couleur à ce discours : ce n'est là qu'une ébauche du personnage; et, pour en achever le portrait, il faudroit bien d'autres coups de pinceau. Suffit qu'il faut que le courroux du ciel l'accable quelque jour; qu'il me vaudroit bien mieux d'être au diable que d'être à lui; et qu'il me fait voir tant d'horreurs, que je souhaiterois qu'il fût déjà je ne sais où. Mais un grand seigneur méchant homme est une terrible chose: il faut que je lui sois fidèle, en dépit que j'en aie; la crainte en moi fait l'office du zèle, bride mes sentiments, et me réduit d'applaudir bien souvent à ce que mon ame déteste. Le voilà qui vient se promener dans ce palais, séparons-nous. Écoute au moins : je t'ai fait cette confidence avec franchise, et cela m'est sorti un peu bien vite de la bouche; mais s'il falloit qu'il en vînt quelque chose à ses oreilles, je dirois hautement que tu aurois menti.

SCÈNE II.

D. JUAN, SGANARELLE.

D. JUAN.

Quel homme te parloit là? Il a bien de l'air, ce me semble, du bon Gusman de done Elvire.

SGANARELLE.

C'est quelque chose aussi à peu près de cela.

D. JUAN.

Quoi! c'est lui?

SGANARELLE.

Lui-même.

D. JUAN.

Et depuis quand est-il en cette ville?

SGANARELLE.

D'hier au soir.

D. JUAN.

Et quel sujet l'amène ?

SGANARELLE.

Je crois que vous jugez assez ce qui le peut inquiéter.

D. JUAN.

Notre départ, sans doute ?

SGANARELLE.

Le bon homme en est tout mortifié, et m'en demandoit le sujet.

D. JUAN.

Et quelle réponse as-tu faite ?

SGANARELLE.

Que vous ne m'en aviez rien dit.

D. JUAN.

Mais encore, quelle est ta pensée là-dessus ? Que t'imagines-tu de cette affaire ?

SGANARELLE.

Moi ? je crois, sans vous faire tort, que vous avez quelque nouvel amour en tête.

D. JUAN.

Tu le crois ?

SGANARELLE.

Oui.

D. JUAN.

Ma foi, tu ne te trompes pas ; et je dois t'avouer qu'un autre objet a chassé Elvire de ma pensée.

SGANARELLE.

Hé ! mon dieu ! je sais mon don Juan sur le bout du doigt, et connois votre cœur pour le plus grand coureur du monde; il se plaît à se promener de liens en liens, et n'aime guère à demeurer en place.

D. JUAN.

Et ne trouves-tu pas, dis-moi, que j'ai raison d'en user de la sorte?

SGANARELLE.

Hé! monsieur...

D. JUAN.

Quoi? parle.

SGANARELLE.

Assurément que vous avez raison, si vous le voulez; on ne peut pas aller là-contre: mais, si vous ne le voulez pas, ce seroit peut-être une autre affaire.

D. JUAN.

Hé bien! je te donne la liberté de parler, et de me dire tes sentiments.

SGANARELLE.

En ce cas, monsieur, je vous dirai franchement que je n'approuve point votre méthode, et que je trouve fort vilain d'aimer de tous côtés comme vous faites.

D. JUAN.

Quoi! tu veux qu'on se lie à demeurer au premier objet qui nous prend, qu'on renonce au monde pour lui, et qu'on n'ait plus d'yeux pour personne? La belle chose de vouloir se piquer d'un faux honneur d'être fidèle, de s'ensevelir pour toujours dans une passion, et d'être mort dès sa jeunesse à toutes les autres beautés qui nous peuvent frapper les yeux!

Non, non, la constance n'est bonne que pour des ridicules ; toutes les belles ont droit de nous charmer, et l'avantage d'être rencontrée la première ne doit point dérober aux autres les justes prétentions qu'elles ont toutes sur nos cœurs. Pour moi, la beauté me ravit par-tout où je la trouve, et je cède facilement à cette douce violence dont elle nous entraîne. J'ai beau être engagé, l'amour que j'ai pour une belle n'engage point mon âme à faire injustice aux autres ; je conserve des yeux pour voir le mérite de toutes, et rends à chacune les hommages et les tributs où la nature nous oblige. Quoi qu'il en soit, je ne puis refuser mon cœur à tout ce que je vois d'aimable ; et dès qu'un beau visage me le demande, si j'en avois dix mille, je les donnerois tous. Les inclinations naissantes, après tout, ont des charmes inexplicables, et tout le plaisir de l'amour est dans le changement. On goûte une douceur extrême à réduire par cent hommages le cœur d'une jeune beauté ; à voir de jour en jour les petits progrès qu'on y fait ; à combattre par des transports, par des larmes et des soupirs, l'innocente pudeur d'une ame qui a peine à rendre les armes ; à forcer pied à pied toutes les petites résistances qu'elle nous oppose ; à vaincre les scrupules dont elle se fait un honneur ; et à la mener doucement où nous avons envie de la faire venir. Mais lorsqu'on en est maître une fois, il n'y a plus rien à souhaiter ; tout le beau de la passion est fini, et nous nous endormons dans la tranquillité d'un tel amour, si quelque objet nouveau ne vient réveiller nos désirs, et présenter à notre cœur les charmes attrayants d'une conquête à faire. Enfin il n'est rien de si doux que de triompher de la résistance d'une belle personne; et j'ai sur ce sujet l'ambition des conquérants, qui volent perpétuellement de victoire en victoire, et ne peuvent se résoudre à borner leurs souhaits. Il n'est rien qui puisse arrêter l'impétuosité de mes désirs, je me sens un cœur à aimer toute la terre; et, comme Alexandre, je souhaiterois qu'il y eût d'autres mondes pour y pouvoir étendre mes conquêtes amoureuses.

SGANARELLE.

Vertu de ma vie! comme vous débitez! Il semble que vous ayez appris cela par cœur, et vous parlez tout comme un livre.

D. JUAN.

Qu'as-tu à dire là-dessus?

SGANARELLE.

Ma foi, j'ai à dire... Je ne sais que dire : car vous tournez les choses d'une manière, qu'il semble que vous avez raison; et cependant il est vrai que vous ne l'avez pas. J'avois les plus belles pensées du monde, et vos discours m'ont brouillé tout cela. Laissez faire; une autre fois je mettrai mes raisonnements par écrit pour disputer avec vous.

D. JUAN.

Tu feras bien.

SGANARELLE.

Mais, monsieur, cela seroit-il de la permission

que vous m'avez donnée, si je vous disois que je suis tant soit peu scandalisé de la vie que vous menez ?

D. JUAN.

Comment ! quelle vie est-ce que je mène ?

SGANARELLE.

Fort bonne. Mais, par exemple, de vous voir tous les mois vous marier comme vous faites....

D. JUAN.

Y a-t-il rien de plus agréable ?

SGANARELLE.

Il est vrai, je conçois que cela est fort agréable et fort divertissant; et je m'en accommoderois assez, moi, s'il n'y avoit point de mal : mais, monsieur, se jouer ainsi du mariage, qui...

D. JUAN.

Va, va, c'est une affaire que je saurai bien démêler sans que tu t'en mettes en peine.

SGANARELLE.

Ma foi, monsieur, vous faites une méchante raillerie.

D. JUAN.

Holà, maître sot. Vous savez que je vous ai dit que je n'aime pas les faiseurs de remontrances.

SGANARELLE.

Je ne parle pas aussi à vous, dieu m'en garde. Vous savez ce que vous faites, vous ; et, si vous êtes libertin, vous avez vos raisons : mais il y a de certains petits impertinents dans le monde qui le sont sans savoir pourquoi, qui font les esprits forts, parcequ'ils croient que cela leur sied bien ; et si j'avois un maître comme cela, je lui dirois nettement, le regardant en face : C'est bien à vous, petit ver de terre, petit mirmidon que vous êtes (je parle au maître que j'ai dit); c'est bien à vous à vouloir vous mêler de tourner en raillerie ce que tous les hommes révèrent ! Pensez-vous que pour être de qualité, pour avoir une perruque blonde et bien frisée, des plumes à votre chapeau, un habit bien doré, et des rubans couleur de feu (ce n'est pas à vous que je parle, c'est à l'autre); pensez-vous, dis-je, que vous en soyez plus habile homme, que tout vous soit permis, et qu'on n'ose vous dire vos vérités ? Apprenez de moi, qui suis votre valet, que les libertins ne font jamais une bonne fin, et que...

D. JUAN.

Paix !

SGANARELLE.

De quoi est-il question ?

D. JUAN.

Il est question de te dire qu'une beauté me tient au cœur, et qu'entraîné par ses appas je l'ai suivie jusqu'en cette ville.

SGANARELLE.

Et ne craignez-vous rien, monsieur, de la mort de ce commandeur que vous tuâtes il y a six mois ?

D. JUAN.

Et pourquoi craindre ? Ne l'ai-je pas bien tué ?

SGANARELLE.

Fort bien, le mieux du monde; et il auroit tort de se plaindre.

D. JUAN.

J'ai eu ma grace de cette affaire.

SGANARELLE.

Oui : mais cette grace n'éteint pas peut-être le ressentiment des parents et des amis; et...

D. JUAN.

Ah! n'allons point songer au mal qui nous peut arriver, et songeons seulement à ce qui peut donner du plaisir. La personne dont je te parle est une jeune fiancée, la plus agréable du monde, qui a été conduite ici par celui même qu'elle y vient épouser; et le hasard me fit voir ce couple d'amants trois ou quatre jours avant leur voyage. Jamais je n'ai vu deux personnes être si contentes l'une de l'autre, et faire éclater plus d'amour. La tendresse visible de leurs mutuelles ardeurs me donna de l'émotion; j'en fus frappé au cœur, et mon amour commença par la jalousie. Oui, je ne pus souffrir d'abord de les voir si bien ensemble; le dépit alluma mes désirs, et je me figurai un plaisir extrême à pouvoir troubler leur intelligence, et rompre cet attachement dont la délicatesse de mon cœur se tenoit offensée : mais jusqu'ici tous mes efforts ont été inutiles, et j'ai recours au dernier remède. Cet époux prétendu doit aujourd'hui régaler sa maîtresse d'une promenade sur mer. Sans t'en avoir rien dit, toutes choses sont preparées pour satisfaire mon amour, et j'ai une petite barque et des gens avec quoi fort facilement je prétends enlever la belle.

SGANARELLE.

Ah! monsieur...

D. JUAN.

Hé!

SGANARELLE.

C'est fort bien fait à vous, et vous le prenez comme il faut. Il n'est rien tel en ce monde que de se contenter.

D. JUAN.

Prépare-toi donc à venir avec moi, et prends soin toi-même d'apporter toutes mes armes, afin que.... (*apercevant done Elvire.*) Ah! rencontre fâcheuse! Traître! tu ne m'avois pas dit qu'elle étoit ici elle-même.

SGANARELLE.

Monsieur, vous ne me l'avez pas demandé.

D. JUAN.

Est-elle folle de n'avoir pas changé d'habit, et de venir en ce lieu-ci avec son équipage de campagne?

SCÈNE III.

DONE ELVIRE, D. JUAN, SGANARELLE.

DONE ELVIRE.

ME ferez-vous la grace, don Juan, de vouloir

bien me reconnoître? et puis-je au moins espérer
que vous daigniez tourner le visage de ce côté?

D. JUAN.

Madame, je vous avoue que je suis surpris, et
que je ne vous attendois pas ici.

DONE ELVIRE.

Oui, je vois bien que vous ne m'y attendiez
pas, et vous êtes surpris, à la vérité, mais tout
autrement que je ne l'espérois; et la manière dont
vous le paroissez me persuade pleinement ce que
je refusois de croire. J'admire ma simplicité, et la
foiblesse de mon cœur à douter d'une trahison que
tant d'apparences me confirmoient. J'ai été assez
bonne, je le confesse, ou plutôt assez sotte, pour
me vouloir tromper moi-même, et travailler à
démentir mes yeux et mon jugement. J'ai cherché
des raisons pour excuser à ma tendresse le relâ-
chement d'amitié qu'elle voyoit en vous; et je me
suis forgé exprès cent sujets légitimes d'un départ
si précipité, pour vous justifier du crime dont ma
raison vous accusoit. Mes justes soupçons chaque
jour avoient beau me parler, j'en rejetois la voix
qui vous rendoit criminel à mes yeux, et j'écou-
tois avec plaisir mille chimères ridicules qui vous
peignoient innocent à mon cœur; mais enfin cet
abord ne me permet plus de douter, et le coup
d'œil qui m'a reçue m'apprend bien plus de choses
que je ne voudrois en savoir. Je serai bien aise
pourtant d'ouïr de votre bouche les raisons de
votre départ. Parlez, don Juan, je vous prie; et

ACTE I, SCÊNE III.

voyons de quel air vous saurez vous justifier.

D. JUAN.

Madame, voilà Sganarelle qui sait pourquoi je suis parti.

SGANARELLE, *bas, à don Juan.*

Moi, monsieur? je n'en sais rien, s'il vous plaît.

DONE ELVIRE.

Hé bien! Sganarelle, parlez. Il n'importe de quelle bouche j'entende ses raisons.

D. JUAN, *faisant signe à Sganarelle d'approcher.*

Allons, parle donc à madame.

SGANARELLE, *bas, à don Juan.*

Que voulez-vous que je dise?

DONE ELVIRE.

Approchez, puisqu'on le veut ainsi, et me dites un peu les causes d'un départ si prompt.

D. JUAN.

Tu ne répondras pas?

SGANARELLE, *bas, à don Juan.*

Je n'ai rien à répondre. Vous vous moquez de votre serviteur.

D. JUAN.

Veux-tu répondre? te dis-je.

SGANARELLE.

Madame...

DONE ELVIRE.

Quoi?

SGANARELLE, *se tournant vers son maître.*

Monsieur...

D. JUAN, *en le menaçant.*

Si...

SGANARELLE.

Madame, les conquérants, Alexandre, et les autres mondes, sont cause de notre départ. Voilà, monsieur, tout ce que je puis dire.

DONE ELVIRE.

Vous plaît-il, don Juan, nous éclaircir ces beaux mystères?

D. JUAN.

Madame, à vous dire la vérité...

DONE ELVIRE.

Ah! que vous savez mal vous défendre pour un homme de cour et qui doit être accoutumé à ces sortes de choses! J'ai pitié de vous voir la confusion que vous avez. Que ne vous armez-vous le front d'une noble effronterie? Que ne me jurez-vous que vous êtes toujours dans les mêmes sentiments pour moi, que vous m'aimez toujours avec une ardeur sans égale, et que rien n'est capable de vous détacher de moi que la mort? Que ne me dites-vous que des affaires de la dernière conséquence vous ont obligé à partir sans m'en donner avis; qu'il faut que, malgré vous, vous demeuriez ici quelque temps, et que je n'ai qu'à m'en retourner d'où je viens, assurée que vous suivrez mes pas le plus tôt qu'il vous sera possible; qu'il est certain que vous brûlez de me rejoindre, et qu'éloigné de moi vous souffrez ce que souffre un corps qui est séparé de son ame?

Voilà comme il faut vous défendre, et non pas être interdit comme vous êtes.

D. JUAN.

Je vous avoue, madame, que je n'ai point le talent de dissimuler, et que je porte un cœur sincère. Je ne vous dirai point que je suis toujours dans les mêmes sentiments pour vous, et que je brûle de vous rejoindre, puisqu'enfin il est assuré que je ne suis parti que pour vous fuir, non point par les raisons que vous pouvez vous figurer, mais par un pur motif de conscience, et pour ne croire pas qu'avec vous davantage je puisse vivre sans péché. Il m'est venu des scrupules, madame, et j'ai ouvert les yeux de l'ame sur ce que je faisois. J'ai fait réflexion que, pour vous épouser, je vous ai dérobée à la clôture d'un couvent, que vous avez rompu des vœux qui vous engageoient autre part, et que le ciel est fort jaloux de ces sortes de choses. Le repentir m'a pris, et j'ai craint le courroux céleste. J'ai cru que notre mariage n'étoit qu'un adultère déguisé, qu'il nous attireroit quelque disgrace d'en-haut, et qu'enfin je devois tâcher de vous oublier et vous donner un moyen de retourner à vos premières chaînes. Voudriez-vous, madame, vous opposer à une si sainte pensée, et que j'allasse, en vous retenant, me mettre le ciel sur les bras; que par...?

DONE ELVIRE.

Ah! scélérat, c'est maintenant que je te connois

tout entier; et, pour mon malheur, je te connois lorsqu'il n'en est plus temps, et qu'une telle connoissance ne peut plus me servir qu'à me désespérer : mais sache que ton crime ne demeurera pas impuni, et que le même ciel dont tu te joues me saura venger de ta perfidie.

D. JUAN.

Madame....

DONE ELVIRE.

Il suffit, je n'en veux pas ouïr davantage, et je m'accuse même d'en avoir trop entendu. C'est une lâcheté que de se faire expliquer trop sa honte; et, sur de tels sujets, un noble cœur au premier mot doit prendre son parti. N'attends pas que j'éclate ici en reproches et en injures; non, non, je n'ai point un courroux à s'exhaler en paroles vaines, et toute sa chaleur se réserve pour sa vengeance. Je te le dis encore, le ciel te punira, perfide, de l'outrage que tu me fais; et, si le ciel n'a rien que tu puisses appréhender, appréhende du moins la colère d'une femme offensée.

SCÈNE IV.

D. JUAN, SGANARELLE.

SGANARELLE, *à part.*

Si le remords le pouvoit prendre !

D. JUAN, *après un moment de réflexion.*

Allons songer à l'exécution de notre entreprise amoureuse.

SGANARELLE, *seul.*

Ah! quel abominable maître me vois-je obligé de servir !

FIN DU PREMIER ACTE.

ACTE SECOND.

SCÈNE I.

CHARLOTTE, PIERROT.

CHARLOTTE.

Notre dinse! Piarrot, tu t'es trouvé là bian à point!

PIERROT.

Parguienne! il ne s'en est pas fallu l'époisseur d'une éplingue qu'ils ne se sayant nayés tous deux.

CHARLOTTE.

C'est donc le coup de vent d'à matin qui les avoit renvarsés dans la mar?

PIERROT.

Aga, quien, Charlotte, je m'en vas te conter tout fin drait comme cela est venu : car, comme dit l'autre, je les ai le premier avisés, avisés le premier je les ai. Enfin donc, j'étions sur le bord de la mar, moi et le gros Lucas, et je nous amusions à batifoler avec des mottes de tarre que je nous jesquions à la tête; car, comme tu sais bian, le gros Lucas aime à batifoler, et moi, par fouas, je batifole itou. En batifolant donc, pisque batifoler y a, j'ai aparçu de tout loin queuque chose qui grouilloit dans gliau, et qui venoit comme envars nous par secousse. Je voyois cela fixiblement; pis tout d'un coup je voyois que je ne voyois plus rian. Hé! Lucas, c'ai-je fait, je pense que vlà deux hommes qui nagiant là-bas. Voire, ce m'a-t-il fait, t'as été au trépassement d'un chat, t'as la vue trouble. Par sanguienne! c'ai-je fait, je n'ai point la vue trouble, ce sont des hommes. Point du tout, ce m'a-t-il fait; t'as la barlue. Veux-tu gager, c'ai-je fait, que je n'ai point la barlue, c'ai-je fait, et que ce sont deux hommes, c'ai-je fait, qui nagiant drait ici, c'ai-je fait? Morguienne! ce m'a-t-il fait, je gage que non. Oh çà, c'ai-je fait, veux-tu gager dix sous que si? Je le veux bian, ce m'a-t-il fait; et pour te montrer, vlà argent sur jeu, ce m'a-t-il fait. Moi, je n'ai point été ni fou ni étourdi, j'ai bravement bouté à tarre quatre pièces tapées, et cinq sous en doubles, jerniguienne! aussi hardiment que si j'avois avalé un varre de vin; car je sis hasardeux, moi, et je vas à la débandade. Je savois bian ce que je faisois pourtant. Queuque gniais.... Enfin donc je n'avons pas putôt eu gagé, que j'avons vu les deux hommes tout à plain qui nous faisiant signe de les aller querir; et moi de tirer les enjeux. Allons, Lucas, c'ai-je dit, tu vois bian qu'ils nous appelont; allons vite à leu secours. Non, ce m'a-t-il dit, ils m'ont fait pardre. Oh donc, tanquia qu'à la parfin, pour le faire court, je l'ai tant sarmonné, que je nous sommes boutés dans une barque; et pis j'avons tant fait cahin caha, que je les avons tirés de gliau; et pis je les avons menés cheux nous auprès du feu; et pis ils se sant dépouillés tout nus pour se sécher; et pis il y en est venu encore deux de la même bande qui s'équiant sauvés tout seuls; et pis Mathurine est arrivée là, à qui l'en a fait les doux yeux. Vlà justement, Charlotte, comme tout ça s'est fait.

CHARLOTTE.

Ne m'as-tu pas dit, Piarrot, qu'il y en a un qu'est bian pu mieux fait que les autres?

PIERROT.

Oui, c'est le maître. Il faut que ce soit queuque gros monsieu, car il a du d'or à son habit tout depis le haut jusqu'en bas, et ceux qui le servont sont des monsieux eux-mêmes; et stapandant, tout gros monsieu qu'il est, il seroit, parmafiqué, nayé si je n'avions été là.

CHARLOTTE.

Ardez un peu!

PIERROT.

Oh! parguienne! sans nous, il en avoit pour sa maine de fèves.

CHARLOTTE.

Est-il encore cheux toi tout nu, Piarrot?

PIERROT.

Nannain, ils l'avont r'habillé tout devant nous. Mon guieu! je n'en avois jamais vu s'habiller. Que d'histoires et d'engingorniaux boutont ces messieux-là les courtisans! Je me pardrois là-dedans, pour moi; et j'étois tout ébobi de voir ça. Quien,

Charlotte, ils avont des cheveux qui ne tenont
point à leu tête; et ils boutont ça, après tout,
comme un gros bonnet de filasse. Ils ant des
chemises qui ant des manches où j'entrerions tout
brandis toi et moi. En glieu d'haut-de-chausse,
ils portent une garde-robe aussi large que d'ici à
Pâque; en glieu de pourpoint, de petites brassières
qui ne leu venont pas jusqu'au brichet; et, en
glieu de rabat, un grand mouchoir de cou à résiau,
aveuc quatre grosses houppes de linge qui leu
pendont sur l'estomaque. Ils avont itou d'autres
petits rabats au bout des bras, et de grands enton-
nois de passement aux jambes, et, parmi tout ça,
tant de rubans, tant de rubans, que c'est une vraie
piquié : ignia pas jusqu'aux souliers qui n'en
soyont farcis tout depis un bout jusqu'à l'autre;
et ils sont faits d'eune façon que je me romprois le
cou aveuc.

CHARLOTTE.

Par ma fi, Piarrot, il faut que j'aille voir un
peu ça.

PIERROT.

Oh! acoute un peu auparavant, Charlotte. J'ai
queuque autre chose à te dire, moi.

CHARLOTTE.

Hé bian! dis; qu'est-ce que c'est?

PIERROT.

Vois-tu, Charlotte, il faut, comme dit l'autre,
que je débonde mon cœur. Je t'aime, tu le sais

3.

bian, et je sommes pour être mariés ensemble; mais, marguienne, je ne suis point satisfait de toi.

CHARLOTTE.

Quement! qu'est-ce que c'est donc qu'iglia?

PIERROT.

Iglia que tu me chagraines l'esprit, franchement.

CHARLOTTE.

Et quement donc?

PIERROT.

Tétiguienne! tu ne m'aimes point.

CHARLOTTE.

Ah! ah! n'est-ce que ça?

PIERROT.

Oui, ce n'est que ça, et c'est bian assez.

CHARLOTTE.

Mon guieu! Piarrot, tu me viens toujou dire la même chose.

PIERROT.

Je te dis toujou la même chose, parceque c'est toujou la même chose; et si ce n'étoit pas toujou la même chose, je ne te dirois pas toujou la même chose.

CHARLOTTE.

Mais qu'est-ce qu'il te faut? Que veux-tu?

PIERROT.

Jerniguienne! je veux que tu m'aimes.

CHARLOTTE.

Est-ce que je ne t'aime pas?

PIERROT.

Non, tu ne m'aimes pas, et si je fais tout ce

que je pis pour ça. Je t'achète, sans reproche, des rubans à tous les marciers qui passont; je me romps le cou à t'aller dénicher des marles; je fais jouer pour toi les vielleux quand ce vient ta fête : et tout ça comme si je me frappois la tête contre un mur. Vois-tu, ça n'est ni biau ni honnête de n'aimer pas les gens qui nous aimont.

CHARLOTTE.

Mais, mon guieu! je t'aime aussi.

PIERROT.

Oui, tu m'aimes d'une belle dégaine!

CHARLOTTE.

Quement veux-tu donc qu'on fasse?

PIERROT.

Je veux que l'en fasse comme l'en fait quand l'en aime comme il faut.

CHARLOTTE.

Ne t'aimé-je pas aussi comme il faut?

PIERROT.

Non. Quand ça est, ça se voit; et l'en fait mille petites singeries aux parsonnes, quand en les aime du bon du cœur. Regarde la grosse Thomasse, comme alle est assotée du jeune Robain : alle est toujou autour de li à l'agacer, et ne le laisse jamais en repos. Toujou alle li fait queuque niche, ou li baille queuque taloche en passant; et, l'autre jour qu'il étoit assis sur un escabiau, alle fut le tirer de dessous li, et le fit choir tout de son long par tarre. Jarni! vlà où l'en voit les gens qui aimont! Mais toi, tu ne me dis jamais mot, t'es toujou là comme eune vraie souche de bois; et je passerois vingt fois devant toi, que tu ne te grouillerois pas pour me bailler le moindre coup, ou me dire la moindre chose. Ventreguienne! ça n'est pas bian, après tout; et t'es trop froide pour les gens.

CHARLOTTE.

Que veux-tu que j'y fasse? C'est mon himeur; et je ne me pis refondre.

PIERROT.

Ignia himeur qui tienne. Quand en a de l'amiquié pour les parsonnes, l'en en baille toujou queuque petite signifiance.

CHARLOTTE.

Enfin, je t'aime tout autant que je pis; et, si tu n'es pas content de ça, tu n'as qu'à en aimer queuque autre.

PIERROT.

Hé bian! vlà pas mon compte? Tétigué! si tu m'aimois, me dirois-tu ça?

CHARLOTTE.

Pourquoi me viens-tu aussi tarabuster l'esprit?

PIERROT.

Morgué! queu mal te fais-je? Je ne te demande qu'un peu d'amiquié.

CHARLOTTE.

Hé bian! laisse faire aussi, et ne me presse point tant. Peut-être que ça viendra tout d'un coup sans y songer.

PIERROT.

Touche donc là, Charlotte.

CHARLOTTE, *donnant sa main.*

Hé bian! quien.

PIERROT.

Promets-moi donc que tu tâcheras de m'aimer davantage.

CHARLOTTE.

J'y ferai tout ce que je pourrai; mais il faut que ça vienne de lui-même. Piarrot, est-ce là ce monsieu?

PIERROT.

Oui, le vlà.

CHARLOTTE.

Ah! mon guieu! qu'il est genti! et que c'auroit été dommage qu'il eût été nayé!

PIERROT.

Je revians tout à l'heure; je m'en vais boire chopaine pour me rebouter tant soit peu de la fatigue que j'aie eue.

SCÈNE II.

D. JUAN, SGANARELLE, CHARLOTTE, *dans le fond du théâtre.*

D. JUAN.

Nous avons manqué notre coup, Sganarelle, et cette bourrasque imprévue a renversé avec notre barque le projet que nous avions fait: mais, à te dire vrai, la paysanne que je viens de quitter répare ce malheur, et je lui ai trouvé des charmes qui effacent de mon esprit tout le chagrin que me donnoit le mauvais succès de notre entreprise. Il ne faut pas que ce cœur m'échappe; et j'y ai déjà jeté des dispositions à ne pas me souffrir long-temps pousser des soupirs.

SGANARELLE.

Monsieur, j'avoue que vous m'étonnez. A peine sommes-nous échappés d'un péril de mort, qu'au lieu de rendre graces au ciel de la pitié qu'il a daigné prendre de nous, vous travaillez tout de nouveau à attirer sa colère par vos fantaisies accoutumées et vos amours cr... (*Don Juan prend un air menaçant.*) Paix! coquin que vous êtes; vous ne savez ce que vous dites, et monsieur sait ce qu'il fait. Allons.

D. JUAN, *apercevant Charlotte.*

Ah! ah! d'où sort cette autre paysanne, Sganarelle? As-tu rien vu de plus joli? et ne trouves-tu pas, dis-moi, que celle-ci vaut bien l'autre?

SGANARELLE.

Assurément. (*à part.*) Autre pièce nouvelle!

D. JUAN, *à Charlotte.*

D'où me vient, la belle, une rencontre si agréable? Quoi! dans ces lieux champêtres, parmi ces arbres et ces rochers, on trouve des personnes faites comme vous êtes!

CHARLOTTE.

Vous voyez, monsieu.

D. JUAN.

Êtes-vous de ce village?

ACTE II, SCÈNE II.

CHARLOTTE.

Oui, monsieur.

D. JUAN.

Et vous y demeurez?

CHARLOTTE.

Oui, monsieur.

D. JUAN.

Vous vous appelez?

CHARLOTTE.

Charlotte, pour vous sarvir.

D. JUAN.

Ah! la belle personne! et que ses yeux sont pénétrants!

CHARLOTTE.

Monsieu, vous me rendez toute honteuse.

D. JUAN.

Ah! n'ayez point de honte d'entendre dire vos vérités. Sganarelle, qu'en dis-tu? Peut-on rien voir de plus agréable? Tournez-vous un peu, s'il vous plait. Ah! que cette taille est jolie! Haussez un peu la tête, de grace. Ah! que ce visage est mignon! Ouvrez vos yeux entièrement. Ah! qu'ils sont beaux! Que je voie un peu vos dents, je vous prie. Ah! qu'elles sont amoureuses, et ces lèvres appetissantes! Pour moi, je suis ravi, et je n'ai jamais vu une si charmante personne.

CHARLOTTE.

Monsieu, cela vous plait à dire, et je ne sais pas si c'est pour vous railler de moi.

D. JUAN.

Moi, me railler de vous? Dieu m'en garde! Je vous aime trop pour cela, et c'est du fond du cœur que je vous parle.

CHARLOTTE.

Je vous sis bian obligée, si ça est.

D. JUAN.

Point du tout, vous ne m'êtes point obligée de tout ce que je dis; et ce n'est qu'à votre beauté que vous en êtes redevable.

CHARLOTTE.

Monsieu, tout ça est trop bian dit pour moi, et je n'ai pas d'esprit pour vous répondre.

D. JUAN.

Sganarelle, regarde un peu ses mains.

CHARLOTTE.

Fi, monsieu! elles sont noires comme je ne sais quoi.

D. JUAN.

Ah! que dites-vous là? elles sont les plus blanches du monde : souffrez que je les baise, je vous prie.

CHARLOTTE.

Monsieu, c'est trop d'honneur que vous me faites; et, si j'avois su ça tantôt, je n'aurois pas manqué de les laver avec du son.

D. JUAN.

Hé! dites-moi un peu, belle Charlotte, vous n'êtes pas mariée, sans doute?

CHARLOTTE.

Non, monsieu; mais je dois bientôt l'être avec Piarrot, le fils de la voisine Simonnette.

D. JUAN.

Quoi! une personne comme vous seroit la femme d'un simple paysan! Non, non; c'est profaner tant de beautés, et vous n'êtes pas née pour demeurer dans un village. Vous méritez, sans doute, une meilleure fortune; et le ciel, qui le connoît bien, m'a conduit ici tout exprès pour empêcher ce mariage, et rendre justice à vos charmes: car enfin, belle Charlotte, je vous aime de tout mon cœur; et il ne tiendra qu'à vous que je vous arrache de ce misérable lieu, et que je vous mette dans l'état où vous méritez d'être. Cet amour est bien prompt, sans doute: mais quoi! c'est un effet, Charlotte, de votre grande beauté; et l'on vous aime autant en un quart-d'heure qu'on feroit une autre en six mois.

CHARLOTTE.

Aussi, vrai, monsieu, je ne sais comment faire quand vous parlez. Ce que vous dites me fait aise, et j'aurois toutes les envies du monde de vous croire; mais on m'a toujours dit qu'il ne faut jamais croire les monsieux, et que vous autres courtisans êtes des enjôleux qui ne songez qu'à abuser les filles.

D. JUAN.

Je ne suis pas de ces gens-là.

SGANARELLE, *à part.*

Il n'a garde.

CHARLOTTE.

Voyez-vous, monsieu, il n'y a pas plaisir à se laisser abuser. Je suis une pauvre paysanne; mais j'ai l'honneur en recommandation, et j'aimerois mieux me voir morte que de me voir déshonorée.

D. JUAN.

Moi, j'aurois l'ame assez méchante pour abuser une personne comme vous? Je serois assez lâche pour vous déshonorer? Non, non; j'ai trop de conscience pour cela. Je vous aime, Charlotte, en tout bien et en tout honneur; et, pour vous montrer que je dis vrai, sachez que je n'ai point d'autre dessein que de vous épouser. En voulez-vous un plus grand témoignage? M'y voilà prêt, quand vous voudrez; et je prends à témoin l'homme que voilà de la parole que je vous donne.

SGANARELLE.

Non, non, ne craignez point; il se mariera avec vous tant que vous voudrez.

D. JUAN.

Ah! Charlotte, je vois bien que vous ne me connoissez pas encore. Vous me faites grand tort de juger de moi par les autres; et s'il y a des fourbes dans le monde, des gens qui ne cherchent qu'à abuser des filles, vous devez me tirer du nombre, et ne pas mettre en doute la sincérité de ma foi : et puis, votre beauté vous assure de tout.

Quand on est faite comme vous, on doit être à couvert de toutes ces sortes de craintes : vous n'avez point l'air, croyez-moi, d'une personne qu'on abuse ; et pour moi, je l'avoue, je me percerois le cœur de mille coups, si j'avois eu la moindre pensée de vous trahir.

CHARLOTTE.

Mon guieu ! je ne sais si vous dites vrai, ou non, mais vous faites que l'on vous croit.

D. JUAN.

Lorsque vous me croirez, vous me rendrez justice assurément ; et je vous réitère encore la promesse que je vous ai faite. Ne l'acceptez-vous pas ? et ne voulez-vous pas consentir à être ma femme ?

CHARLOTTE.

Oui, pourvu que ma tante le veuille.

D. JUAN.

Touchez donc là, Charlotte, puisque vous le voulez bien de votre part.

CHARLOTTE.

Mais, au moins, monsieu, ne m'allez pas tromper, je vous prie ; il y auroit de la conscience à vous ; et vous voyez comme j'y vais à la bonne foi.

D. JUAN.

Comment ! il semble que vous doutiez encore de ma sincérité ! Voulez-vous que je fasse des sermens épouvantables ? Que le ciel...

CHARLOTTE.

Mon guieu ! ne jurez point ; je vous crois.

D. JUAN.

Donnez-moi donc un petit baiser, pour gage de votre parole.

CHARLOTTE.

Oh! monsieu, attendez que je soyons mariés, je vous prie : après ça, je vous baiserai tant que vous voudrez.

D. JUAN.

Hé bien! belle Charlotte; je veux tout ce que vous voulez; abandonnez-moi seulement votre main, et souffrez que, par mille baisers, je lui exprime le ravissement où je suis.

SCÈNE III.

D. JUAN, SGANARELLE, PIERROT, CHARLOTTE.

PIERROT, *poussant don Juan qui baise la main de Charlotte.*

Tout doucement, monsieu; tenez-vous, s'il vous plaît. Vous vous échauffez trop, et vous pourriez gagner la purésie.

D. JUAN, *repoussant rudement Pierrot.*

Qui m'amène cet impertinent?

PIERROT, *se mettant entre don Juan et Charlotte.*

Je vous dis qu'ou vous tegniez, et qu'ou ne caressiez point nos accordées.

D. JUAN, *repoussant encore Pierrot.*

Ah! que de bruit!

ACTE II, SCÈNE III.

PIERROT.

Jerniguienne! ce n'est pas comme ça qu'il faut pousser les gens.

CHARLOTTE, *prenant Pierrot par le bras.*

Et laisse-le faire aussi, Piarrot.

PIERROT.

Quement! que je le laisse faire? Je ne veux pas, moi.

D. JUAN.

Ah!

PIERROT.

Tétiguienne! parcequ'ous êtes monsieu, vous viendrez caresser nos femmes à notre barbe? Allez-v's-en caresser les vôtres.

D. JUAN.

Hé!

PIERROT.

Hé! (*Don Juan lui donne un soufflet.*) Tétigué! ne me frappez pas. (*Autre soufflet.*) Oh! jernigué! (*Autre soufflet.*) Ventregué! (*Autre soufflet.*) Palsanguié! morguienne! ça n'est pas bian de battre les gens, et ce n'est pas là la récompense de v's avoir sauvé d'être nayé

CHARLOTTE.

Piarrot, ne te fâche point.

PIERROT.

Je me veux fâcher; et t'es une vilaine, toi, d'endurer qu'on te cajole.

CHARLOTTE.

Oh! Piarrot, ce n'est pas ce que tu penses. Ce

4.

monsieu veut m'épouser, et tu ne dois pas te bouter en colère.

PIERROT.

Quement! jerni! tu m'es promise.

CHARLOTTE.

Ça n'y fait rian, Piarrot. Si tu m'aimes, ne dois-tu pas être bian aise que je devienne madame?

PIERROT.

Jernigué! non. J'aime mieux te voir crevée que de te voir à un autre.

CHARLOTTE.

Va, va, Piarrot, ne te mets point en peine. Si je sis madame, je te ferai gagner queuque chose, et tu apporteras du beurre et du fromage cheux nous.

PIERROT.

Ventreguienne! je gni en porterai jamais, quand tu m'en paierois deux fouas autant. Est-ce donc comme ça que t'écoutes ce qu'il te dit? Morguienne! si j'avois su ça tantôt, je me serois bian gardé de le tirer de gliau, et je gli aurois baillé un bon coup d'aviron sur la tête.

D. JUAN, *s'approchant de Pierrot pour le frapper.*

Qu'est-ce que vous dites?

PIERROT, *se mettant derrière Charlotte.*

Jerniguienne! je ne crains parsonne.

D. JUAN, *passant du côté où est Pierrot.*

Attendez-moi un peu.

PIERROT, *repassant de l'autre côté.*

Je me moque de tout, moi.

ACTE II, SCÈNE III.

D. JUAN, *courant après Pierrot.*

Voyons cela.

PIERROT, *se sauvant encore derrière Charlotte.*

J'en avons bian vu d'autres.

D. JUAN.

Ouais !

SGANARELLE.

Hé! monsieur, laissez là ce pauvre misérable. C'est conscience de le battre. (*à Pierrot, en se mettant entre lui et don Juan.*) Écoute, mon pauvre garçon, retire-toi, et ne lui dis rien.

PIERROT, *passant devant Sganarelle, et regardant fièrement don Juan.*

Je veux lui dire, moi.

D. JUAN, *levant la main pour donner un soufflet à Pierrot.*

Ah! je vous apprendrai...

(*Pierrot baisse la tête, et Sganarelle reçoit le soufflet.*)

SGANARELLE, *regardant Pierrot.*

Peste soit du maroufle !

D. JUAN, *à Sganarelle.*

Te voilà payé de ta charité.

PIERROT.

Jarni ! je vas dire à sa tante tout ce ménage-ci.

SCÈNE IV.

D. JUAN, CHARLOTTE, SGANARELLE.

D. JUAN, *à Charlotte.*

ENFIN je m'en vais être le plus heureux de tous

les hommes, et je ne changerois pas mon bonheur contre toutes les choses du monde. Que de plaisirs quand vous serez ma femme! et que...

SCÈNE V.

D. JUAN, MATHURINE, CHARLOTTE, SGANARELLE.

SGANARELLE, *apercevant Mathurine.*

Ah! ah!

MATHURINE, *à don Juan.*

Monsieur, que faites-vous donc là avec Charlotte? Est-ce que vous lui parlez d'amour aussi?

D. JUAN, *bas, à Mathurine.*

Non. Au contraire, c'est elle qui me témoignoit une envie d'être ma femme, et je lui répondois que j'étois engagé à vous.

CHARLOTTE, *à don Juan.*

Qu'est-ce que c'est donc que vous veut Mathurine?

D. JUAN, *bas, à Charlotte.*

Elle est jalouse de me voir vous parler, et voudroit bien que je l'épousasse; mais je lui dis que c'est vous que je veux.

MATHURINE.

Quoi! Charlotte...

D. JUAN, *bas, à Mathurine.*

Tout ce que vous lui direz sera inutile, elle s'est mis cela dans la tête.

ACTE II, SCÈNE V.

CHARLOTTE.

Quement donc ! Mathurine...

D. JUAN, *bas, à Charlotte.*

C'est en vain que vous lui parlerez, vous ne lui ôterez pas cette fantaisie.

MATHURINE.

Est-ce que...?

D. JUAN, *bas, à Mathurine.*

Il n'y a pas moyen de lui faire entendre raison.

CHARLOTTE.

Je voudrois...

D. JUAN, *bas, à Charlotte.*

Elle est obstinée comme tous les diables.

MATHURINE.

Vramant...

D. JUAN, *bas, à Mathurine.*

Ne lui dites rien, c'est une folle.

CHARLOTTE.

Je pense...

D. JUAN, *bas, à Charlotte.*

Laissez-la là, c'est une extravagante.

MATHURINE.

Non, non, il faut que je lui parle.

CHARLOTTE.

Je veux voir un peu ses raisons.

MATHURINE.

Quoi!...

D. JUAN, *bas, à Mathurine.*

Je gage qu'elle va vous dire que je lui ai promis de l'épouser.

CHARLOTTE.

Je...

D. JUAN, *bas, à Charlotte.*

Gageons qu'elle vous soutiendra que je lui ai donné parole de la prendre pour femme.

MATHURINE.

Holà! Charlotte, ça n'est pas bian de courir su le marché des autres.

CHARLOTTE.

Ça n'est pas honnête, Mathurine, d'être jalouse que monsieu me parle.

MATHURINE.

C'est moi que monsieu a vue la première.

CHARLOTTE.

S'il vous a vue la première, il m'a vue la seconde, et m'a promis de m'épouser.

D. JUAN, *bas, à Mathurine.*

Hé bien! que vous ai-je dit?

MATHURINE, *à Charlotte.*

Je vous baise les mains; c'est moi, et non pas vous, qu'il a promis d'épouser.

D. JUAN, *bas, à Charlotte.*

N'ai-je pas deviné?

CHARLOTTE.

A d'autres, je vous prie; c'est moi, vous dis-je.

MATHURINE.

Vous vous moquez des gens; c'est moi, encore un coup.

CHARLOTTE.

Le vlà qui est pour le dire, si je n'ai pas raison.

ACTE II, SCÈNE V.

MATHURINE.

Le vlà qui est pour me démentir, si je ne dis pas vrai.

CHARLOTTE.

Est-ce, monsieu, que vous lui avez promis de l'épouser?

D. JUAN, *bas, à Charlotte.*

Vous vous raillez de moi.

MATHURINE.

Est-il vrai, monsieu, que vous lui avez donné parole d'être son mari?

D. JUAN, *bas, à Mathurine.*

Pouvez-vous avoir cette pensée?

CHARLOTTE.

Vous voyez qu'al le soutient.

D. JUAN, *bas, à Charlotte.*

Laissez-la faire.

MATHURINE.

Vous êtes témoin comme al l'assure.

D. JUAN, *bas, à Mathurine.*

Laissez-la dire.

CHARLOTTE.

Non, non, il faut savoir la vérité.

MATHURINE.

Il est question de juger ça.

CHARLOTTE.

Oui, Mathurine, je veux que monsieu vous montre votre bec jaune.

MATHURINE.

Oui, Charlotte, je veux que monsieu vous rende un peu camuse.

CHARLOTTE.

Monsieu, videz la querelle, s'il vous plaît.

MATHURINE.

Mettez-nous d'accord, monsieu.

CHARLOTTE, *à Mathurine.*

Vous allez voir.

MATHURINE, *à Charlotte.*

Vous allez voir vous-même.

CHARLOTTE, *à don Juan.*

Dites.

MATHURINE, *à don Juan.*

Parlez.

D. JUAN.

Que voulez-vous que je dise? Vous soutenez également toutes deux que je vous ai promis de vous prendre pour femmes. Est-ce que chacune de vous ne sait pas ce qui en est, sans qu'il soit nécessaire que je m'explique davantage? Pourquoi m'obliger là-dessus à des redites? Celle à qui j'ai promis effectivement n'a-t-elle pas en elle-même de quoi se moquer des discours de l'autre? et doit-elle se mettre en peine, pourvu que j'accomplisse ma promesse? Tous les discours n'avancent point les choses. Il faut faire, et non pas dire; et les effets décident mieux que les paroles. Aussi n'est-ce que par-là que je vous veux mettre d'accord, et l'on verra, quand je me marierai, laquelle des deux a mon cœur. (*bas, à Mathurine.*) Laissez-lui croire ce qu'elle voudra. (*bas, à Charlotte.*) Laissez-la se flatter dans son imagination. (*bas, à Mathurine.*) Je vous adore. (*bas, à Charlotte.*) Je suis tout à vous. (*bas, à Mathurine.*) Tous les visages sont laids auprès du vôtre. (*bas, à Charlotte.*) On ne peut plus souffrir les autres quand on vous a vue. (*haut.*) J'ai un petit ordre à donner ; je viens vous retrouver dans un quart-d'heure.

SCÈNE VI.

CHARLOTTE, MATHURINE, SGANARELLE.

CHARLOTTE, *à Mathurine.*

Je suis celle qu'il aime, au moins.

MATHURINE, *à Charlotte.*

C'est moi qu'il épousera.

SGANARELLE, *arrêtant Charlotte et Mathurine.*

Ah! pauvres filles que vous êtes, j'ai pitié de votre innocence, et je ne puis souffrir de vous voir courir à votre malheur. Croyez-moi, l'une et l'autre : ne vous amusez point à tous les contes qu'on vous fait, et demeurez dans votre village.

SCÈNE VII.

D. JUAN, CHARLOTTE, MATHURINE, SGANARELLE.

D. JUAN, *dans le fond du théâtre, à part.*

Je voudrois bien savoir pourquoi Sganarelle ne me suit pas.

SGANARELLE.

Mon maître est un fourbe; il n'a dessein que de vous abuser, et en a bien abusé d'autres : c'est l'épouseur du genre humain, et.... (*apercevant don Juan.*) Cela est faux; et quiconque vous dira cela, vous lui devez dire qu'il en a menti. Mon maître n'est point l'épouseur du genre humain, il n'est point fourbe; il n'a pas dessein de vous tromper, et n'en a point abusé d'autres. Ah! tenez, le voilà; demandez le plutôt à lui-même.

D. JUAN, *regardant Sganarelle, et le soupçonnant d'avoir parlé.*

Oui!

SGANARELLE.

Monsieur, comme le monde est plein de médisants, je vais au-devant des choses; et je leur disois que, si quelqu'un leur venoit dire du mal de vous, elles se gardassent bien de le croire, et ne manquassent pas de lui dire qu'il en auroit menti.

D. JUAN.

Sganarelle!

SGANARELLE, *à Charlotte et à Mathurine.*

Oui, monsieur est homme d'honneur; je le garantis tel.

D. JUAN.

Hon!

SGANARELLE.

Ce sont des impertinents.

SCÈNE VIII.

D. JUAN, LA RAMÉE, CHARLOTTE, MATHURINE, SGANARELLE.

LA RAMÉE, *bas à don Juan.*

Monsieur, je viens vous avertir qu'il ne fait pas bon ici pour vous.

D. JUAN.

Comment ?

LA RAMÉE.

Douze hommes à cheval vous cherchent, qui doivent arriver ici dans un moment. Je ne sais par quel moyen ils peuvent vous avoir suivi ; mais j'ai appris cette nouvelle d'un paysan qu'ils ont interrogé, et auquel ils vous ont dépeint. L'affaire presse ; et le plus tôt que vous pourrez sortir d'ici sera le meilleur.

SCÈNE IX.

D. JUAN, CHARLOTTE, MATHURINE, SGANARELLE.

D. JUAN, *à Charlotte et à Mathurine.*

Une affaire pressante m'oblige de partir d'ici ; mais je vous prie de vous ressouvenir de la parole que je vous ai donnée, et de croire que vous aurez de mes nouvelles avant qu'il soit demain au soir.

SCÈNE X.

D. JUAN, SGANARELLE.

D. JUAN.

Comme la partie n'est pas égale, il faut user de stratagème, et éluder adroitement le malheur qui me cherche. Je veux que Sganarelle se revête de mes habits ; et moi....

SGANARELLE.

Monsieur, vous vous moquez. M'exposer à être tué sous vos habits, et.....

D. JUAN.

Allons vite, c'est trop d'honneur que je vous fais ; et bienheureux est le valet qui peut avoir la gloire de mourir pour son maître.

SGANARELLE.

(seul.)

Je vous remercie d'un tel honneur. O ciel, puisqu'il s'agit de mort, fais-moi la grace de n'être point pris pour un autre !

FIN DU SECOND ACTE.

ACTE TROISIÈME.

SCÈNE I.

D. JUAN, *en habit de campagne;* SGANARELLE, *en médecin.*

SGANARELLE.

Ma foi, monsieur, avouez que j'ai eu raison, et que nous voilà l'un et l'autre déguisés à merveille. Votre premier dessein n'étoit point du tout à propos, et ceci nous cache bien mieux que tout ce que vous vouliez faire.

D. JUAN.

Il est vrai que te voilà bien; et je ne sais où tu as été déterrer cet attirail ridicule.

SGANARELLE.

Oui. C'est l'habit d'un vieux médecin, qui a été laissé en gage au lieu où je l'ai pris, et il m'en a coûté de l'argent pour l'avoir. Mais savez-vous, monsieur, que cet habit me met déjà en considération, que je suis salué des gens que je rencontre, et que l'on me vient consulter ainsi qu'un habile homme?

D. JUAN.

Comment donc?

SGANARELLE.

Cinq ou six paysans et paysannes, en me voyant

passer, me sont venus demander mon avis sur différentes maladies.

D. JUAN.

Tu leur as répondu que tu n'y entendois rien?

SGANARELLE.

Moi? point du tout. J'ai voulu soutenir l'honneur de mon habit; j'ai raisonné sur le mal, et leur ai fait des ordonnances à chacun.

D. JUAN.

Et quels remèdes encore leur as-tu ordonnés?

SGANARELLE.

Ma foi, monsieur, j'en ai pris par où j'en ai pu attraper; j'ai fait mes ordonnances à l'aventure; et ce seroit une chose plaisante, si les malades guérissoient, et qu'on m'en vint remercier.

D. JUAN.

Et pourquoi non? Par quelle raison n'aurois-tu pas les mêmes privilèges qu'ont tous les autres médecins? Ils n'ont pas plus de part que toi aux guérisons des malades, et tout leur art est pure grimace. Ils ne font rien que recevoir la gloire des heureux succès: et tu peux profiter comme eux du bonheur du malade, et voir attribuer à tes remèdes tout ce qui peut venir des faveurs du hasard et des forces de la nature.

SGANARELLE.

Comment! monsieur, vous êtes aussi impie en médecine?

ACTE III, SCÈNE I.

D. JUAN.

C'est une des grandes erreurs qui soient parmi les hommes.

SGANARELLE.

Quoi! vous ne croyez pas au séné, ni à la casse, ni au vin émétique?

D. JUAN.

Et pourquoi veux-tu que j'y croie?

SGANARELLE.

Vous avez l'ame bien mécréante. Cependant vous voyez depuis un temps que le vin émétique fait bruire ses fuseaux : ses miracles ont converti les plus incrédules esprits; et il n'y a pas trois semaines que j'en ai vu, moi qui vous parle, un effet merveilleux.

D. JUAN.

Et quel?

SGANARELLE.

Il y avoit un homme qui, depuis six jours, étoit à l'agonie : on ne savoit plus que lui ordonner, et tous les remèdes ne faisoient rien; on s'avisa à la fin de lui donner de l'émétique.

D. JUAN.

Il réchappa, n'est-ce pas?

SGANARELLE.

Non, il mourut.

D. JUAN.

L'effet est admirable!

SGANARELLE.

Comment! il y avoit six jours entiers qu'il ne

pouvoit mourir, et cela le fit mourir tout d'un coup. Voulez-vous rien de plus efficace ?

D. JUAN.

Tu as raison.

SGANARELLE.

Mais laissons là la médecine où vous ne croyez point, et parlons des autres choses; car cet habit me donne de l'esprit, et je me sens en humeur de disputer contre vous. Vous savez bien que vous me permettez les disputes, et que vous ne me défendez que les remontrances.

D. JUAN.

Hé bien ?

SGANARELLE.

Je veux savoir vos pensées à fond, et vous connoître un peu mieux que je ne fais. Çà, quand voulez-vous mettre fin à vos débauches, et mener la vie d'un honnête homme ?

D. JUAN *lève la main pour lui donner un soufflet.*

Ah ! maître sot, vous allez d'abord aux remontrances.

SGANARELLE, *en se reculant.*

Morbleu ! je suis bien sot en effet de vouloir m'amuser à raisonner avec vous : faites tout ce que vous voudrez; il m'importe bien que vous vous perdiez ou non, et que...

D. JUAN.

Tais-toi. Songeons à notre affaire. Ne serions-nous point égarés ? Appelle cet homme que voilà là-bas, pour lui demander le chemin.

SCÈNE II.

D. JUAN, SGANARELLE, FRANCISQUE.

SGANARELLE.

Hola ho! l'homme! Ho! mon compère! Ho! l'ami! un petit mot, s'il vous plaît. Enseignez-nous un peu le chemin qui mène à la ville.

FRANCISQUE.

Vous n'avez qu'à suivre cette route, messieurs, et détourner à main droite quand vous serez au bout de la forêt. Mais je vous donne avis que vous devez vous tenir sur vos gardes, et que, depuis quelque temps, il y a des voleurs ici autour.

D. JUAN.

Je te suis bien obligé, mon ami, et je te rends grace de tout mon cœur de ton bon avis.

SCÈNE III.

D. JUAN, SGANARELLE.

SGANARELLE.

Ah! monsieur, quel bruit! quel cliquetis!

D. JUAN, *regardant dans la forêt.*

Que vois-je là? un homme attaqué par trois autres! la partie est trop inégale, et je ne dois pas souffrir cette lâcheté.

(*Il met l'épée à la main, et court au lieu du combat.*)

SCÈNE IV.

SGANARELLE.

Mon maître est un vrai enragé d'aller se présenter à un péril qui ne le cherche pas! Mais, ma foi, le secours a servi, et les deux ont fait fuir les trois.

SCÈNE V.

D. JUAN, D. CARLOS; SGANARELLE,
au fond du théâtre.

D. CARLOS, *remettant son épée.*

On voit, par la fuite de ces voleurs, de quel secours est votre bras. Souffrez, monsieur, que je vous rende grace d'une action si généreuse, et que...

D. JUAN.

Je n'ai rien fait, monsieur, que vous n'eussiez fait à ma place. Notre propre honneur est intéressé dans de pareilles aventures; et l'action de ces coquins étoit si lâche, que c'eût été y prendre part que de ne s'y pas opposer. Mais par quelle rencontre vous êtes-vous trouvé entre leurs mains?

D. CARLOS.

Je m'étois, par hasard, égaré d'un frère et de tous ceux de notre suite; et comme je cherchois à les rejoindre, j'ai fait rencontre de ces voleurs, qui d'abord ont tué mon cheval, et qui, sans votre valeur, en auroient fait autant de moi.

D. JUAN.

Votre dessein étoit-il d'aller du côté de la ville?

D. CARLOS.

Oui, mais sans y vouloir entrer; et nous nous voyons obligés, mon frère et moi, à tenir la campagne pour une de ces fâcheuses affaires qui réduisent les gentilshommes à se sacrifier, eux et leur famille, à la sévérité de leur honneur, puisqu'enfin le plus doux succès en est toujours funeste, et que, si l'on ne quitte pas la vie, on est contraint de quitter le royaume; et c'est en quoi je trouve la condition d'un gentilhomme malheureuse, de ne pouvoir point s'assurer sur toute la prudence et toute l'honnêteté de sa conduite, d'être asservi par les lois de l'honneur au déréglement de la conduite d'autrui, et de voir sa vie, son repos et ses biens, dépendre de la fantaisie du premier téméraire qui s'avisera de lui faire une de ces injures pour qui un honnête homme doit périr.

D. JUAN.

On a cet avantage, qu'on fait courir le même risque et passer aussi mal le temps à ceux qui prennent fantaisie de nous venir faire une offense de gaieté de cœur. Mais ne seroit-ce point une indiscrétion que de vous demander quelle peut être votre affaire?

D. CARLOS.

La chose en est aux termes de n'en plus faire de secret; et, lorsque l'injure a une fois éclaté, notre honneur ne va point à vouloir cacher notre honte, mais à faire éclater notre vengeance, et à publier même le dessein que nous en avons. Ainsi, monsieur, je ne feindrai point de vous dire que l'offense que nous cherchons à venger est une sœur séduite et enlevée d'un couvent, et que l'auteur de cette offense est un don Juan Tenorio, fils de don Louis Tenorio. Nous le cherchons depuis quelques jours, et nous l'avons suivi ce matin sur le rapport d'un valet qui nous a dit qu'il sortoit à cheval, accompagné de quatre ou cinq, et qu'il avoit pris le long de cette côte; mais tous nos soins ont été inutiles, et nous n'avons pu découvrir ce qu'il est devenu.

D. JUAN.

Le connoissez-vous, monsieur, ce don Juan dont vous parlez?

D. CARLOS.

Non, quant à moi. Je ne l'ai jamais vu, et je l'ai seulement ouï dépeindre à mon frère : mais la renommée n'en dit pas force bien, et c'est un homme dont la vie...

D. JUAN.

Arrêtez, monsieur, s'il vous plaît; il est un peu de mes amis, et ce seroit à moi une espèce de lâcheté que d'en ouïr dire du mal.

D. CARLOS.

Pour l'amour de vous, monsieur, je n'en dirai rien du tout. C'est bien la moindre chose que je vous doive, après m'avoir sauvé la vie, que de me taire devant vous d'une personne que vous

connoissez, lorsque je ne puis en parler sans en
dire du mal : mais, quelque ami que vous lui
soyez, j'ose espérer que vous n'approuverez pas
son action, et ne trouverez pas étrange que nous
cherchions d'en prendre vengeance.

D. JUAN.

Au contraire, je vous y veux servir, et vous
épargner des soins inutiles. Je suis ami de don
Juan, je ne puis pas m'en empêcher; mais il n'est
pas raisonnable qu'il offense impunément des gentilshommes, et je m'engage à vous faire faire raison
par lui.

D. CARLOS.

Et quelle raison peut-on faire à ces sortes d'injures ?

D. JUAN.

Toute celle que votre honneur peut souhaiter;
et, sans vous donner la peine de chercher don Juan
davantage, je m'oblige à le faire trouver au lieu
que vous voudrez, et quand il vous plaira.

D. CARLOS.

Cet espoir est bien doux, monsieur, à des cœurs
offensés ; mais, après ce que je vous dois, ce me seroit une trop sensible douleur que vous fussiez de
la partie.

D. JUAN.

Je suis si attaché à don Juan, qu'il ne sauroit se
battre que je ne me batte aussi. Mais enfin j'en réponds comme de moi-même, et vous n'avez qu'à dire

quand vous voulez qu'il paroisse et vous donne satisfaction.

D. CARLOS.

Que ma destinée est cruelle! Faut-il que je vous doive la vie, et que don Juan soit de vos amis!

SCÈNE VI.
D. ALONSE, D. CARLOS, D. JUAN, SGANARELLE.

D. ALONSE, *parlant à ceux de sa suite, sans voir don Carlos ni don Juan.*

Faites boire là mes chevaux, et qu'on les amène après nous; je veux un peu marcher à pied. (*les apercevant tous deux.*) O ciel! que vois-je ici? Quoi! mon frère, vous voilà avec notre ennemi mortel!

D. CARLOS.

Notre ennemi mortel!

D. JUAN, *mettant la main sur la garde de son épée.*

Oui, je suis don Juan; et l'avantage du nombre ne m'obligera pas à vouloir déguiser mon nom.

D. ALONSE, *mettant l'épée à la main.*

Ah! traître, il faut que tu périsses, et...

(*Sganarelle court se cacher.*)

D. CARLOS.

Ah! mon frère, arrêtez: je lui suis redevable de la vie; et, sans le secours de son bras, j'aurois été tué par des voleurs que j'ai trouvés.

D. ALONSE.

Et voulez-vous que cette considération empêche notre vengeance? Tous les services que nous rend une main ennemie ne sont d'aucun mérite pour engager notre ame; et, s'il faut mesurer l'obligation à l'injure, votre reconnoissance, mon frère, est ici ridicule; et, comme l'honneur est infiniment plus précieux que la vie, c'est ne devoir rien proprement que d'être redevable de la vie à qui nous a ôté l'honneur.

D. CARLOS

Je sais la différence, mon frère, qu'un gentilhomme doit toujours mettre entre l'un et l'autre; et la reconnoissance de l'obligation n'efface point en moi le ressentiment de l'injure : mais souffrez que je lui rende ici ce qu'il m'a prêté, que je m'acquitte sur-le-champ de la vie que je lui dois, par un délai de notre vengeance, et lui laisse la liberté de jouir durant quelques jours du fruit de son bienfait.

D. ALONSE.

Non, non; c'est hasarder notre vengeance que de la reculer, et l'occasion de la prendre peut ne plus revenir : le ciel nous l'offre ici, c'est à nous d'en profiter. Lorsque l'honneur est blessé mortellement, on ne doit point songer à garder aucunes mesures; et, si vous répugnez à prêter votre bras à cette action, vous n'avez qu'à vous retirer, et laisser à ma main la gloire d'un tel sacrifice.

D. CARLOS.

De grace, mon frère...

D. ALONSE.

Tous ces discours sont superflus; il faut qu'il meure.

D. CARLOS.

Arrêtez-vous, vous dis-je, mon frère; je ne souffrirai point du tout qu'on attaque ses jours; et je jure le ciel que je le défendrai ici contre qui que ce soit, et je saurai lui faire un rempart de cette même vie qu'il a sauvée; et, pour adresser vos coups, il faudra que vous me perciez.

D. ALONSE.

Quoi! vous prenez le parti de notre ennemi contre moi! et, loin d'être saisi à son aspect des mêmes transports que je sens, vous faites voir pour lui des sentiments pleins de douceur.

D. CARLOS.

Mon frère, montrons de la modération dans une action légitime, et ne vengeons point notre honneur avec cet emportement que vous témoignez. Ayons un cœur dont nous soyons les maîtres, une valeur qui n'ait rien de farouche, et qui se porte aux choses par une pure délibération de notre raison, et non point par le mouvement d'une aveugle colère. Je ne veux point, mon frère, demeurer redevable à mon ennemi, et je lui ai une obligation dont il faut que je m'acquitte avant toutes choses. Notre vengeance, pour être différée, n'en sera pas moins éclatante : au contraire, elle en tirera de l'avantage; et cette occasion de l'avoir pu prendre la fera paroître plus juste aux yeux de tout le monde.

D. ALONSE.

O l'étrange foiblesse, et l'aveuglement effroyable,

ACTE III, SCÈNE VI.

de hasarder ainsi les intérêts de son honneur pour la ridicule pensée d'une obligation chimérique!

D. CARLOS.

Non, mon frère, ne vous mettez pas en peine. Si je fais une faute, je saurai bien la réparer, et je me charge de tout le soin de notre honneur : je sais à quoi il nous oblige; et cette suspension d'un jour que ma reconnoissance lui demande ne fera qu'augmenter l'ardeur que j'ai de le satisfaire. Don Juan, vous voyez que j'ai soin de vous rendre le bien que j'ai reçu de vous; et vous devez par-là juger du reste, croire que je m'acquitte avec même chaleur de ce que je dois, et que je ne serai pas moins exact à vous payer l'injure que le bienfait. Je ne veux point vous obliger ici à expliquer vos sentiments, et je vous donne la liberté de penser à loisir aux résolutions que vous avez à prendre. Vous connoissez assez la grandeur de l'offense que vous nous avez faite, et je vous fais juge vous-même des réparations qu'elle demande. Il est des moyens doux pour nous satisfaire; il en est de violents et de sanglants : mais enfin, quelque choix que vous fassiez, vous m'avez donné parole de me faire faire raison par don Juan; songez à me la faire, je vous prie, et vous ressouvenez que, hors d'ici, je ne dois plus qu'à mon honneur.

D. JUAN.

Je n'ai rien exigé de vous, et vous tiendrai ce que j'ai promis.

6.

D. CARLOS.

Allons, mon frère; un moment de douceur ne fait aucune injure à la sévérité de notre devoir.

SCÈNE VII.

D. JUAN, SGANARELLE.

D. JUAN.

Hola! hé! Sganarelle.

SGANARELLE, *sortant de l'endroit où il étoit caché.*

Plaît-il?

D. JUAN.

Comment! coquin, tu fuis quand on m'attaque!

SGANARELLE.

Pardonnez-moi, monsieur, je viens seulement d'ici près. Je crois que cet habit est purgatif, et que c'est prendre médecine que de le porter.

D. JUAN.

Peste soit l'insolent! Couvre au moins ta poltronnerie d'un voile plus honnête. Sais-tu bien qui est celui à qui j'ai sauvé la vie?

SGANARELLE.

Moi? non.

D. JUAN.

C'est un frère d'Elvire.

SGANARELLE.

Un...

D. JUAN.

Il est assez honnête homme; il en a bien usé; et j'ai regret d'avoir démêlé avec lui.

SGANARELLE.
Il vous seroit aisé de pacifier toutes choses

D. JUAN.
Oui; mais ma passion est usée pour done Elvire, et l'engagement ne compatit point avec mon humeur. J'aime la liberté en amour, tu le sais; et je ne saurois me résoudre à renfermer mon cœur entre quatre murailles. Je te l'ai dit vingt fois; j'ai une pente naturelle à me laisser aller à tout ce qui m'attire. Mon cœur est à toutes les belles; et c'est à elles à le prendre tour à tour, et à le garder tant qu'elles le pourront. Mais quel est le superbe édifice que je vois entre ces arbres ?

SGANARELLE.
Vous ne le savez pas ?

D. JUAN.
Non, vraiment.

SGANARELLE.
Eon ! c'est le tombeau que le commandeur faisoit faire lorsque vous le tuâtes.

D. JUAN.
Ah ! tu as raison. Je ne savois pas que c'étoit de ce côté-ci qu'il étoit. Tout le monde m'a dit des merveilles de cet ouvrage, aussi-bien que de la statue du commandeur ; et j'ai envie de l'aller voir.

SGANARELLE.
Monsieur, n'allez point là.

D. JUAN.
Pourquoi ?

SCANARELLE.

Cela n'est pas civil d'aller voir un homme que vous avez tué.

D. JUAN.

Au contraire, c'est une visite dont je lui veux faire civilité, et qu'il doit recevoir de bonne grace, s'il est galant homme. Allons, entrons dedans.

(Le tombeau s'ouvre, et l'on voit la statue du commandeur.)

SCANARELLE.

Ah! que cela est beau! Les belles statues! le beau marbre! les beaux piliers! Ah! que cela est beau! Qu'en dites-vous, monsieur?

D. JUAN.

Qu'on ne peut voir aller plus loin l'ambition d'un homme mort; et ce que je trouve admirable, c'est qu'un homme qui s'est passé durant sa vie d'une assez simple demeure en veuille avoir une si magnifique pour quand il n'en a plus que faire.

SCANARELLE.

Voici la statue du commandeur.

D. JUAN.

Parbleu! le voilà bon avec son habit d'empereur romain!

SCANARELLE.

Ma foi, monsieur, voilà qui est bien fait. Il semble qu'il est en vie, et qu'il s'en va parler. Il jette des regards sur nous qui me feroient peur si j'étois tout seul ; et je pense qu'il ne prend pas plaisir de nous voir.

D. JUAN.

Il auroit tort, et ce seroit mal recevoir l'honneur que je lui fais. Demande-lui s'il veut venir souper avec moi.

SGANARELLE.

C'est une chose dont il n'a pas besoin, je crois.

D. JUAN.

Demande-lui, te dis-je.

SGANARELLE.

Vous moquez-vous ? ce seroit être fou que d'aller parler à une statue.

D. JUAN.

Fais ce que je te dis.

SGANARELLE.

Quelle bizarrerie ! Seigneur commandeur.... (*à part.*) Je ris de ma sottise ; mais c'est mon maître qui me la fait faire. (*haut.*) Seigneur commandeur, mon maître don Juan vous demande si vous voulez lui faire l'honneur de venir souper avec lui. (*La statue baisse la tête.*) Ah !

D. JUAN.

Qu'est-ce ? Qu'as-tu ? Dis donc. Veux-tu parler ?

SGANARELLE, *baissant la tête comme la statue.*

La statue...

D. JUAN.

Hé bien ! que veux-tu dire, traître ?

SGANARELLE.

Je vous dis que la statue...

D. JUAN.

Hé bien ! la statue ? Je t'assomme, si tu ne parles.

SGANARELLE.

La statue m'a fait signe.

D. JUAN.

La peste le coquin !

SGANARELLE.

Elle m'a fait signe, vous dis-je ; il n'est rien de plus vrai. Allez-vous-en lui parler vous-même pour voir. Peut-être...

D. JUAN.

Viens, maraud, viens. Je te veux bien faire toucher au doigt ta poltronnerie : prends garde. Le seigneur commandeur voudroit-il venir souper avec moi ?

(*La statue baisse encore la tête.*)

SGANARELLE.

Je ne voudrois pas en tenir dix pistoles. Hé bien, monsieur ?

D. JUAN.

Allons, sortons d'ici.

SGANARELLE, *seul.*

Voilà de mes esprits forts qui ne veulent rien croire !

FIN DU TROISIÈME ACTE.

ACTE QUATRIÈME.

SCÈNE I.

D. JUAN, SGANARELLE, RAGOTIN.

D. JUAN, *à Sganarelle.*

Quoi qu'il en soit, laissons cela : c'est une bagatelle ; et nous pouvons avoir été trompés par un faux jour, ou surpris de quelque vapeur qui nous ait troublé la vue.

SGANARELLE.

Hé! monsieur, ne cherchez point à démentir ce que nous avons vu des yeux que voilà. Il n'est rien de plus véritable que ce signe de tête ; et je ne doute point que le ciel, scandalisé de votre vie, n'ait produit ce miracle pour vous convaincre, et pour vous retirer de...

D. JUAN.

Écoute. Si tu m'importunes davantage de tes sottes moralités, si tu me dis encore le moindre mot là-dessus, je vais appeler quelqu'un, demander un nerf de bœuf, te faire tenir par trois ou quatre, et te rouer de mille coups. M'entends-tu bien ?

SGANARELLE.

Fort bien, monsieur, le mieux du monde. Vous

vous expliquez clairement; c'est ce qu'il y a de bon en vous, que vous n'allez point chercher de détours : vous dites les choses avec une netteté admirable.

D. JUAN.

Allons, qu'on me fasse souper le plus tôt que l'on pourra. Une chaise, petit garçon.

SCÈNE II.

D. JUAN, SGANARELLE, LA VIOLETTE, RAGOTIN.

LA VIOLETTE.

Monsieur, voilà votre marchand, monsieur Dimanche, qui demande à vous parler.

SGANARELLE.

Bon! voilà ce qu'il nous faut qu'un compliment de créancier! De quoi s'avise-t-il de nous venir demander de l'argent? et que ne lui disois-tu que monsieur n'y est pas?

LA VIOLETTE.

Il y a trois quarts d'heure que je le lui dis; mais il ne veut pas le croire, et s'est assis là-dedans pour attendre.

SGANARELLE.

Qu'il attende tant qu'il voudra.

D. JUAN.

Non; au contraire, faites-le entrer. C'est une fort mauvaise politique que de se faire céler aux créanciers. Il est bon de les payer de quelque chose; et j'ai le secret de les renvoyer satisfaits, sans leur donner un double.

SCÈNE III.

D. JUAN, M. DIMANCHE, SGANARELLE, LA VIOLETTE, RAGOTIN.

D. JUAN.

Ah! monsieur Dimanche, approchez. Que je suis ravi de vous voir! et que je veux de mal à mes gens de ne vous pas faire entrer d'abord! J'avois donné ordre qu'on ne me fît parler à personne : mais cet ordre n'est pas pour vous, et vous êtes en droit de ne trouver jamais de porte fermée chez moi.

M. DIMANCHE.

Monsieur, je vous suis fort obligé.

D. JUAN, *parlant à la Violette et à Ragotin.*

Parbleu! coquins, je vous apprendrai à laisser monsieur Dimanche dans une antichambre, et je vous ferai connoître les gens.

M. DIMANCHE.

Monsieur, cela n'est rien.

D. JUAN, *à M. Dimanche.*

Comment! vous dire que je n'y suis pas, à monsieur Dimanche, au meilleur de mes amis!

M. DIMANCHE.

Monsieur, je suis votre serviteur. J'étois venu...

D. JUAN.

Allons vite, un siège pour monsieur Dimanche.

M. DIMANCHE.

Monsieur, je suis bien comme cela.

D. JUAN.

Point, point ; je veux que vous soyez assis comme moi.

M. DIMANCHE.

Cela n'est point nécessaire.

D. JUAN.

Otez ce pliant, et apportez un fauteuil.

M. DIMANCHE.

Monsieur, vous vous moquez, et...

D. JUAN.

Non, non : je sais ce que je vous dois; et je ne veux point qu'on mette de différence entre nous deux.

M. DIMANCHE.

Monsieur...

D. JUAN.

Allons, asseyez-vous.

M. DIMANCHE.

Il n'est pas besoin, monsieur, et je n'ai qu'un mot à vous dire. J'étois...

D. JUAN.

Mettez-vous là, vous dis-je.

M. DIMANCHE.

Non, monsieur; je suis bien. Je viens pour...

D. JUAN.

Non, je ne vous écoute point, si vous n'êtes point assis.

ACTE IV, SCÈNE III.

M. DIMANCHE.

Monsieur, je fais ce que vous voulez. Je...

D. JUAN.

Parbleu ! monsieur Dimanche, vous vous portez bien.

M. DIMANCHE.

Oui, monsieur, pour vous rendre service. Je suis venu...

D. JUAN.

Vous avez un fonds de santé admirable, des lèvres fraîches, un teint vermeil, et des yeux vifs.

M. DIMANCHE.

Je voudrois bien...

D. JUAN.

Comment se porte madame Dimanche votre épouse ?

M. DIMANCHE.

Fort bien, monsieur, dieu merci.

D. JUAN.

C'est une brave femme.

M. DIMANCHE.

Elle est votre servante, monsieur. Je venois...

D. JUAN.

Et votre petite fille Claudine, comment se porte-t-elle ?

M. DIMANCHE.

Le mieux du monde.

D. JUAN.

La jolie petite fille que c'est ! Je l'aime de tout mon cœur.

M. DIMANCHE.

C'est trop d'honneur que vous lui faites, monsieur. Je vous...

D. JUAN.

Et le petit Colin, fait-il toujours bien du bruit avec son tambour?

M. DIMANCHE.

Toujours de même, monsieur. Je...

D. JUAN.

Et votre petit chien Brusquet, gronde-t-il toujours aussi fort, et mord-il toujours bien aux jambes les gens qui vont chez vous?

M. DIMANCHE.

Plus que jamais, monsieur, et nous ne saurions en chevir.

D. JUAN.

Ne vous étonnez pas si je m'informe des nouvelles de toute la famille, car j'y prends beaucoup d'intérêt.

M. DIMANCHE.

Nous vous sommes, monsieur, infiniment obligés. Je...

D. JUAN, *lui tendant la main.*

Touchez donc là, monsieur Dimanche. Êtes-vous bien de mes amis?

M. DIMANCHE.

Monsieur, je suis votre serviteur.

D. JUAN.

Parbleu! je suis à vous de tout mon cœur.

M. DIMANCHE.

Vous m'honorez trop. Je...

D. JUAN.

Il n'y a rien que je ne fisse pour vous.

M. DIMANCHE.

Monsieur, vous avez trop de bonté pour moi.

D. JUAN.

Et cela sans intérêt, je vous prie de le croire.

M. DIMANCHE.

Je n'ai point mérité cette grace, assurément. Mais, monsieur...

D. JUAN.

Or çà, monsieur Dimanche, sans façon, voulez-vous souper avec moi?

M. DIMANCHE.

Non, monsieur, il faut que je m'en retourne tout à l'heure. Je...

D. JUAN, *se levant*.

Allons, vite, un flambeau pour conduire monsieur Dimanche; et que quatre ou cinq de mes gens prennent des mousquetons pour l'escorter.

M. DIMANCHE, *se levant aussi*.

Monsieur, il n'est pas nécessaire, et je m'en irai bien tout seul. Mais...

(*Sganarelle ôte les sièges promptement.*)

D. JUAN.

Comment! je veux qu'on vous escorte, et je m'intéresse trop à votre personne. Je suis votre serviteur, et, de plus, votre débiteur.

M. DIMANCHE.

Ah! monsieur...

D. JUAN.

C'est une chose que je ne cache pas, et je le dis à tout le monde.

M. DIMANCHE.

Si..

D. JUAN.

Voulez-vous que je vous reconduise ?

M. DIMANCHE.

Ah! monsieur, vous vous moquez. Monsieur...

D. JUAN.

Embrassez-moi donc, s'il vous plaît. Je vous prie, encore une fois, d'être persuadé que je suis tout à vous, et qu'il n'y a rien au monde que je ne fisse pour votre service. (*Il sort.*)

SCÈNE IV.

M. DIMANCHE, SGANARELLE.

SGANARELLE.

Il faut avouer que vous avez en monsieur un homme qui vous aime bien.

M. DIMANCHE.

Il est vrai ; il me fait tant de civilités et tant de compliments, que je ne saurois jamais lui demander de l'argent.

SGANARELLE.

Je vous assure que toute sa maison périroit pour vous : et je voudrois qu'il vous arrivât quelque

ACTE IV, SCENE IV.

chose, que quelqu'un s'avisât de vous donner des coups de bâton; vous verriez de quelle manière...

M. DIMANCHE.

Je le crois. Mais, Sganarelle, je vous prie de lui dire un petit mot de mon argent.

SGANARELLE.

Oh! ne vous mettez pas en peine, il vous paiera le mieux du monde.

M. DIMANCHE.

Mais vous, Sganarelle, vous me devez quelque chose en votre particulier.

SGANARELLE.

Fi! ne parlez pas de cela.

M. DIMANCHE.

Comment! je...

SGANARELLE.

Ne sais-je pas bien que je vous dois?

M. DIMANCHE.

Oui. Mais...

SGANARELLE.

Allons, monsieur Dimanche, je vais vous éclairer.

M. DIMANCHE.

Mais mon argent?

SGANARELLE, *prenant M. Dimanche par le bras.*

Vous moquez-vous?

M. DIMANCHE.

Je veux...

LE FESTIN DE PIERRE.

SGANARELLE, *le tirant.*

Hé!

M. DIMANCHE.

J'entends...

SGANARELLE, *le poussant vers la porte.*

Bagatelle!

M. DIMANCHE.

Mais...

SGANARELLE, *le poussant encore.*

Fi!

M. DIMANCHE.

Je...

SGANARELLE, *le poussant tout-à-fait hors du théâtre.*

Fi! vous dis-je.

SCÈNE V.

D. JUAN, LA VIOLETTE, SGANARELLE.

LA VIOLETTE, *à don Juan.*

Monsieur, voilà monsieur votre père.

D. JUAN.

Ah! me voici bien! Il me falloit cette visite pour me faire enrager.

SCÈNE VI.

D. LOUIS, D. JUAN, SGANARELLE.

D. LOUIS.

Je vois bien que je vous embarrasse, et que

vous vous passeriez fort aisément de ma venue. A
dire vrai, nous nous incommodons étrangement
l'un l'autre : si vous êtes las de me voir, je suis
biens las aussi de vos déportements. Hélas ! que
nous savons peu ce que nous faisons, quand nous
ne laissons pas au ciel le soin des choses qu'il nous
faut, quand nous voulons être plus avisés que lui,
et que nous venons l'importuner par nos souhaits
aveugles et nos demandes inconsidérées ! J'ai souhaité un fils avec des ardeurs nompareilles, je l'ai
demandé sans relâche avec des transports in-
croyables; et ce fils, que j'obtiens en fatiguant le
ciel de vœux, est le chagrin et le supplice de cette
vie même dont je croyois qu'il devoit être la joie
et la consolation. De quel œil, à votre avis, pensez-vous que je puisse voir cet amas d'actions
indignes dont on a peine, aux yeux du monde,
d'adoucir le mauvais visage, cette suite continuelle
de méchantes affaires qui nous réduisent, à toute
heure, à lasser les bontés du souverain, et qui ont
épuisé auprès de lui le mérite de mes services et le
crédit de mes amis ? Ah ! quelle bassesse est la
vôtre ! Ne rougissez-vous point de mériter si peu
votre naissance ? Êtes-vous en droit, dites-moi,
d'en tirer quelque vanité ? et qu'avez-vous fait
dans le monde pour être gentilhomme ? Croyez-
vous qu'il suffise d'en porter le nom et les armes,
et que ce nous soit une gloire d'être sortis d'un
sang noble, lorsque nous vivons en infâmes ? Non,
non, la naissance n'est rien où la vertu n'est pas.

Aussi nous n'avons part à la gloire de nos ancêtres qu'autant que nous nous efforçons de leur ressembler; et cet éclat de leurs actions qu'ils répandent sur nous nous impose un engagement de leur faire le même honneur, de suivre les pas qu'ils nous tracent, et de ne point dégénérer de leur vertu, si nous voulons être estimés leurs véritables descendants. Ainsi vous descendez en vain des aïeux dont vous êtes né; ils vous désavouent pour leur sang; et tout ce qu'ils ont fait d'illustre ne vous donne aucun avantage : au contraire, l'éclat n'en rejaillit sur vous qu'à votre déshonneur, et leur gloire est un flambeau qui éclaire aux yeux d'un chacun la honte de vos actions. Apprenez enfin qu'un gentilhomme qui vit mal est un monstre dans la nature; que la vertu est le premier titre de noblesse; que je regarde bien moins au nom qu'on signe, qu'aux actions qu'on fait; et que je ferois plus d'état du fils d'un crocheteur qui seroit honnête homme, que du fils d'un monarque qui vivroit comme vous.

D. JUAN.

Monsieur, si vous étiez assis, vous en seriez mieux pour parler.

D. LOUIS.

Non, insolent, je ne veux point m'asseoir, ni parler davantage; et je vois bien que toutes mes paroles ne font rien sur ton ame : mais sache, fils indigne, que la tendresse paternelle est poussée à bout par tes actions; que je saurai, plus tôt que tu ne penses, mettre une borne à tes dérèglements, prévenir sur toi le courroux du ciel, et laver, par ta punition, la honte de t'avoir fait naître.

SCÈNE VII.
D. JUAN, SGANARELLE.

D. JUAN, *adressant encore la parole à son père, quoiqu'il soit sorti.*

Hé! mourez le plus tôt que vous pourrez, c'est le mieux que vous puissiez faire. Il faut que chacun ait son tour, et j'enrage de voir des pères qui vivent autant que leurs fils.

(Il se met dans un fauteuil.)

SGANARELLE.

Ah! monsieur, vous avez tort.

D. JUAN, *se levant.*

J'ai tort!

SGANARELLE, *tremblant.*

Monsieur...

D. JUAN.

J'ai tort!

SGANARELLE.

Oui, monsieur, vous avez tort d'avoir souffert ce qu'il vous a dit, et vous le deviez mettre dehors par les épaules. A-t-on jamais rien vu de plus impertinent? un père venir faire des remontrances à son fils, et lui dire de corriger ses actions, de se ressouvenir de sa naissance, de mener une vie d'honnête homme, et cent autres sottises de pareille nature! Cela se peut-il souffrir à un homme comme vous, qui savez comme il faut vivre? J'admire votre patience; et, si j'avois été en votre place, je l'aurois envoyé promener. *(bas, à part.)* O complaisance maudite, à quoi me réduis-tu!

D. JUAN.

Me fera-t-on souper bientôt?

SCÈNE VIII.

D. JUAN, SGANARELLE, RAGOTIN.

RAGOTIN.

Monsieur, voici une dame voilée qui vient vous parler.

D. JUAN.

Que pourroit-ce être?

SGANARELLE.

Il faut voir.

SCÈNE IX.

DONE ELVIRE, *voilée*; D. JUAN, SGANARELLE.

DONE ELVIRE.

Ne soyez point surpris, don Juan, de me voir à cette heure et dans cet équipage. C'est un motif pressant qui m'oblige à cette visite; et ce que j'ai à vous dire ne veut point du tout de retardement. Je ne viens point ici pleine de ce courroux que j'ai tantôt fait éclater; et vous me voyez bien

ACTE IV, SCÈNE IX.

changée de ce que j'étois ce matin. Ce n'est plus cette done Elvire qui faisoit des vœux contre vous, et dont l'ame irritée ne jetoit que menaces et ne respiroit que vengeance. Le ciel a banni de mon ame toutes ces indignes ardeurs que je sentois pour vous, tous ces transports tumultueux d'un attachement criminel, tous ces honteux emportemens d'un amour terrestre et grossier; et il n'a laissé dans mon cœur pour vous qu'une flamme épurée de tout le commerce des sens, une tendresse toute sainte, un amour détaché de tout, qui n'agit point pour soi, et ne se met en peine que de votre intérêt.

D. JUAN, *bas, à Sganarelle.*

Tu pleures, je pense?

SGANARELLE.

Pardonnez-moi.

DONE ELVIRE.

C'est ce parfait et pur amour qui me conduit ici pour votre bien, pour vous faire part d'un avis du ciel, et tâcher de vous retirer du précipice où vous courez. Oui, don Juan, je sais tous les dérèglemens de votre vie; et ce même ciel, qui m'a touché le cœur et fait jeter les yeux sur les égaremens de ma conduite, m'a inspiré de vous venir trouver, et vous dire de sa part que vos offenses ont épuisé sa miséricorde, que sa colère redoutable est près de tomber sur vous, qu'il est en vous de l'éviter par un prompt repentir, et que peut-être vous n'avez pas encore un jour à vous pouvoir soustraire au plus grand de tous les malheurs. Pour moi, je ne tiens plus à vous par aucun attachement du monde. Je suis revenue, graces au ciel, de toutes mes folles pensées; ma retraite est résolue, et je ne demande qu'assez de vie pour pouvoir expier la faute que j'ai faite, et mériter par une austère pénitence le pardon de l'aveuglement où m'ont plongée les transports d'une passion condamnable. Mais, dans cette retraite, j'aurois une douleur extrême qu'une personne que j'ai chérie tendrement devînt un exemple funeste de la justice du ciel; et ce me sera une joie incroyable, si je puis vous porter à détourner de dessus votre tête l'épouvantable coup qui vous menace. De grace, don Juan, accordez-moi, pour dernière faveur, cette douce consolation; ne me refusez point votre salut, que je vous demande avec larmes, et, si vous n'êtes point touché de votre intérêt, soyez-le au moins de mes prières, et m'épargnez le cruel déplaisir de vous voir condamner à des supplices éternels.

SGANARELLE, *à part.*

Pauvre femme!

DONE ELVIRE.

Je vous ai aimé avec une tendresse extrême, rien au monde ne m'a été si cher que vous, j'ai oublié mon devoir pour vous, j'ai fait toutes choses pour vous; et toute la récompense que je vous en demande, c'est de corriger votre vie, et de prévenir votre perte. Sauvez-vous, je vous prie, ou pour l'amour de vous, ou pour l'amour de moi. Encore une fois, don Juan, je vous le demande avec larmes ; et si ce n'est assez des larmes d'une personne que vous avez aimée, je vous en conjure par tout ce qui est le plus capable de vous toucher.

SGANARELLE, *à part, regardant don Juan.*

Cœur de tigre !

DONE ELVIRE.

Je m'en vais après ce discours ; et voilà tout ce que j'avois à vous dire.

D. JUAN.

Madame, il est tard, demeurez ici ; on vous y logera le mieux qu'on pourra.

DONE ELVIRE.

Non, don Juan ; ne me retenez pas davantage.

D. JUAN.

Madame, vous me ferez plaisir de demeurer, je vous assure.

DONE ELVIRE.

Non, vous dis-je ; ne perdons point de temps en discours superflus. Laissez-moi vite aller, ne faites aucune instance pour me conduire, et songez seulement à profiter de mon avis.

SCÈNE X.

D. JUAN, SGANARELLE.

D. JUAN.

Sais-tu bien que j'ai encore senti quelque peu

d'émotion pour elle, que j'ai trouvé de l'agrément dans cette nouveauté bizarre, et que son habit négligé, son air languissant, et ses larmes, ont réveillé en moi quelques petits restes d'un feu éteint ?

SGANARELLE.

C'est-à-dire que ses paroles n'ont fait aucun effet sur vous ?

D. JUAN.

Vite, à souper.

SGANARELLE.

Fort bien.

SCÈNE XI.

D. JUAN, SGANARELLE, LA VIOLETTE, RAGOTIN

D. JUAN, *se mettant à table.*

SGANARELLE, il faut songer à s'amender pourtant.

SGANARELLE.

Oui-dà.

D. JUAN.

Oui, ma foi, il faut s'amender. Encore vingt ou trente ans de cette vie-ci, et puis nous songerons à nous.

SGANARELLE.

Oh !

D. JUAN.

Qu'en dis-tu ?

ACTE IV, SCÈNE XI.

SGANARELLE.

Rien. Voilà le souper.
(*Il prend un morceau d'un des plats qu'on apporte, et le met dans sa bouche.*)

D. JUAN.

Il me semble que tu as la joue enflée, qu'est-ce que c'est ? Parle donc : qu'as-tu là ?

SGANARELLE.

Rien.

D. JUAN.

Montre un peu. Parbleu ! c'est une fluxion qui lui est tombée sur la joue. Vite, une lancette pour percer cela. Le pauvre garçon n'en peut plus, et cet abcès le pourroit étouffer. Attends. Voyez comme il étoit mûr. Ah ! coquin que vous êtes !...

SGANARELLE.

Ma foi, monsieur, je voulois voir si votre cuisinier n'avoit point mis trop de sel ou trop de poivre.

D. JUAN.

Allons, mets-toi là, et mange. J'ai à faire de toi, quand j'aurai soupé. Tu as faim, à ce que je vois.

SGANARELLE, *se mettant à table.*

Je le crois bien, monsieur; je n'ai point mangé depuis ce matin. Tâtez de cela, voilà qui est le meilleur du monde. (*à Ragotin, qui, à mesure que Sganarelle met quelque chose sur son assiette, la lui ôte, dès que Sganarelle tourne la tête.*) Mon assiette !

8.

Tout doux, s'il vous plaît. Vertubleu! petit compère; que vous êtes habile à donner des assiettes nettes! Et vous, petit la Violette, que vous savez présenter à boire à propos!

(*Pendant que la Violette donne à boire à Sganarelle, Ragotin ôte encore son assiette.*)

D. JUAN.

Qui peut frapper de cette sorte?

SGANARELLE.

Qui diable nous vient troubler dans notre repas?

D. JUAN.

Je veux souper en repos au moins, et qu'on ne laisse entrer personne.

SGANARELLE.

Laissez-moi faire; je m'y en vais moi-même.

D. JUAN, *voyant revenir Sganarelle effrayé.*

Qu'est-ce donc? Qu'y a-t-il?

SGANARELLE, *baissant la tête comme la statue.*

Le... qui est là.

D. JUAN.

Allons voir, et montrons que rien ne me sauroit ébranler.

SGANARELLE.

Ah! pauvre Sganarelle, où te cacheras-tu?

SCÈNE XII.

D. JUAN, LA STATUE du commandeur, SGANARELLE, LA VIOLETTE, RAGOTIN.

D. JUAN, *à ses gens.*

Une chaise et un couvert. Vite donc.

(*Don Juan et la statue se mettent à table.*)

(*à Sganarelle.*) Allons, mets-toi à table.

SGANARELLE.

Monsieur, je n'ai plus faim.

D. JUAN.

Mets-toi là, te dis-je. A boire. A la santé du commandeur. Je te la porte, Sganarelle. Qu'on lui donne du vin.

SGANARELLE.

Monsieur, je n'ai pas soif.

D. JUAN.

Bois, et chante ta chanson pour régaler le commandeur.

SGANARELLE.

Je suis enrhumé, monsieur.

D. JUAN.

Il n'importe. Allons. (*à ses gens.*) Vous autres, venez; accompagnez sa voix.

LA STATUE.

Don Juan, c'est assez. Je vous invite à venir demain souper avec moi. En aurez-vous le courage?

D. JUAN.

Oui, j'irai, accompagné du seul Sganarelle.

SGANARELLE.

Je vous rends grace; il est demain jeûne pour moi.

D. JUAN, *à Sganarelle.*

Prends ce flambeau.

LA STATUE.

On n'a pas besoin de lumière quand on est conduit par le ciel.

FIN DU QUATRIÈME ACTE.

ACTE CINQUIÈME.

SCÈNE I.

D. LOUIS, D. JUAN, SGANARELLE.

D. LOUIS.

Quoi! mon fils, seroit-il possible que la bonté du ciel eût exaucé mes vœux? Ce que vous me dites est-il bien vrai? Ne m'abusez-vous point d'un faux espoir? et puis-je prendre quelque assurance sur la nouveauté surprenante d'une telle conversion?

D. JUAN.

Oui, vous me voyez revenu de toutes mes erreurs; je ne suis plus le même d'hier au soir, et le ciel tout d'un coup a fait en moi un changement qui va surprendre tout le monde. Il a touché mon ame et dessillé mes yeux; et je regarde avec horreur le long aveuglement où j'ai été, et les désordres criminels de la vie que j'ai menée. J'en repasse dans mon esprit toutes les abominations, et m'étonne comme le ciel les a pu souffrir si long-temps, et n'a pas vingt fois sur ma tête laissé tomber les coups de sa justice redoutable. Je vois les graces que sa bonté m'a faites en ne me punissant point de mes crimes; et je prétends en profiter comme je dois, faire éclater aux yeux du monde un soudain changement de vie, réparer par-là le scandale de mes actions passées, et m'efforcer d'en obtenir du ciel une pleine rémission. C'est à quoi je vais travailler; et je vous prie, monsieur, de vouloir bien contribuer à ce dessein, et de m'aider vous-même à faire choix d'une personne qui me serve de guide, et sous la conduite de qui je puisse marcher sûrement dans le chemin où je m'en vais entrer.

D. LOUIS.

Ah! mon fils, que la tendresse d'un père est aisément rappelée, et que les offenses d'un fils s'évanouissent vite au moindre mot de repentir! Je ne me souviens plus déjà de tous les déplaisirs que vous m'avez donnés, et tout est effacé par les paroles que vous venez de me faire entendre. Je ne me sens pas, je l'avoue; je jette des larmes de joie, tous mes vœux sont satisfaits, et je n'ai plus rien désormais à demander au ciel. Embrassez-moi, mon fils, et persistez, je vous conjure, dans cette louable pensée. Pour moi, j'en vais tout de ce pas porter l'heureuse nouvelle à votre mère, partager avec elle les doux transports du ravissement où je suis, et rendre graces au ciel des saintes résolutions qu'il a daigné vous inspirer

SCÈNE II.

D. JUAN, SGANARELLE.

SGANARELLE.

Ah! monsieur, que j'ai de joie de vous voir

converti ! Il y a long-temps que j'attendois cela ;
et voilà, grace au ciel, tous mes souhaits accomplis.

D. JUAN.

La peste le benêt !

SGANARELLE.

Comment ! le benêt !

D. JUAN.

Quoi ! tu prends pour de bon argent ce que je
viens de dire ? et tu crois que ma bouche étoit d'accord avec mon cœur ?

SGANARELLE.

Quoi ! ce n'est pas... Vous ne... Votre... (*à part.*)
O quel homme ! quel homme ! quel homme !

D. JUAN.

Non, non, je ne suis point changé, et mes sentiments sont toujours les mêmes.

SGANARELLE.

Vous ne vous rendez pas à la surprenante merveille de cette statue mouvante et parlante ?

D. JUAN.

Il y a bien quelque chose là-dedans que je ne
comprends pas : mais quoi que ce puisse être, cela
n'est pas capable ni de convaincre mon esprit ni
d'ébranler mon ame ; et si j'ai dit que je voulois
corriger ma conduite, et me jeter dans un train de
vie exemplaire, c'est un dessein que j'ai formé par
pure politique, un stratagême utile, une grimace
nécessaire où je veux me contraindre, pour ménager un père dont j'ai besoin, et me mettre à couvert,

du côté des hommes, de cent fâcheuses aventures qui pourroient m'arriver. Je veux bien, Sganarelle, t'en faire confidence, et je suis bien aise d'avoir un témoin des véritables motifs qui m'obligent à faire les choses.

SGANARELLE.

Quoi! toujours libertin et débauché, vous voulez cependant vous ériger en homme de bien.

D. JUAN.

Et pourquoi non? il y en a tant d'autres comme moi qui se mêlent de ce métier, et qui se servent du même masque pour abuser le monde!

SGANARELLE, *à part.*

Ah! quel homme! quel homme!

D. JUAN.

Il n'y a plus de honte maintenant à cela: l'hypocrisie est un vice à la mode, et tous les vices à la mode passent pour vertus. La profession d'hypocrite a de merveilleux avantages. C'est un art de qui l'imposture est toujours respectée; et, quoiqu'on la découvre, on n'ose rien dire contre elle. Tous les autres vices des hommes sont exposés à la censure, et chacun a la liberté de les attaquer hautement; mais l'hypocrisie est un vice privilégié qui de sa main ferme la bouche à tout le monde, et jouit en repos d'une impunité souveraine. On lie, à force de grimaces, une société étroite avec tous les gens du parti. Qui en choque un se les attire tous sur les bras; et ceux que l'on sait même agir de bonne foi là-dessus, et que chacun connoît pour être véritablement touchés; ceux-là, dis-je, sont le plus souvent les dupes des autres; ils donnent bonnement dans le panneau des grimaciers, et appuient aveuglément les singes de leurs actions. Combien crois-tu que j'en connoisse qui, par ce stratagème, ont r'habilié adroitement les désordres de leur jeunesse, et, sous un dehors respecté, ont la permission d'être les plus méchants hommes du monde? On a beau savoir leurs intrigues, et les connoître pour ce qu'ils sont: ils ne laissent pas pour cela d'être en crédit parmi les gens; et quelque baissement de tête, un soupir mortifié, deux roulements d'yeux, rajustent dans le monde tout ce qu'ils peuvent faire. C'est sous cet abri favorable que je veux mettre en sûreté mes affaires. Je ne quitterai point mes douces habitudes; mais j'aurai soin de me cacher, et me divertirai à petit bruit. Que si je viens à être découvert, je verrai, sans me remuer, prendre mes intérêts à toute ma cabale, et je serai défendu par elle envers et contre tous. Enfin c'est là le vrai moyen de faire impunément tout ce que je voudrai. Je m'érigerai en censeur des actions d'autrui, jugerai mal de tout le monde, et n'aurai bonne opinion que de moi. Dès qu'une fois on m'aura choqué tant soit peu, je ne pardonnerai jamais, et garderai tout doucement une haine irréconciliable. Je serai le vengeur de la vertu opprimée; et, sous ce prétexte commode, je pousserai mes ennemis, je les accuserai d'impiété, et saurai déchaîner contre eux des zélés indiscrets, qui, sans connoissance de cause, crieront contre eux, qui les accableront d'injures, et les damneront hautement de leur autorité privée. C'est ainsi qu'il faut profiter des foiblesses des hommes, et qu'un sage esprit s'accommode aux vices de son siècle.

SGANARELLE.

O ciel! qu'entends-je ici! Il ne vous manquoit plus que d'être hypocrite pour vous achever de tout point, et voilà le comble des abominations. Monsieur, cette dernière-ci m'emporte, et je ne puis m'empêcher de parler. Faites-moi tout ce qu'il vous plaira; battez-moi, assommez-moi de coups, tuez-moi si vous voulez; il faut que je décharge mon cœur, et qu'en valet fidèle je vous dise ce que je dois. Sachez, monsieur, que tant va la cruche à l'eau qu'enfin elle se brise; et, comme dit fort bien cet auteur que je ne connois pas, l'homme est en ce monde ainsi que l'oiseau sur la branche; la branche est attachée à l'arbre; qui s'attache à l'arbre suit de bons préceptes; les bons préceptes valent mieux que les belles paroles; les belles paroles se trouvent à la cour; à la cour sont les courtisans; les courtisans suivent la mode; la mode vient de la fantaisie; la fantaisie est une faculté de l'ame; l'ame est ce qui nous donne la vie; la vie finit par la mort.... et.... songez à ce que vous deviendrez.

D. JUAN.

O le beau raisonnement!

SGANARELLE.

Après cela, si vous ne vous rendez, tant pis pour vous.

SCÈNE III.

D. CARLOS, D. JUAN, SGANARELLE.

D. CARLOS.

Don Juan, je vous trouve à propos, et suis bien aise de vous parler ici plutôt que chez vous, pour vous demander vos résolutions. Vous savez que ce soin me regarde, et que je me suis en votre présence chargé de cette affaire. Pour moi, je ne le cèle point, je souhaite fort que les choses aillent dans la douceur; et il n'y a rien que je ne fasse pour porter votre esprit à vouloir prendre cette voie, et pour vous voir publiquement confirmer à ma sœur le nom de votre femme.

D. JUAN, *d'un ton hypocrite.*

Hélas! je voudrois bien de tout mon cœur vous donner la satisfaction que vous souhaitez : mais le ciel s'y oppose directement, il a inspiré à mon ame le dessein de changer de vie; et je n'ai point d'autres pensées maintenant que de quitter entièrement tous les attachements du monde, de me dépouiller au plus tôt de toutes sortes de vanités, et de corriger désormais par une austère conduite tous les dérèglements criminels où m'a porté le feu d'une aveugle jeunesse.

D. CARLOS.

Ce dessein, don Juan, ne choque point ce que je dis; et la compagnie d'une femme légitime peut bien s'accommoder avec les louables pensées que le ciel vous inspire.

D. JUAN.

Hélas! point du tout. C'est un dessein que votre sœur elle-même a pris; elle a résolu sa retraite, et nous avons été touchés tous deux en même temps.

D. CARLOS.

Sa retraite ne peut nous satisfaire, pouvant être imputée au mépris que vous feriez d'elle et de notre famille; et notre honneur demande qu'elle vive avec vous.

D. JUAN.

Je vous assure que cela ne se peut. J'en avois, pour moi, toutes les envies du monde; et je me suis, même encore aujourd'hui, conseillé au ciel pour cela; mais lorsque je l'ai consulté, j'ai entendu une voix qui m'a dit que je ne devois point songer à votre sœur, et qu'avec elle assurément je ne ferois point mon salut.

D. CARLOS.

Croyez-vous, don Juan, nous éblouir par ces belles excuses?

D. JUAN.

J'obéis à la voix du ciel.

ACTE V, SCÈNE III.

D. CARLOS.

Quoi ! vous voulez que je me paie d'un semblable discours ?

D. JUAN.

C'est le ciel qui le veut ainsi.

D. CARLOS.

Vous aurez fait sortir ma sœur d'un couvent, pour la laisser ensuite ?

D. JUAN.

Le ciel l'ordonne de la sorte.

D. CARLOS.

Nous souffrirons cette tache en notre famille ?

D. JUAN.

Prenez-vous-en au ciel.

D. CARLOS.

Hé quoi ! toujours le ciel !

D. JUAN.

Le ciel le souhaite comme cela.

D. CARLOS.

Il suffit, don Juan ; je vous entends. Ce n'est pas ici que je veux vous prendre, et le lieu ne le souffre pas ; mais, avant qu'il soit peu, je saurai vous trouver.

D. JUAN.

Vous ferez ce que vous voudrez. Vous savez que je ne manque point de cœur, et que je sais me servir de mon épée quand il le faut. Je m'en vais passer tout à l'heure dans cette petite rue écartée qui mène au grand couvent. Mais je vous déclare, pour moi, que ce n'est point moi qui me veux battre; le ciel m'en défend la pensée : et, si vous m'attaquez, nous verrons ce qui en arrivera.

D. CARLOS.

Nous verrons, de vrai, nous verrons.

SCÈNE IV.

D. JUAN, SGANARELLE.

SGANARELLE.

Monsieur, quel diable de style prenez-vous là? Ceci est bien pis que le reste, et je vous aimerois bien mieux encore comme vous étiez auparavant. J'espérois toujours de votre salut : mais c'est maintenant que j'en désespère; et je crois que le ciel, qui vous a souffert jusqu'ici, ne pourra souffrir du tout cette dernière horreur.

D. JUAN.

Va, va, le ciel n'est pas si exact que tu penses; et si toutes les fois que les hommes...

SCÈNE V.

D. JUAN, SGANARELLE, UN SPECTRE
en femme voilée.

SGANARELLE, *apercevant le spectre.*

Ah! monsieur, c'est le ciel qui vous parle, et c'est un avis qu'il vous donne.

D. JUAN.

Si le ciel me donne un avis, il faut qu'il parle un peu plus clairement, s'il veut que je l'entende.

ACTE V, SCÈNE V.

LE SPECTRE.

Don Juan n'a plus qu'un moment à pouvoir profiter de la miséricorde du ciel; et, s'il ne se repent ici, sa perte est résolue.

SGANARELLE.

Entendez-vous, monsieur?

D. JUAN.

Qui ose tenir ces paroles? Je crois connoître cette voix.

SGANARELLE.

Ah! monsieur, c'est un spectre; je le reconnois au marcher.

D. JUAN.

Spectre, fantôme, ou diable, je veux voir ce que c'est.

(*Le spectre change de figure, et représente le Temps avec sa faux à la main.*)

SGANARELLE.

O ciel! voyez-vous, monsieur, ce changement de figure?

D. JUAN.

Non, non, rien n'est capable de m'imprimer de la terreur; et je veux éprouver avec mon épée si c'est un corps ou un esprit.

(*Le spectre s'envole dans le temps que don Juan veut le frapper.*)

SGANARELLE.

Ah! monsieur, rendez-vous à tant de preuves, et jetez-vous vite dans le repentir.

D. JUAN.

Non, non, il ne sera pas dit, quoi qu'il arrive, que je sois capable de me repentir. Allons, suis-moi.

SCÈNE VI.

LA STATUE du commandeur, D. JUAN, SGANARELLE.

LA STATUE.

Arrêtez, don Juan. Vous m'avez hier donné parole de venir manger avec moi.

D. JUAN.

Oui. Où faut-il aller?

LA STATUE

Donnez-moi la main.

D. JUAN.

La voilà.

LA STATUE.

Don Juan, l'endurcissement au péché traîne une mort funeste; et les graces du ciel que l'on renvoie ouvrent un chemin à sa foudre.

D. JUAN.

O ciel! que sens-je? Un feu invisible me brûle, je n'en puis plus, et tout mon corps devient un brasier ardent. Ah!

(Le tonnerre tombe, avec un grand bruit et de grands éclairs, sur don Juan. La terre s'ouvre et l'abîme; et il sort de grands feux de l'endroit où il est tombé.)

SCÈNE VII.
SGANARELLE.

Voilà, par sa mort, un chacun satisfait. Ciel offensé, lois violées, filles séduites, familles déshonorées, parents outragés, femmes mises à mal, maris poussés à bout, tout le monde est content. Il n'y a que moi seul de malheureux, qui, après tant d'années de service, n'ai point d'autre récompense que de voir à mes yeux l'impiété de mon maître punie par le plus épouvantable châtiment du monde.

FIN DU FESTIN DE PIERRE.

L'AMOUR MÉDECIN,

COMÉDIE-BALLET EN TROIS ACTES,

Représentée à Versailles, le 15 septembre; à Paris, le 22 septembre 1665.

AU LECTEUR.

Ce n'est ici qu'un simple crayon, un petit impromptu dont le roi a voulu se faire un divertissement. Il est le plus précipité de tous ceux que sa majesté m'ait commandés; et, lorsque je dirai qu'il a été proposé, fait, appris et représenté en cinq jours, je ne dirai que ce qui est vrai. Il n'est pas nécessaire de vous avertir qu'il y a beaucoup de choses qui dépendent de l'action. On sait bien que les comédies ne sont faites que pour être jouées, et je ne conseille de lire celle-ci qu'aux personnes qui ont des yeux pour découvrir dans la lecture tout le jeu du théâtre. Ce que je vous dirai, c'est qu'il seroit à souhaiter que ces sortes d'ouvrages pussent toujours se montrer à vous avec les ornements qui les accompagnent chez le roi: vous les verriez dans un état beaucoup plus supportable; et les airs et les symphonies de l'incomparable M. Lulli, mêlés à la beauté des voix et à l'adresse des danseurs, leur donnent sans doute des graces dont ils ont toutes les peines du monde à se passer.

PERSONNAGES DU PROLOGUE.

LA COMÉDIE.
LA MUSIQUE.
LE BALLET.

PERSONNAGES DE LA COMÉDIE.

SGANARELLE, père de Lucinde.
LUCINDE, fille de Sganarelle.
CLITANDRE, amant de Lucinde.
AMINTE, voisine de Sganarelle.
LUCRÈCE, nièce de Sganarelle.
LISETTE, suivante de Lucinde.
M. GUILLAUME, marchand de tapisseries.
M. JOSSE, orfèvre.
M. TOMÈS,
M. DESFONANDRÈS,
M. MACROTON, } médecins.
M. BAHIS,
M. FILLERIN,
UN NOTAIRE.
CHAMPAGNE, valet de Sganarelle.

PERSONNAGES DU BALLET.

PREMIÈRE ENTRÉE.

CHAMPAGNE, valet de Sganarelle, dansant.
QUATRE MÉDECINS, dansants.

PERSONNAGES.

SECONDE ENTRÉE.

UN OPÉRATEUR, chantant.
TRIVELINS et SCARAMOUCHES, dansants,
  de la suite de l'opérateur.

TROISIÈME ENTRÉE.

LA COMÉDIE.
LA MUSIQUE.
LE BALLET.
JEUX, RIS, PLAISIRS, dansants.

La scène est à Paris.

PROLOGUE.

LA COMÉDIE, LA MUSIQUE, LE BALLET.

LA COMÉDIE.

Quittons, quittons notre vaine querelle ;
Ne nous disputons point nos talents tour à tour,
Et d'une gloire plus belle
Piquons-nous en ce jour.
Unissons-nous tous trois d'une ardeur sans seconde
Pour donner du plaisir au plus grand roi du monde.

TOUS TROIS ENSEMBLE.

Unissons-nous tous trois d'une ardeur sans seconde
Pour donner du plaisir au plus grand roi du monde.

LA MUSIQUE.

De ses travaux, plus grands qu'on ne peut croire,
Il se vient quelquefois délasser parmi nous.

LE BALLET.

Est-il de plus grande gloire ?
Est-il de bonheur plus doux ?

TOUS TROIS ENSEMBLE.

Unissons-nous tous trois d'une ardeur sans seconde
Pour donner du plaisir au plus grand roi du monde.

FIN DU PROLOGUE.

L'AMOUR MÉDECIN.

ACTE PREMIER.

SCÈNE I.

SGANARELLE, AMINTE, LUCRÈCE, M. GUILLAUME, M. JOSSE.

SGANARELLE.

Ah! l'étrange chose que la vie! et que je puis bien dire, avec ce grand philosophe de l'antiquité, que *qui terre a, guerre a,* et qu'un malheur ne vient jamais sans l'autre! Je n'avois qu'une femme, qui est morte.

M. GUILLAUME.

Et combien donc en vouliez-vous avoir?

SGANARELLE.

Elle est morte, monsieur Guillaume mon ami. Cette perte m'est très sensible, et je ne puis m'en ressouvenir sans pleurer. Je n'étois pas fort satisfait de sa conduite, et nous avions le plus souvent dispute ensemble : mais enfin la mort rajuste toutes choses. Elle est morte, je la pleure. Si elle étoit en vie, nous nous querellerions. De tous les enfants que le ciel m'avoit donnés, il ne m'a laissé qu'une fille, et cette fille est toute ma peine : car enfin je la vois dans une mélancolie la plus sombre du monde, dans une tristesse épouvantable, dont il n'y a pas moyen de la retirer, et dont je ne saurois même apprendre la cause. Pour moi, j'en perds l'esprit, et j'aurois besoin d'un bon conseil sur cette matière. (*à Lucrèce.*) Vous êtes ma nièce; (*à Aminte.*) vous, ma voisine; (*à M. Guillaume et à M. Josse.*) et vous, mes compères et mes amis : je vous prie de me conseiller tout ce que je dois faire.

M. JOSSE.

Pour moi, je tiens que la braverie, que l'ajustement est la chose qui réjouit le plus les filles ; et, si j'étois que de vous, je lui achèterois dès aujourd'hui une belle garniture de diamants, ou de rubis, ou d'émeraudes.

M. GUILLAUME.

Et moi, si j'étois en votre place, j'achèterois une belle tenture de tapisserie de verdure, ou à personnages, que je ferois mettre dans sa chambre, pour lui réjouir l'esprit et la vue.

AMINTE.

Pour moi, je ne ferois pas tant de façons ; je la marierois fort bien, et le plus tôt que je pourrois, avec cette personne qui vous la fit, dit-on, demander il y a quelque temps.

LUCRÈCE.

Et moi, je tiens que votre fille n'est point du tout propre pour le mariage. Elle est d'une complexion trop délicate et trop peu saine; c'est la vouloir envoyer bientôt en l'autre monde que de l'exposer, comme elle est, à faire des enfants. Le monde n'est point du tout son fait; et je vous conseille de la mettre dans un couvent, où elle trouvera des divertissements qui seront mieux de son humeur.

SGANARELLE.

Tous ces conseils sont admirables, assurément; mais je les trouve un peu intéressés, et trouve que vous me conseillez fort bien pour vous. Vous êtes orfèvre, monsieur Josse; et votre conseil sent son homme qui a envie de se défaire de sa marchandise. Vous vendez des tapisseries, monsieur Guillaume; et vous avez la mine d'avoir quelque tenture qui vous incommode. Celui que vous aimez, ma voisine, a, dit-on, quelque inclination pour ma fille; et vous ne seriez pas fâchée de la voir femme d'un autre. Et quant à vous, ma chère nièce, ce n'est pas mon dessein, comme on sait, de marier ma fille avec qui que ce soit, et j'ai mes raisons pour cela; mais le conseil que vous me donnez de la faire religieuse est d'une femme qui pourroit bien souhaiter charitablement d'être mon héritière universelle. Ainsi, messieurs et mesdames, quoique tous vos conseils soient les meilleurs du monde, vous trouverez bon, s'il vous plaît, que je n'en suive aucun. *(seul.)* Voilà de mes donneurs de conseils à la mode.

SCÈNE II.

LUCINDE, SGANARELLE.

SGANARELLE.

Ah! voilà ma fille qui prend l'air. Elle ne me voit pas. Elle soupire; elle lève les yeux au ciel. (*à Lucinde.*) Dieu vous garde! Bon jour, ma mie. Hé bien! qu'est-ce? Comme vous en va? Hé quoi! toujours triste et mélancolique comme cela! et tu ne veux pas me dire ce que tu as! Allons donc, découvre-moi ton petit cœur Là, ma pauvre mie, dis, dis; dis tes petites pensées à ton petit papa mignon. Courage! Veux-tu que je te baise? Viens. (*à part.*) J'enrage de la voir de cette humeur-là. (*à Lucinde.*) Mais, dis-moi, me veux-tu faire mourir de déplaisir? et ne puis-je savoir d'où vient cette grande langueur? Découvre-m'en la cause, et je te promets que je ferai toutes choses pour toi. Oui, tu n'as qu'à me dire le sujet de ta tristesse : je t'assure ici et te fais serment qu'il n'y a rien que je ne fasse pour te satisfaire; c'est tout dire. Est-ce que tu es jalouse de quelqu'une de tes compagnes que tu voies plus brave que toi? et seroit-il quelque étoffe nouvelle dont tu voulusses avoir un habit? Non. Est-ce que ta chambre ne te semble pas assez parée, et que tu souhaiterois quelque cabinet de la foire Saint-Laurent? Ce n'est pas cela. Aurois-tu envie d'apprendre quelque chose? et veux-tu que je te donne un maître pour te

montrer à jouer du clavecin? Nenni. Aimerois-tu
quelqu'un, et souhaiterois-tu d'être mariée?
(*Lucinde fait signe qu'oui.*)

SCÈNE III.
SGANARELLE, LUCINDE, LISETTE.

LISETTE.

Hé bien! monsieur, vous venez d'entretenir
votre fille : avez-vous su la cause de sa mélancolie?

SGANARELLE.

Non. C'est une coquine qui me fait enrager.

LISETTE.

Monsieur, laissez-moi faire, je m'en vais la
sonder un peu.

SGANARELLE.

Il n'est pas nécessaire; et puisqu'elle veut être
de cette humeur, je suis d'avis qu'on l'y laisse.

LISETTE.

Laissez-moi faire, vous dis-je : peut-être qu'elle
se découvrira plus librement à moi qu'à vous.
Quoi! madame, vous ne nous direz point ce que
vous avez, et vous voulez affliger ainsi tout le
monde? Il me semble qu'on n'agit point comme
vous faites, et que si vous avez quelque répugnance
à vous expliquer à un père, vous n'en devez avoir
aucune à me découvrir votre cœur. Dites-moi,
souhaitez-vous quelque chose de lui? Il nous a dit
plus d'une fois qu'il n'épargneroit rien pour vous
contenter. Est-ce qu'il ne vous donne pas toute la

liberté que vous souhaiteriez ? et les promenades et les cadeaux ne tenteroient-ils point votre ame ? Hé ! avez-vous reçu quelque déplaisir de quelqu'un ? Hé ! n'auriez-vous point quelque secrète inclination avec qui vous souhaiteriez que votre père vous mariât ? Ah ! je vous entends, voilà l'affaire. Que diable ! pourquoi tant de façons ? Monsieur, le mystère est découvert ; et...

SGANARELLE.

Va, fille ingrate, je ne te veux plus parler, et je te laisse dans ton obstination.

LUCINDE.

Mon père, puisque vous voulez que je vous dise la chose...

SGANARELLE.

Oui, je perds toute l'amitié que j'avois pour toi.

LISETTE.

Monsieur, sa tristesse...

SGANARELLE.

C'est une coquine qui me veut faire mourir.

LUCINDE.

Mon père, je veux bien...

SGANARELLE.

Ce n'est pas là la récompense de t'avoir élevée comme j'ai fait.

LISETTE

Mais, monsieur...

SGANARELLE.

Non, je suis contre elle dans une colère épouvantable.

ACTE I, SCÈNE III.

LUCINDE.

Mais, mon père...

SGANARELLE.

Je n'ai plus aucune tendresse pour toi.

LISETTE.

Mais...

SGANARELLE.

C'est une friponne...

LUCINDE.

Mais...

SGANARELLE.

Une ingrate...

LISETTE.

Mais...

SGANARELLE.

Une coquine, qui ne me veut pas dire ce qu'elle a.

LISETTE.

C'est un mari qu'elle veut.

SGANARELLE, *faisant semblant de ne pas entendre.*

Je l'abandonne.

LISETTE.

Un mari.

SGANARELLE.

Je la déteste.

LISETTE.

Un mari.

SGANARELLE.

Et la renonce pour ma fille.

LISETTE.
Un mari.

SGANARELLE.
Non, ne m'en parlez point.

LISETTE.
Un mari.

SGANARELLE.
Ne m'en parlez point.

LISETTE.
Un mari.

SGANARELLE.
Ne m'en parlez point.

LISETTE.
Un mari, un mari, un mari.

SCÈNE IV.
LUCINDE, LISETTE.

LISETTE.
On dit bien vrai, qu'il n'y a point de pires sourds que ceux qui ne veulent pas entendre.

LUCINDE.
Hé bien! Lisette, j'avois tort de cacher mon déplaisir, et je n'avois qu'à parler pour avoir tout ce que je souhaitois de mon père! Tu le vois.

LISETTE.
Par ma foi, voilà un vilain homme; et je vous avoue que j'aurois un plaisir extrême à lui jouer quelque tour. Mais d'où vient donc, madame, que jusqu'ici vous m'avez caché votre mal?

LUCINDE.

Hélas! de quoi m'auroit servi de te le découvrir plus tôt? et n'aurois-je pas autant gagné à le tenir caché toute ma vie? Crois-tu que je n'aie pas bien prévu tout ce que tu vois maintenant, que je ne susse pas à fond tous les sentiments de mon père, et que le refus qu'il a fait porter à celui qui m'a demandée par un ami n'ait pas étouffé dans mon ame toute sorte d'espoir?

LISETTE.

Quoi! c'est cet inconnu qui vous a fait demander pour qui vous...?

LUCINDE.

Peut-être n'est-il pas honnête à une fille de s'expliquer si librement; mais enfin je t'avoue que, s'il m'étoit permis de vouloir quelque chose, ce seroit lui que je voudrois. Nous n'avons eu ensemble aucune conversation, et sa bouche ne m'a point déclaré la passion qu'il a pour moi; mais, dans tous les lieux où il m'a pu voir, ses regards et ses actions m'ont toujours parlé si tendrement, et la demande qu'il a fait faire de moi m'a paru d'un si honnête homme, que mon cœur n'a pu s'empêcher d'être sensible à ses ardeurs : et cependant tu vois où la dureté de mon père réduit toute cette tendresse.

LISETTE.

Allez, laissez-moi faire. Quelque sujet que j'aie de me plaindre de vous du secret que vous m'avez

fait, je ne veux pas laisser de servir votre amour;
et pourvu que vous ayez assez de résolution...

LUCINDE.

Mais que veux-tu que je fasse contre l'autorité
d'un père ? et s'il est inexorable à mes vœux...

LISETTE.

Allez, allez, il ne faut pas se laisser mener comme
un oison; et, pourvu que l'honneur n'y soit pas offensé, on se peut libérer un peu de la tyrannie d'un
père. Que prétend-il que vous fassiez ? N'êtes-vous
pas en âge d'être mariée ? et croit-il que vous soyez
de marbre ? Allez, encore un coup, je veux servir
votre passion, je prends dès à présent sur moi tout
le soin de ses intérêts, et vous verrez que je sais
des détours.. Mais je vois votre père. Rentrons, et
me laissez agir.

SCÈNE V.

SGANARELLE.

Il est bon quelquefois de ne point faire semblant
d'entendre les choses qu'on n'entend que trop bien;
et j'ai fait sagement de parer la déclaration d'un
désir que je ne suis pas résolu de contenter. A-t-on
jamais rien vu de plus tyrannique que cette coutume où l'on veut assujettir les pères, rien de plus
impertinent et de plus ridicule que d'amasser du
bien avec de grands travaux, et élever une fille
avec beaucoup de soin et de tendresse, pour se dépouiller de l'un et de l'autre entre les mains d'un

homme qui ne nous touche de rien? Non, non ; je me moque de cet usage, et je veux garder mon bien et ma fille pour moi.

SCÈNE VI.

SGANARELLE, LISETTE.

LISETTE, *courant sur le théâtre, et feignant de ne pas voir Sganarelle.*

Ah! malheur! ah! disgrace! Ah! pauvre seigneur Sganarelle, où pourrai-je te rencontrer?

SGANARELLE, *à part.*

Que dit-elle là?

LISETTE, *courant toujours.*

Ah! misérable père, que feras-tu quand tu sauras cette nouvelle?

SGANARELLE, *à part.*

Que sera-ce?

LISETTE.

Ma pauvre maîtresse!

SGANARELLE, *à part.*

Je suis perdu!

LISETTE.

Ah!

SGANARELLE, *courant après Lisette.*

Lisette.

LISETTE.

Quelle infortune!

SGANARELLE.

Lisette.

LISETTE.

Quel accident!

SGANARELLE.

Lisette.

LISETTE.

Quelle fatalité!

SGANARELLE.

Lisette.

LISETTE, *s'arrêtant*.

Ah! monsieur...

SGANARELLE.

Qu'est-ce?

LISETTE.

Monsieur...

SGANARELLE.

Qu'y a-t-il?

LISETTE.

Votre fille...

SGANARELLE.

Ah! ah!

LISETTE.

Monsieur, ne pleurez donc point comme cela, car vous me feriez rire.

SGANARELLE.

Dis donc vite.

LISETTE.

Votre fille, toute saisie des paroles que vous lui avez dites, et de la colère effroyable où elle vous a vu contre elle, est montée vite dans sa chambre, et, pleine de désespoir, a ouvert la fenêtre qui regarde sur la rivière.

SGANARELLE.

Hé bien?

LISETTE.

Alors levant les yeux au ciel : Non, a-t-elle dit, il m'est impossible de vivre avec le courroux de mon père; et, puisqu'il me renonce pour sa fille, je veux mourir.

SGANARELLE.

Elle s'est jetée?

LISETTE.

Non, monsieur : elle a fermé tout doucement la fenêtre, et s'est allée mettre sur le lit. Là, elle s'est prise à pleurer amèrement; et tout d'un coup son visage a pâli, ses yeux se sont tournés, le cœur lui a manqué, et elle est demeurée entre mes bras.

SGANARELLE.

Ah! ma fille! Elle est morte?

LISETTE.

Non, monsieur. A force de la tourmenter, je l'ai fait revenir; mais cela lui reprend de moment en moment, et je crois qu'elle ne passera pas la journée.

SGANARELLE.

Champagne, Champagne, Champagne.

SCÈNE VII.

SGANARELLE, CHAMPAGNE, LISETTE.

SGANARELLE.

Vite, qu'on m'aille querir des médecins, et en quantité. On n'en peut trop avoir dans une pareille aventure. Ah! ma fille! ma pauvre fille!

SCÈNE VIII.

PREMIÈRE ENTRÉE.

Champagne, valet de Sganarelle, frappe en dansant aux portes de quatre médecins.

SCÈNE IX.

Les quatre médecins dansent, et entrent avec cérémonie chez Sganarelle.

FIN DU PREMIER ACTE.

ACTE SECOND.

SCÈNE I.

SGANARELLE, LISETTE.

LISETTE.

Que voulez vous donc faire, monsieur, de quatre médecins? N'est-ce pas assez d'un pour tuer une personne?

SGANARELLE.

Taisez-vous. Quatre conseils valent mieux qu'un.

LISETTE.

Est-ce que votre fille ne peut pas bien mourir sans le secours de ces messieurs-là?

SGANARELLE.

Est-ce que les médecins font mourir?

LISETTE.

Sans doute; et j'ai connu un homme qui prouvoit, par de bonnes raisons, qu'il ne faut jamais dire, Une telle personne est morte d'une fièvre et d'une fluxion sur la poitrine; mais, Elle est morte de quatre médecins et de deux apothicaires.

SGANARELLE.

Chut! n'offensez pas ces messieurs-là.

LISETTE.

Ma foi, monsieur, notre chat est réchappé depuis peu d'un saut qu'il fit du haut de la maison dans la rue, et il fut trois jours sans manger, et sans pouvoir remuer ni pied ni patte; mais il est bien heureux de ce qu'il n'y a point de chats médecins, car ses affaires étoient faites, et ils n'auroient pas manqué de le purger et de le saigner.

SGANARELLE.

Voulez-vous vous taire? vous dis-je. Mais voyez quelle impertinence! Les voici.

LISETTE.

Prenez garde, vous allez être bien édifié. Ils vous diront en latin que votre fille est malade.

SCÈNE II.

MM. TOMÈS, DESFONANDRÈS, MACROTON, BAHIS; SGANARELLE, LISETTE.

SGANARELLE.

Hé bien, messieurs?

M. TOMÈS.

Nous avons vu suffisamment la malade, et sans doute qu'il y a beaucoup d'impuretés en elle.

SGANARELLE.

Ma fille est impure!

M. TOMÈS.

Je veux dire qu'il y a beaucoup d'impuretés dans son corps, quantité d'humeurs corrompues.

ACTE II, SCÈNE II.

SGANARELLE.

Ah! je vous entends.

M. TOMÈS.

Mais.... Nous allons consulter ensemble.

SGANARELLE.

Allons, faites donner des sièges.

LISETTE, *à M. Tomès.*

Ah! monsieur, vous en êtes!

SGANARELLE, *à Lisette.*

De quoi donc connoissez-vous monsieur?

LISETTE.

De l'avoir vu l'autre jour chez la bonne amie de madame votre nièce.

M. TOMÈS.

Comment se porte son cocher?

LISETTE.

Fort bien. Il est mort.

M. TOMÈS.

Mort?

LISETTE.

Oui.

M. TOMÈS.

Cela ne se peut.

LISETTE.

Je ne sais pas si cela se peut, mais je sais bien que cela est.

M. TOMÈS.

Il ne peut pas être mort, vous dis-je.

LISETTE.

Et moi, je vous dis qu'il est mort et enterré.

M. TOMÈS.

Vous vous trompez.

LISETTE.

Je l'ai vu.

M. TOMÈS.

Cela est impossible. Hippocrate dit que ces sortes de maladies ne se terminent qu'au quatorze, ou au vingt-un ; et il n'y a que six jours qu'il est tombé malade.

LISETTE.

Hippocrate dira ce qu'il lui plaira ; mais le cocher est mort.

SGANARELLE.

Paix, discoureuse. Allons, sortons d'ici. Messieurs, je vous supplie de consulter de la bonne manière. Quoique ce ne soit pas la coutume de payer auparavant, toutefois, de peur que je ne l'oublie, et afin que ce soit une affaire faite, voici...

(Il leur donne de l'argent, et chacun en le recevant fait un geste différent.)

SCÈNE III.

MM. DESFONANDRÈS, TOMÈS, MACROTON, BAHIS.

(Ils s'asseyent et toussent.)

M. DESFONANDRÈS.

Paris est étrangement grand, et il faut faire de longs trajets quand la pratique donne un peu

ACTE II, SCÈNE III.

M. TOMÈS.

Il faut avouer que j'ai une mule admirable pour cela, et qu'on a peine à croire le chemin que je lui fais faire tous les jours.

M. DESFONANDRÈS.

J'ai un cheval merveilleux, et c'est un animal infatigable.

M. TOMÈS.

Savez-vous le chemin que ma mule a fait aujourd'hui ? J'ai été premièrement tout contre l'Arsenal ; de l'Arsenal, au bout du faubourg Saint-Germain ; du faubourg Saint-Germain, au fond du Marais ; du fond du Marais, à la porte Saint-Honoré ; de la porte Saint-Honoré, au faubourg Saint-Jacques ; du faubourg Saint-Jacques, à la porte de Richelieu ; de la porte de Richelieu, ici ; d'ici, je dois aller encore à la Place Royale.

M. DESFONANDRÈS.

Mon cheval a fait tout cela aujourd'hui ; et de plus, j'ai été à Ruel voir un malade.

M. TOMÈS.

Mais, à propos, quel parti prenez-vous dans la querelle des deux médecins Théophraste et Artémius ? car c'est une affaire qui partage tout notre corps.

M. DESFONANDRÈS.

Moi, je suis pour Artémius.

M. TOMÈS.

Et moi aussi. Ce n'est pas que son avis, comme on a vu, n'ait tué le malade, et que celui de

Théophraste ne fût beaucoup meilleur assurément; mais enfin il a tort dans les circonstances, et il ne devoit pas être d'un autre avis que son ancien. Qu'en dites-vous?

M. DESFONANDRÈS.

Sans doute, il faut toujours garder des formalités, quoi qu'il puisse arriver.

M. TOMÈS.

Pour moi, j'y suis sévère en diable, à moins que ce ne soit entre amis; et l'on nous assembla un jour, trois de nous autres, avec un médecin de dehors, pour une consultation, où j'arrêtai toute l'affaire, et ne voulus point endurer qu'on opinât, si les choses n'alloient dans l'ordre. Les gens de la maison faisoient ce qu'ils pouvoient, et la maladie pressoit; mais je n'en voulus point démordre, et la malade mourut bravement pendant cette contestation.

M. DESFONANDRÈS.

C'est fort bien fait d'apprendre aux gens à vivre, et de leur montrer leur béjaune.

M. TOMÈS.

Un homme mort n'est qu'un homme mort, et ne fait point de conséquence; mais une formalité négligée porte un notable préjudice à tout le corps des médecins.

SCÈNE IV.

SGANARELLE, MM. TOMÈS, DESFONANDRÈS, MACROTON, BAHIS.

SGANARELLE.

Messieurs, l'oppression de ma fille augmente ; je vous prie de me dire vite ce que vous avez résolu.

M. TOMÈS, *à M. Desfonandrès.*

Allons, monsieur.

M. DESFONANDRÈS.

Non, monsieur ; parlez, s'il vous plaît.

M. TOMÈS.

Vous vous moquez.

M. DESFONANDRÈS.

Je ne parlerai pas le premier.

M. TOMÈS.

Monsieur...

M. DESFONANDRÈS.

Monsieur...

SGANARELLE.

Hé ! de grace, messieurs, laissez toutes ces cérémonies, et songez que les choses pressent.

(Ils parlent tous quatre à la fois.)

M. TOMÈS.

La maladie de votre fille...

M. DESFONANDRÈS.

L'avis de tous ces messieurs tous ensemble...

M. MACROTON.

A-près a-voir bien con-sul-té...

M. BAHIS.

Pour raisonner...

SGANARELLE.

Hé! messieurs, parlez l'un après l'autre, de grace.

M. TOMÈS.

Monsieur, nous avons raisonné sur la maladie de votre fille; et mon avis, à moi, est que cela procède d'une grande chaleur de sang : ainsi je conclus à la saigner le plus tôt que vous pourrez.

M. DESFONANDRÈS.

Et moi, je dis que sa maladie est une pourriture d'humeurs, causée par une trop grande réplétion : ainsi je conclus à lui donner de l'émétique.

M. TOMÈS.

Je soutiens que l'émétique la tuera.

M. DESFONANDRÈS.

Et moi, que la saignée la fera mourir.

M. TOMÈS.

C'est bien à vous de faire l'habile homme!

M. DESFONANDRÈS.

Oui, c'est à moi; et je vous prêterai le collet en tout genre d'érudition.

M. TOMÈS.

Souvenez-vous de l'homme que vous fîtes crever ces jours passés.

M. DESFONANDRÈS.

Souvenez-vous de la dame que vous avez envoyée en l'autre monde, il y a trois jours.

M. TOMÈS, *à Sganarelle.*

Je vous ai dit mon avis.

M. DESFONANDRÈS, *à Sganarelle.*

Je vous ai dit ma pensée.

M. TOMÈS.

Si vous ne faites saigner tout à l'heure votre fille, c'est une personne morte. (*Il sort.*)

M. DESFONANDRÈS.

Si vous la faites saigner, elle ne sera pas en vie dans un quart-d'heure. (*Il sort.*)

SCÈNE V.

SGANARELLE, MM. MACROTON, BAHIS.

SGANARELLE.

A qui croire des deux ? et quelle résolution prendre sur des avis si opposés ? Messieurs, je vous conjure de déterminer mon esprit, et de me dire sans passion ce que vous croyez le plus propre à soulager ma fille.

M. MACROTON.

Mon-si-eur, dans ces ma-ti-è-res-là, il faut pro-cé-der a-vec-que cir-con-spec-ti-on, et ne ri-en fai-re, com-me on dit, à la vo-lé-e, d'au-tant que les fau-tes qu'on y peut fai-re sont, se-lon no-tre maî-tre Hip-po-cra-te, d'u-ne dan-ge-reu-se con-sé-quen-ce.

M. BAHIS, *bredouillant.*

Il est vrai ; il faut bien prendre garde à ce qu'on fait, car ce ne sont point ici des jeux d'enfants; et quand on a failli, il n'est pas aisé de réparer le manquement et de rétablir ce qu'on a gâté. *Experimentum periculosum.* C'est pourquoi il s'agit de raisonner auparavant comme il faut, de peser mûrement les choses, de regarder le tempérament des gens, d'examiner les causes de la maladie, et de voir les remèdes qu'on y doit apporter.

SGANARELLE, *à part.*

L'un va en tortue, et l'autre court la poste.

M. MACROTON.

Or, mon-si-eur, pour ve-nir au fait, je trou-ve que vo-tre fil-le a u-ne ma-la-die chro-ni-que, et qu'el-le peut pé-ri-cli-ter si on ne lui don-ne du se-cours, d'au-tant que les symp-tô-mes qu'el-le a sont in-di-ca-tifs d'u-ne va-peur fu-li-gi-neu-se et mor-di-can-te qui lui pi-co-te les mem-bra-nes du cer-veau. Or cet-te va-peur, que nous nom-mons en grec *at-mos*, est cau-sé-e par des hu-meurs pu-tri-des, te-na-ces, con-glu-ti-neu-ses, qui sont con-te-nu-es dans le bas-ven-tre.

M. BAHIS.

Et comme ces humeurs ont été là engendrées par une longue succession de temps, elles s'y sont recuites, et ont acquis cette malignité qui fume vers la région du cerveau.

M. MACROTON.

Si bien donc que, pour ti-rer, dé-ta-cher, ar-ra-cher, ex-pul-ser, é-va-cu-er les-di-tes hu-meurs, il fau-dra u-ne pur-ga-ti-on vi-gou-reu-se. Mais,

ACTE II, SCÈNE V. 137

au pré-a-la-ble, je trou-ve à pro-pos, et il n'y a pas d'in-con-vé-ni-ent, d'u-ser de pe-tits re-mè-des a-no-dins, c'est-à-di-re de pe-tits la-ve-ments ré-mol-li-ents et dé-ter-sifs, de ju-leps et de si-rops ra-fraî-chis-sants qu'on mê-le-ra dans sa ti-sa-ne.

M. BAHIS.

Après, nous en viendrons à la purgation et à la saignée, que nous réitèrerons s'il en est besoin.

M. MACROTON.

Ce n'est pas qu'a-vec tout ce-la vo-tre fil-le ne puis-se mou-rir; mais au moins vous au-rez fait quel-que cho-se, et vous au-rez la con-so-la-ti-on qu'el-le se-ra mor-te dans les for-mes.

M. BAHIS.

Il vaut mieux mourir selon les règles que de réchapper contre les règles.

M. MACROTON.

Nous vous di-sons sin-cè-re-ment no-tre pen-sé-e.

M. BAHIS.

Et vous avons parlé comme nous parlerions à notre propre frère.

SGANARELLE.

(à M. Macroton, en allongeant ses mots.)
Je vous rends très hum-bles gra-ces.

(à M. Bahis, en bredouillant.)
Et vous suis infiniment obligé de la peine que vous avez prise.

SCÈNE VI.

SGANARELLE.

Me voilà justement un peu plus incertain que je n'étois auparavant. Morbleu! il me vient une fantaisie. Il faut que j'aille acheter de l'orviétan, et que je lui en fasse prendre. L'orviétan est un remède dont beaucoup de gens se sont bien trouvés. Holà!

SCÈNE VII.

DEUXIÈME ENTRÉE.

SGANARELLE, UN OPÉRATEUR.

SGANARELLE.

Monsieur, je vous prie de me donner une boîte de votre orviétan, que je m'en vais vous payer.

L'OPÉRATEUR *chante*.

L'or de tous les climats qu'entoure l'océan
Peut-il jamais payer ce secret d'importance?
Mon remède guérit, par sa rare excellence,
Plus de maux qu'on n'en peut nombrer dans tout un an:

      La gale,
      La rogne,
      La teigne,
      La fièvre,
      La peste,
      La goutte,
      Vérole,
      Descente,

ACTE II, SCÈNE VII.

Rougeole.
O grande puissance
De l'orviétan !

SGANARELLE.

Monsieur, je crois que tout l'or du monde n'est pas capable de payer votre remède ; mais pourtant voici une pièce de trente sous, que vous prendrez, s'il vous plaît.

L'OPÉRATEUR *chante*.

Admirez mes bontés, et le peu qu'on vous vend
Ce trésor merveilleux que ma main vous dispense.
Vous pouvez avec lui braver en assurance
Tous les maux que sur nous l'ire du ciel répand :

La gale,
La rogne,
La teigne,
La fièvre,
La peste,
La goutte,
Vérole,
Descente,
Rougeole.
O grande puissance
De l'orviétan !

SCÈNE VIII.

Plusieurs Trivelins et plusieurs Scaramouches, valets de l'opérateur, se réjouissent en dansant.

FIN DU SECOND ACTE.

ACTE TROISIÈME.

SCÈNE I.

MM. FILLERIN, TOMÈS, DESFONANDRÈS.

M. FILLERIN.

N'avez-vous point de honte, messieurs, de montrer si peu de prudence, pour des gens de votre âge, et de vous être querellés comme de jeunes étourdis? Ne voyez-vous pas bien quel tort ces sortes de querelles nous font parmi le monde? et n'est-ce pas assez que les savants voient les contrariétés et les dissensions qui sont entre nos auteurs et nos anciens maîtres, sans découvrir encore au peuple, par nos débats et nos querelles, la forfanterie de notre art? Pour moi, je ne comprends rien du tout à cette méchante politique de quelques uns de nos gens; et il faut confesser que toutes ces contestations nous ont décriés depuis peu d'une étrange manière, et que, si nous n'y prenons garde, nous allons nous ruiner nous-mêmes. Je n'en parle pas pour mon intérêt; car, dieu merci, j'ai déjà établi mes petites affaires. Qu'il vente, qu'il pleuve, qu'il grêle; ceux qui sont morts sont morts, et j'ai de quoi me passer des vivants. Mais enfin toutes ces disputes ne valent rien pour la médecine. Puisque le ciel nous fait la grace que, depuis tant de siècles, on demeure infatué de nous, ne désabusons point les hommes avec nos cabales extravagantes, et profitons de leurs sottises le plus doucement que nous pourrons. Nous ne sommes pas les seuls, comme vous savez, qui tâchons à nous prévaloir de la foiblesse humaine. C'est là que va l'étude de la plupart du monde; et chacun s'efforce de prendre les hommes par leur foible pour en tirer quelque profit. Les flatteurs, par exemple, cherchent à profiter de l'amour que les hommes ont pour les louanges, en leur donnant tout le vain encens qu'ils souhaitent; et c'est un art où l'on fait, comme on voit, des fortunes considérables : les alchimistes tâchent à profiter de la passion que l'on a pour les richesses, en promettant des montagnes d'or à ceux qui les écoutent : les diseurs d'horoscopes, par leurs prédictions trompeuses, profitent de la vanité et de l'ambition des crédules esprits. Mais le plus grand foible des hommes, c'est l'amour qu'ils ont pour la vie; et nous en profitons, nous autres, par notre pompeux galimatias, et savons prendre nos avantages de cette vénération que la peur de mourir leur donne pour notre métier. Conservons-nous donc dans le degré d'estime où leur foiblesse nous a mis, et soyons de concert auprès des malades pour nous attribuer les heureux succès de la maladie, et rejeter sur la nature toutes les bévues de notre art. N'allons point, dis-je, détruire sottement les heureuses préventions d'une erreur qui donne du pain à tant de personnes, et, de l'argent de ceux que nous mettons en terre, nous fait élever de tous côtés de si beaux héritages.

M. TOMÈS.

Vous avez raison en tout ce que vous dites; mais ce sont chaleurs de sang dont parfois on n'est pas le maître.

M. FILLERIN.

Allons donc, messieurs, mettez bas toute rancune, et faisons ici votre accommodement.

M. DESFONANDRÈS.

J'y consens. Qu'il me passe mon émétique pour la malade dont il s'agit, et je lui passerai tout ce qu'il voudra pour le premier malade dont il sera question.

M. FILLERIN.

On ne peut pas mieux dire; et voilà se mettre à la raison.

M. DESFONANDRÈS.

Cela est fait.

M. FILLERIN.

Touchez donc là. Adieu. Une autre fois montrez plus de prudence.

SCÈNE II.

M. TOMÈS, M. DESFONANDRÈS, LISETTE.

LISETTE.

Quoi! messieurs, vous voilà, et vous ne songez pas à réparer le tort qu'on vient de faire à la médecine!

M. TOMÈS.

Comment? Qu'est-ce?

LISETTE.

Un insolent qui a eu l'effronterie d'entreprendre sur votre métier, et, sans votre ordonnance, vient de tuer un homme d'un grand coup d'épée au travers du corps.

M. TOMÈS.

Écoutez: vous faites la railleuse; mais vous passerez par nos mains quelque jour.

LISETTE.

Je vous permets de me tuer lorsque j'aurai recours à vous.

SCÈNE III.

CLITANDRE, *en habit de médecin*; LISETTE.

CLITANDRE.

Hé bien! Lisette, que dis-tu de mon équipage? crois-tu qu'avec cet habit je puisse duper le bon homme? me trouves-tu bien ainsi?

LISETTE.

Le mieux du monde, et je vous attendois avec impatience. Enfin le ciel m'a faite d'un naturel le plus humain du monde, et je ne puis voir deux amants soupirer l'un pour l'autre, qu'il ne me prenne une tendresse charitable et un désir ardent de soulager les maux qu'ils souffrent. Je veux, à quelque prix que ce soit, tirer Lucinde de la tyrannie où elle est, et la mettre en votre pouvoir. Vous m'avez plu d'abord; je me connois en gens, et elle ne peut pas mieux choisir. L'amour risque des choses extraordinaires, et nous avons concerté ensemble une manière de stratagème qui pourra peut-être nous réussir. Toutes nos mesures sont déjà prises: l'homme à qui nous avons affaire n'est pas des plus fins de ce monde; et si cette aventure nous manque, nous trouverons mille autres voies pour arriver à notre but. Attendez-moi là seulement, je reviens vous quérir.

(*Clitandre se retire dans le fond du théâtre.*)

SCÈNE IV.

SGANARELLE, LISETTE.

LISETTE.

Monsieur, allégresse! allégresse!

SGANARELLE.

Qu'est-ce?

LISETTE.

Réjouissez-vous.

ACTE III, SCÈNE IV.

SGANARELLE.

De quoi ?

LISETTE.

Réjouissez-vous, vous dis-je.

SGANARELLE.

Dis-moi donc ce que c'est, et puis je me réjouirai peut-être.

LISETTE.

Non. Je veux que vous vous réjouissiez auparavant, que vous chantiez, que vous dansiez.

SGANARELLE.

Sur quoi ?

LISETTE.

Sur ma parole.

SGANARELLE.

(*Il chante et danse.*)
Allons donc. La lera la la, la lera la. Que diable !

LISETTE.

Monsieur, votre fille est guérie !

SGANARELLE.

Ma fille est guérie !

LISETTE.

Oui. Je vous amène un médecin, mais un médecin d'importance, qui fait des cures merveilleuses, et qui se moque des autres médecins.

SGANARELLE.

Où est-il ?

LISETTE.

Je vais le faire entrer.

SGANARELLE, *seul.*

Il faut voir si celui-ci fera plus que les autres.

SCÈNE V.

CLITANDRE, *en habit de médecin;* SGANARELLE, LISETTE.

LISETTE, *amenant Clitandre.*

Le voici.

SGANARELLE.

Voilà un médecin qui a la barbe bien jeune.

LISETTE.

La science ne se mesure pas à la barbe, et ce n'est pas par le menton qu'il est habile.

SGANARELLE.

Monsieur, on m'a dit que vous aviez des remèdes admirables pour faire aller à la selle.

CLITANDRE.

Monsieur, mes remèdes sont différents de ceux des autres. Ils ont l'émétique, les saignées, les médecines et les lavements; mais moi je guéris par des paroles, par des sons, par des lettres, par des talismans, et par des anneaux constellés.

LISETTE.

Que vous ai-je dit?

SGANARELLE.

Voilà un grand homme!

LISETTE.

Monsieur, comme votre fille est là tout habillée dans une chaise, je vais la faire passer ici.

SGANARELLE.

Oui. Fais.

CLITANDRE, *tâtant le pouls à Sganarelle.*

Votre fille est bien malade.

SGANARELLE.

Vous connoissez cela ici?

CLITANDRE.

Oui, par la sympathie qu'il y a entre le père et la fille.

SCÈNE VI.

SGANARELLE, LUCINDE, CLITANDRE, LISETTE.

LISETTE, *à Clitandre.*

TENEZ, monsieur, voilà une chaise auprès d'elle. (*à Sganarelle.*) Allons laissez-les là tous deux.

SGANARELLE.

Pourquoi? Je veux demeurer là.

LISETTE.

Vous moquez-vous? il faut s'éloigner. Un médecin a cent choses à demander qu'il n'est pas honnête qu'un homme entende.

(*Sganarelle et Lisette s'éloignent.*)

CLITANDRE, *bas, à Lucinde.*

Ah! madame, que le ravissement où je me trouve est grand! et que je sais peu par où vous commencer mon discours! Tant que je ne vous ai parlé que des yeux, j'avois, ce me sembloit, cent choses à vous dire; et maintenant que j'ai la liberté de vous parler de la façon que je souhaitois, je demeure interdit, et la grande joie où je suis étouffe toutes mes paroles.

LUCINDE.

Je puis vous dire la même chose; et je sens, comme vous, des mouvements de joie qui m'empêchent de pouvoir parler.

CLITANDRE.

Ah! madame, que je serois heureux s'il étoit vrai que vous sentissiez tout ce que je sens, et qu'il me fût permis de juger de votre ame par la mienne! Mais, madame, puis-je au moins croire que ce soit à vous à qui je doive la pensée de cet heureux stratagème qui me fait jouir de votre présence?

LUCINDE.

Si vous ne m'en devez pas la pensée, vous m'êtes redevable au moins d'en avoir approuvé la proposition avec beaucoup de joie.

SGANARELLE, *à Lisette*.

Il me semble qu'il lui parle de bien près.

LISETTE, *à Sganarelle*.

C'est qu'il observe sa physionomie et tous les traits de son visage.

CLITANDRE, *à Lucinde*.

Serez-vous constante, madame, dans ces bontés que vous me témoignez?

LUCINDE.

Mais vous, serez-vous ferme dans les résolutions que vous avez montrées?

ACTE III, SCÈNE VI.

CLITANDRE.

Ah! madame, jusqu'à la mort. Je n'ai point de plus forte envie que d'être à vous, et je vais le faire paroître dans ce que vous m'allez voir faire.

SGANARELLE, *à Clitandre*.

Hé bien! notre malade? Elle me semble un peu plus gaie.

CLITANDRE.

C'est que j'ai déjà fait agir sur elle un de ces remèdes que mon art m'enseigne. Comme l'esprit a grand empire sur le corps, et que c'est de lui bien souvent que procèdent les maladies, ma coutume est de courir à guérir les esprits avant que de venir aux corps. J'ai donc observé ses regards, les traits de son visage, et les lignes de ses deux mains; et, par la science que le ciel m'a donnée, j'ai reconnu que c'étoit de l'esprit qu'elle étoit malade, et que tout son mal ne venoit que d'une imagination déréglée et d'un désir dépravé de vouloir être mariée. Pour moi, je ne vois rien de plus extravagant et de plus ridicule que cette envie qu'on a du mariage.

SGANARELLE, *à part*.

Voilà un habile homme!

CLITANDRE.

Et j'ai eu et aurai pour lui, toute ma vie, une aversion effroyable.

SGANARELLE, *à part*.

Voilà un grand médecin!

CLITANDRE.

Mais comme il faut flatter l'imagination des malades, et que j'ai vu en elle de l'aliénation d'esprit, et même qu'il y avoit du péril à ne lui pas donner un prompt secours, je l'ai prise par son foible, et lui ai dit que j'étois venu ici pour vous la demander en mariage. Soudain son visage a changé, son teint s'est éclairci, ses yeux se sont animés; et si vous voulez, pour quelques jours, l'entretenir dans cette erreur, vous verrez que nous la tirerons d'où elle est.

SGANARELLE.

Oui-dà, je le veux bien.

CLITANDRE.

Après, nous ferons agir d'autres remèdes pour la guérir entièrement de cette fantaisie.

SGANARELLE.

Oui, cela est le mieux du monde. Hé bien! ma fille, voilà monsieur qui a envie de t'épouser, et je lui ai dit que je le voulois bien.

LUCINDE.

Hélas! est-il possible?

SGANARELLE.

Oui.

LUCINDE.

Mais tout de bon?

SGANARELLE.

Oui, oui.

LUCINDE, *à Clitandre.*

Quoi! vous êtes dans les sentiments d'être mon mari?

CLITANDRE.

Oui, madame.

LUCINDE.

Et mon père y consent?

SGANARELLE.

Oui, ma fille.

LUCINDE.

Ah! que je suis heureuse, si cela est véritable!

CLITANDRE.

N'en doutez point, madame. Ce n'est pas d'aujourd'hui que je vous aime, et que je brûle de me voir votre mari. Je ne suis venu ici que pour cela; et, si vous voulez que je vous dise nettement les choses comme elles sont, cet habit n'est qu'un prétexte inventé, et je n'ai fait le médecin que pour m'approcher de vous, et obtenir plus facilement ce que je souhaite.

LUCINDE.

C'est me donner des marques d'un amour bien tendre, et j'y suis sensible autant que je puis.

SGANARELLE, *à part.*

O la folle! ô la folle! ô la folle!

LUCINDE.

Vous voulez donc bien, mon père, me donner monsieur pour époux?

SGANARELLE.

Oui. Çà, donne-moi ta main. Donnez-moi aussi un peu la vôtre, pour voir.

CLITANDRE.

Mais, monsieur...

SGANARELLE, *étouffant de rire.*

Non, non; c'est pour... pour lui contenter l'esprit. Touchez là. Voilà qui est fait.

CLITANDRE.

Acceptez, pour gage de ma foi, cet anneau que je vous donne. (*bas, à Sganarelle.*) C'est un anneau constellé, qui guérit les égarements d'esprit.

LUCINDE.

Faisons donc le contrat, afin que rien n'y manque.

CLITANDRE.

Hélas! Je le veux bien, madame. (*bas à Sganarelle.*) Je vais faire monter l'homme qui écrit mes remèdes, et lui faire croire que c'est un notaire.

SGANARELLE.

Fort bien.

CLITANDRE.

Holà! faites monter le notaire que j'ai amené avec moi.

LUCINDE.

Quoi! vous aviez amené un notaire?

CLITANDRE.

Oui, madame.

LUCINDE.

J'en suis ravie.

SGANARELLE.

O la folle! ô la folle!

SCÈNE VII.

LE NOTAIRE, CLITANDRE, SGANARELLE, LUCINDE, LISETTE.

(*Clitandre parle bas au notaire.*)
SGANARELLE, *au notaire.*

Oui, monsieur, il faut faire un contrat pour ces deux personnes-là. Écrivez. (*à Lucinde.*) Voilà le contrat qu'on fait. (*au notaire.*) Je lui donne vingt mille écus en mariage. Écrivez.

LUCINDE.

Je vous suis bien obligée, mon père.

LE NOTAIRE.

Voilà qui est fait. Vous n'avez qu'à venir signer.

SGANARELLE.

Voilà un contrat bientôt bâti.

CLITANDRE, *à Sganarelle.*

Mais, au moins, monsieur...

SGANARELLE.

Hé! non, vous dis-je. Sait-on pas bien..? (*au notaire.*) Allons, donnez-lui la plume pour signer. (*à Lucinde.*) Allons, signe, signe, signe. Va, va, je signerai tantôt, moi.

LUCINDE.

Non, non; je veux avoir le contrat entre mes mains.

SGANARELLE.

Hé bien! tiens. (*après avoir signé.*) Es-tu contente?

LUCINDE.

Plus qu'on ne peut s'imaginer.

SGANARELLE.

Voilà qui est bien, voilà qui est bien.

CLITANDRE.

Au reste, je n'ai pas eu seulement la précaution d'amener un notaire; j'ai eu celle encore de faire venir des voix, des instruments et des danseurs, pour célébrer la fête et pour nous réjouir. Qu'on les fasse venir. Ce sont des gens que je mène avec moi, et dont je me sers tous les jours pour pacifier, avec leur harmonie et leurs danses, les troubles de l'esprit.

SCÈNE VIII.

SGANARELLE, LUCINDE, CLITANDRE, LISETTE.

TROISIÈME ENTRÉE.

LA COMÉDIE, LE BALLET, LA MUSIQUE, JEUX, RIS, PLAISIRS.

LA COMÉDIE, LE BALLET, LA MUSIQUE, *ensemble.*

Sans nous, tous les hommes
Deviendroient malsains;
Et c'est nous qui sommes
Leurs grands médecins.

ACTE III, SCÈNE VIII.

LA COMÉDIE.

Veut-on qu'on rabatte,
Par des moyens doux,
Les vapeurs de rate
Qui nous minent tous?
Qu'on laisse Hippocrate,
Et qu'on vienne à nous.

TOUS TROIS ENSEMBLE.

Sans nous, tous les hommes
Deviendroient malsains;
Et c'est nous qui sommes
Leurs grands médecins.

(*Pendant que les Jeux, les Ris et les Plaisirs dansent, Clitandre emmène Lucinde.*)

SCÈNE IX.

SGANARELLE, LISETTE, LA COMÉDIE, LA MUSIQUE, LE BALLET, JEUX, RIS, PLAISIRS.

SGANARELLE.

Voilà une plaisante façon de guérir! Où est donc ma fille et le médecin?

LISETTE.

Ils sont allés achever le reste du mariage.

SGANARELLE.

Comment! le mariage!

LISETTE.

Ma foi, monsieur, la bécasse est bridée; et vous avez cru faire un jeu, qui demeure une vérité.

SGANARELLE.

Comment diable! (*Il veut aller après Clitandre et Lucinde, les danseurs le retiennent.*) Laissez-moi aller; laissez-moi aller, vous dis-je. (*Les danseurs le retiennent toujours.*) Encore! (*Ils veulent faire danser Sganarelle de force.*) Peste des gens!

FIN DE L'AMOUR MÉDECIN.

LE MISANTHROPE,

COMÉDIE EN CINQ ACTES,

Représentée le 4 juin 1666.

PERSONNAGES.

ALCESTE, amant de Célimène.
PHILINTE, ami d'Alceste.
ORONTE, amant de Célimène.
CÉLIMÈNE, amante d'Alceste.
ÉLIANTE, cousine de Célimène.
ARSINOÉ, amie de Célimène.
ACASTE, } marquis.
CLITANDRE,
BASQUE, valet de Célimène.
UN GARDE de la maréchaussée de France.
DUBOIS, valet d'Alceste.

La scène est à Paris, dans la maison de Célimène.

LE MISANTHROPE.

ACTE PREMIER.

SCÈNE I.

PHILINTE, ALCESTE.

PHILINTE.

Qu'est-ce donc? qu'avez-vous?

ALCESTE, *assis.*

Laissez-moi, je vous prie.

PHILINTE.

Mais, encor, dites-moi, quelle bizarrerie...

ALCESTE.

Laissez-moi là, vous dis-je, et courez vous cacher.

PHILINTE.

Mais on entend les gens, au moins sans se fâcher.

ALCESTE.

Moi, je veux me fâcher, et ne veux point entendre.

PHILINTE.

Dans vos brusques chagrins je ne puis vous comprendre;
Et, quoiqu'amis, enfin, je suis tout des premiers...

ALCESTE, *se levant brusquement.*

Moi, votre ami! rayez cela de vos papiers.
J'ai fait jusques ici profession de l'être;
Mais, après ce qu'en vous je viens de voir paroître,
Je vous déclare net que je ne le suis plus,
Et ne veux nulle place en des cœurs corrompus.

PHILINTE.

Je suis donc bien coupable, Alceste, à votre compte?

ALCESTE.

Allez, vous devriez mourir de pure honte;
Une telle action ne sauroit s'excuser,
Et tout homme d'honneur s'en doit scandaliser.
Je vous vois accabler un homme de caresses,
Et témoigner pour lui les dernières tendresses;
De protestations, d'offres et de serments,
Vous chargez la fureur de vos embrassements :
Et quand je vous demande après quel est cet homme,
A peine pouvez-vous dire comme il se nomme :
Votre chaleur pour lui tombe en vous séparant,
Et vous me le traitez, à moi, d'indifférent !
Morbleu! c'est une chose indigne, lâche, infâme,
De s'abaisser ainsi jusqu'à trahir son ame;
Et si, par un malheur, j'en avois fait autant,
Je m'irois, de regret, pendre tout à l'instant.

PHILINTE.

Je ne vois pas, pour moi, que le cas soit pendable;
Et je vous supplierai d'avoir pour agréable
Que je me fasse un peu grace sur votre arrêt,
Et ne me pende pas pour cela, s'il vous plaît.

ALCESTE.

Que la plaisanterie est de mauvaise grace !

PHILINTE.

Mais, sérieusement, que voulez-vous qu'on fasse?

ALCESTE.

Je veux qu'on soit sincère, et qu'en homme d'honneur
On ne lâche aucun mot qui ne parte du cœur.

PHILINTE.

Lorsqu'un homme vous vient embrasser avec joie,

Il faut bien le payer de la même monnoie,
Répondre comme on peut à ses empressements,
Et rendre offre pour offre, et serments pour serments.

ALCESTE.

Non, je ne puis souffrir cette lâche méthode
Qu'affectent la plupart de vos gens à la mode;
Et je ne hais rien tant que les contorsions
De tous ces grands faiseurs de protestations,
Ces affables donneurs d'embrassades frivoles,
Ces obligeants diseurs d'inutiles paroles,
Qui de civilités avec tous font combat,
Et traitent du même air l'honnête homme et le fat.
Quel avantage a-t-on qu'un homme vous caresse,
Vous jure amitié, foi, zèle, estime, tendresse,
Et vous fasse de vous un éloge éclatant,
Lorsqu'au premier faquin il court en faire autant?
Non, non, il n'est point d'ame un peu bien située
Qui veuille d'une estime ainsi prostituée;
Et la plus glorieuse a des régals peu chers,
Dès qu'on voit qu'on nous mêle avec tout l'univers.
Sur quelque préférence une estime se fonde,
Et c'est n'estimer rien qu'estimer tout le monde.
Puisque vous y donnez, dans ces vices du temps,
Morbleu! vous n'êtes pas pour être de mes gens;
Je refuse d'un cœur la vaste complaisance
Qui ne fait de mérite aucune différence :
Je veux qu'on me distingue; et pour le trancher net,
L'ami du genre humain n'est point du tout mon fait.

PHILINTE.

Mais quand on est du monde il faut bien que l'on rende
Quelques dehors civils que l'usage demande.

ALCESTE.

Non, vous dis-je; on devroit châtier sans pitié
Ce commerce honteux de semblant d'amitié.
Je veux que l'on soit homme, et qu'en toute rencontre
Le fond de notre cœur dans nos discours se montre,
Que ce soit lui qui parle, et que nos sentiments
Ne se masquent jamais sous de vains compliments.

PHILINTE.

Il est bien des endroits où la pleine franchise
Deviendroit ridicule, et seroit peu permise ;
Et, parfois, n'en déplaise à votre austère honneur,
Il est bon de cacher ce qu'on a dans le cœur.
Seroit-il à propos et de la bienséance
De dire à mille gens tout ce que d'eux on pense ?
Et quand on a quelqu'un qu'on hait ou qui déplaît,
Lui doit-on déclarer la chose comme elle est ?

ALCESTE.

Oui.

PHILINTE.

Quoi ! vous iriez dire à la vieille Émilie
Qu'à son âge il sied mal de faire la jolie,
Et que le blanc qu'elle a scandalise chacun ?

ALCESTE.

Sans doute.

PHILINTE.

A Dorilas, qu'il est trop importun,
Et qu'il n'est à la cour oreille qu'il ne lasse
A conter sa bravoure et l'éclat de sa race ?

ALCESTE.

Fort bien.

PHILINTE.

Vous vous moquez.

ALCESTE.

                Je ne me moque point ;
Et je vais n'épargner personne sur ce point :
Mes yeux sont trop blessés ; et la cour et la ville
Ne m'offrent rien qu'objets à m'échauffer la bile.
J'entre en une humeur noire, en un chagrin profond,
Quand je vois vivre entre eux les hommes comme ils font.
Je ne trouve par-tout que lâche flatterie,
Qu'injustice, intérêt, trahison, fourberie :
Je n'y puis plus tenir, j'enrage ; et mon dessein
Est de rompre en visière à tout le genre humain.

PHILINTE.

Ce chagrin philosophe est un peu trop sauvage.
Je ris des noirs accès où je vous envisage ;
Et crois voir en nous deux, sous mêmes soins nourris,
Ces deux frères que peint l'École des Maris,
Dont....

ALCESTE.

    Mon dieu ! laissons là vos comparaisons fades.

PHILINTE.

Non : tout de bon, quittez toutes ces incartades ;
Le monde par vos soins ne se changera pas.
Et puisque la franchise a pour vous tant d'appas,
Je vous dirai tout franc que cette maladie
Par-tout où vous allez donne la comédie ;
Et qu'un si grand courroux contre les mœurs du temps
Vous tourne en ridicule auprès de bien des gens.

ALCESTE.

Tant mieux, morbleu ! tant mieux ; c'est ce que je demande ;
Ce m'est un fort bon signe, et ma joie en est grande.
Tous les hommes me sont à tel point odieux,
Que je serois fâché d'être sage à leurs yeux.

PHILINTE.

Vous voulez un grand mal à la nature humaine !

ALCESTE.

Oui, j'ai conçu pour elle une effroyable haine.

PHILINTE.

Tous les pauvres mortels, sans nulle exception,
Seront enveloppés dans cette aversion ?
Encore en est-il bien dans le siècle où nous sommes...

ALCESTE.

Non, elle est générale, et je hais tous les hommes :
Les uns, parcequ'ils sont méchants et malfaisants;
Et les autres, pour être aux méchants complaisants,
Et n'avoir pas pour eux ces haines vigoureuses
Que doit donner le vice aux ames vertueuses.
De cette complaisance on voit l'injuste excès
Pour le franc scélérat avec qui j'ai procès.
Au travers de son masque on voit à plein le traître,
Par-tout il est connu pour tout ce qu'il peut être;
Et ses roulements d'yeux et son ton radouci
N'imposent qu'à des gens qui ne sont point d'ici.
On sait que ce pied-plat, digne qu'on le confonde,
Par de sales emplois s'est poussé dans le monde,
Et que par eux son sort, de splendeur revêtu,
Fait gronder le mérite et rougir la vertu.
Quelques titres honteux qu'en tous lieux on lui donne,
Son misérable honneur ne voit pour lui personne :
Nommez-le fourbe, infâme, et scélérat maudit,
Tout le monde en convient, et nul n'y contredit.
Cependant sa grimace est par-tout bien venue,
On l'accueille, on lui rit, par-tout il s'insinue;
Et s'il est par la brigue un rang à disputer,
Sur le plus honnête homme on le voit l'emporter.

Têtebleu ! ce me sont de mortelles blessures
De voir qu'avec le vice on garde des mesures ;
Et parfois il me prend des mouvements soudains
De fuir dans un désert l'approche des humains.

PHILINTE.

Mon dieu ! des mœurs du temps mettons-nous moins en peine,
Et faisons un peu grace à la nature humaine ;
Ne l'examinons point dans la grande rigueur,
Et voyons ses défauts avec quelque douceur.
Il faut parmi le monde une vertu traitable ;
A force de sagesse on peut être blâmable :
La parfaite raison fuit toute extrémité,
Et veut que l'on soit sage avec sobriété.
Cette grande roideur des vertus des vieux âges
Heurte trop notre siècle et les communs usages ;
Elle veut aux mortels trop de perfection :
Il faut fléchir au temps sans obstination ;
Et c'est une folie, à nulle autre seconde,
De vouloir se mêler de corriger le monde.
J'observe, comme vous, cent choses tous les jours
Qui pourroient mieux aller prenant un autre cours ;
Mais, quoi qu'à chaque pas je puisse voir paroître,
En courroux, comme vous, on ne me voit point être.
Je prends tout doucement les hommes comme ils sont,
J'accoutume mon ame à souffrir ce qu'ils font ;
Et je crois qu'à la cour, de même qu'à la ville,
Mon flegme est philosophe autant que votre bile.

ALCESTE.

Mais ce flegme, monsieur qui raisonnez si bien,
Ce flegme pourra-t-il ne s'échauffer de rien ?
Et s'il faut par hasard qu'un ami vous trahisse,
Que pour avoir vos biens on dresse un artifice,

Ou qu'on tâche à semer de méchants bruits de vous,
Verrez-vous tout cela sans vous mettre en courroux ?

PHILINTE.

Oui : je vois ces défauts, dont votre ame murmure,
Comme vices unis à l'humaine nature ;
Et mon esprit enfin n'est pas plus offensé
De voir un homme fourbe, injuste, intéressé,
Que de voir des vautours affamés de carnage,
Des singes malfaisants, et des loups pleins de rage.

ALCESTE.

Je me verrai trahir, mettre en pièces, voler,
Sans que je sois... Morbleu ! je ne veux point parler,
Tant ce raisonnement est plein d'impertinence !

PHILINTE.

Ma foi, vous feriez bien de garder le silence.
Contre votre partie éclatez un peu moins,
Et donnez au procès une part de vos soins.

ALCESTE.

Je n'en donnerai point, c'est une chose dite.

PHILINTE.

Mais qui voulez-vous donc qui pour vous sollicite ?

ALCESTE.

Qui je veux ? La raison, mon bon droit, l'équité.

PHILINTE.

Aucun juge par vous ne sera visité ?

ALCESTE.

Non. Est-ce que ma cause est injuste ou douteuse ?

PHILINTE.

J'en demeure d'accord : mais la brigue est fâcheuse,
Et...

ALCESTE.

Non, j'ai résolu de n'en pas faire un pas.

J'ai tort, ou j'ai raison.
PHILINTE.
Ne vous y fiez pas.
ALCESTE.
Je ne remuerai point.
PHILINTE.
Votre partie est forte,
Et peut, par sa cabale, entraîner...
ALCESTE.
Il n'importe.
PHILINTE.
Vous vous tromperez.
ALCESTE.
Soit. J'en veux voir le succès.
PHILINTE.
Mais...
ALCESTE.
J'aurai le plaisir de perdre mon procès.
PHILINTE.
Mais enfin...
ALCESTE.
Je verrai dans cette plaiderie
Si les hommes auront assez d'effronterie,
Seront assez méchants, scélérats et pervers,
Pour me faire injustice aux yeux de l'univers.
PHILINTE.
Quel homme !
ALCESTE.
Je voudrois, m'en coûtât-il grand'chose,
Pour la beauté du fait, avoir perdu ma cause.
PHILINTE.
On se riroit de vous, Alceste, tout de bon,

Si l'on vous entendoit parler de la façon.
ALCESTE.
Tant pis pour qui riroit.
PHILINTE.
Mais cette rectitude
Que vous voulez en tout avec exactitude,
Cette pleine droiture où vous vous renfermez,
La trouvez-vous ici dans ce que vous aimez ?
Je m'étonne, pour moi, qu'étant, comme il le semble,
Vous et le genre humain si fort brouillés ensemble,
Malgré tout ce qui peut vous le rendre odieux,
Vous ayez pris chez lui ce qui charme vos yeux;
Et ce qui me surprend encore davantage,
C'est cet étrange choix où votre cœur s'engage.
La sincère Éliante a du penchant pour vous,
La prude Arsinoé vous voit d'un œil fort doux;
Cependant à leurs vœux votre ame se refuse,
Tandis qu'en ses liens Célimène l'amuse,
De qui l'humeur coquette et l'esprit médisant
Semblent si fort donner dans les mœurs d'à présent.
D'où vient que, leur portant une haine mortelle,
Vous pouvez bien souffrir ce qu'en tient cette belle ?
Ne sont-ce plus défauts dans un objet si doux ?
Ne les voyez-vous pas, ou les excusez-vous ?
ALCESTE.
Non : l'amour que je sens pour cette jeune veuve
Ne ferme point mes yeux aux défauts qu'on lui treuve;
Et je suis, quelque ardeur qu'elle m'ait pu donner,
Le premier à les voir, comme à les condamner.
Mais, avec tout cela, quoi que je puisse faire,
Je confesse mon foible; elle a l'art de me plaire :
J'ai beau voir ses défauts, et j'ai beau l'en blâmer,

En dépit qu'on en ait elle se fait aimer,
Sa grace est la plus forte ; et sans doute ma flamme
De ces vices du temps pourra purger son ame.

PHILINTE.

Si vous faites cela, vous ne ferez pas peu.
Vous croyez être donc aimé d'elle ?

ALCESTE.

      Oui, parbleu !
Je ne l'aimerois pas si je ne croyois l'être.

PHILINTE.

Mais, si son amitié pour vous se fait paroître,
D'où vient que vos rivaux vous causent de l'ennui ?

ALCESTE.

C'est qu'un cœur bien atteint veut qu'on soit tout à lui ;
Et je ne viens ici qu'à dessein de lui dire
Tout ce que là-dessus ma passion m'inspire.

PHILINTE.

Pour moi, si je n'avois qu'à former des désirs,
Sa cousine Éliante auroit tous mes soupirs ;
Son cœur, qui vous estime, est solide et sincère,
Et ce choix plus conforme étoit mieux votre affaire.

ALCESTE.

Il est vrai ; ma raison me le dit chaque jour :
Mais la raison n'est pas ce qui règle l'amour.

PHILINTE.

Je crains fort pour vos feux ; et l'espoir où vous êtes
Pourroit...

SCÈNE II.

ORONTE, ALCESTE, PHILINTE.

ORONTE, *à Alceste.*

J'AI su là-bas que, pour quelques emplettes,
Eliante est sortie et Célimène aussi;
Mais, comme l'on m'a dit que vous étiez ici,
J'ai monté pour vous dire, et d'un cœur véritable,
Que j'ai conçu pour vous une estime incroyable,
Et que depuis long-temps cette estime m'a mis
Dans un ardent désir d'être de vos amis.
Oui, mon cœur au mérite aime à rendre justice,
Et je brûle qu'un nœud d'amitié nous unisse.
Je crois qu'un ami chaud, et de ma qualité,
N'est pas assurément pour être rejeté.

(Pendant le discours d'Oronte, Alceste est rêveur, sans faire attention que c'est à lui qu'on parle, et ne sort de sa rêverie que quand Oronte lui dit:)

C'est à vous, s'il vous plaît, que ce discours s'adresse.

ALCESTE.

A moi, monsieur?

ORONTE.

A vous. Trouvez-vous qu'il vous blesse?

ALCESTE.

Non pas. Mais la surprise est fort grande pour moi:
Et je n'attendois pas l'honneur que je reçoi.

ORONTE.

L'estime où je vous tiens ne doit point vous surprendre,
Et de tout l'univers vous la pouvez prétendre.

ALCESTE.

Monsieur...

ORONTE.

L'état n'a rien qui ne soit au-dessous
Du mérite éclatant que l'on découvre en vous.

ALCESTE.

Monsieur...

ORONTE.

Oui, de ma part je vous tiens préférable
A tout ce que j'y vois de plus considérable.

ALCESTE.

Monsieur...

ORONTE.

Sois-je du ciel écrasé si je mens !
Et pour vous confirmer ici mes sentiments,
Souffrez qu'à cœur ouvert, monsieur, je vous embrasse,
Et qu'en votre amitié je vous demande place.
Touchez là, s'il vous plaît. Vous me la promettez,
Votre amitié ?

ALCESTE.

Monsieur...

ORONTE.

Quoi ! vous y résistez ?

ALCESTE.

Monsieur, c'est trop d'honneur que vous me voulez faire:
Mais l'amitié demande un peu plus de mystère ;
Et c'est assurément en profaner le nom
Que de vouloir le mettre à toute occasion.
Avec lumière et choix cette union veut naître.
Avant que nous lier, il faut nous mieux connoître ;
Et nous pourrions avoir telles complexions,
Que tous deux du marché nous nous repentirions.

ORONTE.

Parbleu ! c'est là-dessus parler en homme sage,
Et je vous en estime encore davantage :
Souffrons donc que le temps forme des nœuds si doux.
Mais cependant je m'offre entièrement à vous :
S'il faut faire à la cour pour vous quelque ouverture,
On sait qu'auprès du roi je fais quelque figure ;
Il m'écoute, et dans tout il en use, ma foi,
Le plus honnêtement du monde avecque moi.
Enfin, je suis à vous de toutes les manières ;
Et, comme votre esprit a de grandes lumières,
Je viens, pour commencer entre nous ce beau nœud,
Vous montrer un sonnet que j'ai fait depuis peu,
Et savoir s'il est bon qu'au public je l'expose.

ALCESTE.

Monsieur, je suis mal propre à décider la chose.
Veuillez m'en dispenser.

ORONTE.

Pourquoi ?

ALCESTE.

J'ai le défaut
D'être un peu plus sincère en cela qu'il ne faut.

ORONTE.

C'est ce que je demande ; et j'aurois lieu de plainte
Si, m'exposant à vous pour me parler sans feinte,
Vous alliez me trahir, et me déguiser rien.

ALCESTE.

Puisqu'il vous plaît ainsi, monsieur, je le veux bien.

ORONTE.

Sonnet. C'est un sonnet. *L'espoir*... C'est une dame
Qui de quelque espérance avoit flatté ma flamme.
L'espoir... Ce ne sont point de ces grands vers pompeux,

ACTE I, SCÈNE II.

Mais de petits vers doux, tendres et langoureux.

ALCESTE.

Nous verrons bien.

ORONTE.

L'espoir... Je ne sais si le style
Pourra vous en paroître assez net et facile,
Et si du choix des mots vous vous contenterez.

ALCESTE.

Nous allons voir, monsieur.

ORONTE.

Au reste, vous saurez
Que je n'ai demeuré qu'un quart-d'heure à le faire.

ALCESTE.

Voyons, monsieur; le temps ne fait rien à l'affaire.

ORONTE *lit.*

L'espoir, il est vrai, nous soulage,
Et nous berce un temps notre ennui :
Mais, Philis, le triste avantage,
Lorsque rien ne marche après lui !

PHILINTE.

Je suis déjà charmé de ce petit morceau.

ALCESTE, *bas, à Philinte.*

Quoi ! vous avez le front de trouver cela beau !

ORONTE.

Vous eûtes de la complaisance ;
Mais vous en deviez moins avoir,
Et ne vous pas mettre en dépense,
Pour ne me donner que l'espoir.

PHILINTE.

Ah ! qu'en termes galants ces choses-là sont mises !

ALCESTE, *bas, à Philinte.*

Hé quoi ! vil complaisant, vous louez des sottises !

ORONTE.

S'il faut qu'une attente éternelle
Pousse à bout l'ardeur de mon zèle,
Le trépas sera mon recours.
Vos soins ne m'en peuvent distraire :
Belle Philis, on désespère
Alors qu'on espère toujours.

PHILINTE.

La chute en est jolie, amoureuse, admirable.

ALCESTE, *bas, à part.*

La peste de ta chute! empoisonneur, au diable!
En eusses-tu fait une à te casser le nez !

PHILINTE.

Je n'ai jamais ouï de vers si bien tournés.

ALCESTE, *bas, à part.*

Morbleu !

ORONTE, *à Philinte.*

Vous me flattez, et vous croyez peut-être....

PHILINTE.

Non, je ne flatte point.

ALCESTE, *bas, à part.*

Hé ! que fais-tu donc, traître ?

ORONTE, *à Alceste.*

Mais, pour vous, vous savez quel est notre traité :
Parlez-moi, je vous prie, avec sincérité.

ALCESTE.

Monsieur, cette matière est toujours délicate,
Et sur le bel esprit nous aimons qu'on nous flatte.
Mais un jour à quelqu'un, dont je tairai le nom,
Je disois, en voyant des vers de sa façon,
Qu'il faut qu'un galant homme ait toujours grand empire
Sur les démangeaisons qui nous prennent d'écrire ;

ACTE I, SCÈNE II.

Qu'il doit tenir la bride aux grands empressements
Qu'on a de faire éclat de tels amusements ;
Et que, par la chaleur de montrer ses ouvrages,
On s'expose à jouer de mauvais personnages.

ORONTE.

Est-ce que vous voulez me déclarer par-là
Que j'ai tort de vouloir...

ALCESTE.

Je ne dis pas cela.
Mais je lui disois, moi, qu'un froid écrit assomme ;
Qu'il ne faut que ce foible à décrier un homme ;
Et qu'eût-on d'autre part cent belles qualités,
On regarde les gens par leurs méchants côtés.

ORONTE.

Est-ce qu'à mon sonnet vous trouvez à redire ?

ALCESTE.

Je ne dis pas cela. Mais, pour ne point écrire,
Je lui mettois aux yeux comme dans notre temps
Cette soif a gâté de fort honnêtes gens.

ORONTE.

Est-ce que j'écris mal ? et leur ressemblerois-je ?

ALCESTE.

Je ne dis pas cela. Mais enfin, lui disois-je,
Quel besoin si pressant avez-vous de rimer ?
Et qui diantre vous pousse à vous faire imprimer ?
Si l'on peut pardonner l'essor d'un mauvais livre,
Ce n'est qu'aux malheureux qui composent pour vivre.
Croyez-moi, résistez à vos tentations.
Dérobez au public ces occupations,
Et n'allez point quitter, de quoi que l'on vous somme,
Le nom que, dans la cour, vous avez d'honnête homme,
Pour prendre de la main d'un avide imprimeur

Celui de ridicule et misérable auteur.
C'est ce que je tâchai de lui faire comprendre.

ORONTE.

Voilà qui va fort bien, et je crois vous entendre.
Mais ne puis-je savoir ce que dans mon sonnet...

ALCESTE.

Franchement, il est bon à mettre au cabinet.
Vous vous êtes réglé sur de méchants modèles,
Et vos expressions ne sont point naturelles.

>   *Qu'est-ce que* nous berce un temps notre ennui ?
>   *Et que*, rien ne marche après lui ?
>   *Que*, ne vous pas mettre en dépense,
>   Pour ne me donner que l'espoir ?
>   *Et que*, Philis, on désespère
>   Alors qu'on espère toujours ?

Ce style figuré dont on fait vanité
Sort du bon caractère et de la vérité ;
Ce n'est que jeu de mots, qu'affectation pure,
Et ce n'est point ainsi que parle la nature.
Le méchant goût du siècle en cela me fait peur :
Nos pères, tout grossiers, l'avoient beaucoup meilleur ;
Et je prise bien moins tout ce que l'on admire,
Qu'une vieille chanson que je m'en vais vous dire :

>   Si le roi m'avoit donné
>   Paris sa grand'ville,
>   Et qu'il me fallût quitter
>   L'amour de ma mie,
>   Je dirois au roi Henri :
>   Reprenez votre Paris,
>   J'aime mieux ma mie, oh gay !
>   J'aime mieux ma mie.

La rime n'est pas riche, et le style en est vieux :

ACTE I, SCÈNE II.

Mais ne voyez-vous pas que cela vaut bien mieux
Que ces colifichets dont le bon sens murmure,
Et que la passion parle là toute pure ?
   Si le roi m'avoit donné
    Paris sa grand'ville,
   Et qu'il me fallût quitter
    L'amour de ma mie,
   Je dirois au roi Henri :
   Reprenez votre Paris,
   J'aime mieux ma mie, oh gaÿ !
    J'aime mieux ma mie.
Voilà ce que peut dire un cœur vraiment épris.
 (*à Philinte qui rit.*)
Oui, monsieur le rieur, malgré vos beaux esprits,
J'estime plus cela que la pompe fleurie
De tous ces faux brillants où chacun se récrie.

    ORONTE.

Et moi, je vous soutiens que mes vers sont fort bons.

    ALCESTE.

Pour les trouver ainsi vous avez vos raisons :
Mais vous trouverez bon que j'en puisse avoir d'autres
Qui se dispenseront de se soumettre aux vôtres.

    ORONTE.

Il me suffit de voir que d'autres en font cas.

    ALCESTE.

C'est qu'ils ont l'art de feindre ; et moi, je ne l'ai pas.

    ORONTE.

Croyez-vous donc avoir tant d'esprit en partage ?

    ALCESTE.

Si je louois vos vers, j'en aurois davantage.

    ORONTE.

Je me passerai fort que vous les approuviez.

ALCESTE.
Il faut bien, s'il vous plaît, que vous vous en passiez.
ORONTE.
Je voudrois bien, pour voir, que de votre manière
Vous en composassiez sur la même matière.
ALCESTE.
J'en pourrois, par malheur, faire d'aussi méchants ;
Mais je me garderois de les montrer aux gens.
ORONTE.
Vous me parlez bien ferme ; et cette suffisance...
ALCESTE.
Autre part que chez moi cherchez qui vous encense.
ORONTE.
Mais, mon petit monsieur, prenez-le un peu moins haut.
ALCESTE.
Ma foi, mon grand monsieur, je le prends comme il faut.
PHILINTE, *se mettant entre deux.*
Hé ! messieurs, c'en est trop. Laissez cela, de grace.
ORONTE.
Ah ! j'ai tort, je l'avoue, et je quitte la place.
Je suis votre valet, monsieur, de tout mon cœur.
ALCESTE.
Et moi, je suis, monsieur, votre humble serviteur.

SCÈNE III.

PHILINTE, ALCESTE.

PHILINTE.
Hé bien ! vous le voyez : pour être trop sincère,
Vous voilà sur les bras une fâcheuse affaire ;
Et j'ai bien vu qu'Oronte, afin d'être flatté...

ACTE I, SCÈNE III.

ALCESTE.

Ne me parlez pas.

PHILINTE.

Mais...

ALCESTE.

Plus de société.

PHILINTE.

C'est trop...

ALCESTE.

Laissez-moi là.

PHILINTE.

Si je...

ALCESTE.

Point de langage.

PHILINTE.

Mais quoi !...

ALCESTE.

Je n'entends rien.

PHILINTE.

Mais...

ALCESTE.

Encore !

PHILINTE.

On outrage..

ALCESTE.

Ah ! parbleu ! c'en est trop. Ne suivez point mes pas.

PHILINTE.

Vous vous moquez de moi, je ne vous quitte pas.

FIN DU PREMIER ACTE.

ACTE SECOND.

SCÈNE I.

ALCESTE, CÉLIMÈNE.

ALCESTE.

Madame, voulez-vous que je vous parle net ?
De vos façons d'agir je suis mal satisfait ;
Contre elles dans mon cœur trop de bile s'assemble,
Et je sens qu'il faudra que nous rompions ensemble ;
Oui, je vous tromperois de parler autrement :
Tôt ou tard nous romprons indubitablement ;
Et je vous promettrois mille fois le contraire,
Que je ne serois pas en pouvoir de le faire.

CÉLIMÈNE.

C'est pour me quereller donc, à ce que je vois,
Que vous avez voulu me ramener chez moi ?

ALCESTE.

Je ne querelle point. Mais votre humeur, madame,
Ouvre au premier venu trop d'accès dans votre ame,
Vous avez trop d'amants qu'on voit vous obséder ;
Et mon cœur de cela ne peut s'accommoder.

CÉLIMÈNE.

Des amants que je fais me rendez-vous coupable ?
Puis-je empêcher les gens de me trouver aimable ?
Et lorsque pour me voir ils font de doux efforts,
Dois-je prendre un bâton pour les mettre dehors ?

ALCESTE.

Non, ce n'est pas, madame, un bâton qu'il faut prendre,
Mais un cœur à leurs vœux moins facile et moins tendre.
Je sais que vos appas vous suivent en tous lieux;
Mais votre accueil retient ceux qu'attirent vos yeux;
Et sa douceur, offerte à qui vous rend les armes,
Achève sur les cœurs l'ouvrage de vos charmes.
Le trop riant espoir que vous leur présentez
Attache autour de vous leurs assiduités;
Et votre complaisance un peu moins étendue
De tant de soupirants chasseroit la cohue.
Mais, au moins, dites-moi, madame, par quel sort
Votre Clitandre a l'heur de vous plaire si fort.
Sur quel fonds de mérite et de vertu sublime
Appuyez-vous en lui l'honneur de votre estime?
Est-ce par l'ongle long qu'il porte au petit doigt
Qu'il s'est acquis chez vous l'estime où l'on le voit?
Vous êtes-vous rendue, avec tout le beau monde,
Au mérite éclatant de sa perruque blonde?
Sont-ce ses grands canons qui vous le font aimer?
L'amas de ses rubans a-t-il su vous charmer?
Est-ce par les appas de sa vaste rhingrave
Qu'il a gagné votre ame en faisant votre esclave?
Ou sa façon de rire et son ton de fausset
Ont-ils de vous toucher su trouver le secret?

CÉLIMÈNE.

Qu'injustement de lui vous prenez de l'ombrage!
Ne savez-vous pas bien pourquoi je le ménage,
Et que, dans mon procès, ainsi qu'il m'a promis,
Il peut intéresser tout ce qu'il a d'amis?

ALCESTE.

Perdez votre procès, madame, avec constance,

Et ne ménagez point un rival qui m'offense.
CÉLIMÈNE.
Mais de tout l'univers vous devenez jaloux!
ALCESTE.
C'est que tout l'univers est bien reçu de vous.
CÉLIMÈNE.
C'est ce qui doit rasseoir votre ame effarouchée,
Puisque ma complaisance est sur tous épanchée,
Et vous auriez plus lieu de vous en offenser
Si vous me la voyiez sur un seul ramasser.
ALCESTE.
Mais moi, que vous blâmez de trop de jalousie,
Qu'ai-je de plus qu'eux tous, madame, je vous prie?
CÉLIMÈNE.
Le bonheur de savoir que vous êtes aimé.
ALCESTE.
Et quel lieu de le croire a mon cœur enflammé?
CÉLIMÈNE.
Je pense qu'ayant pris le soin de vous le dire,
Un aveu de la sorte a de quoi vous suffire.
ALCESTE.
Mais qui m'assurera que, dans le même instant,
Vous n'en disiez peut-être aux autres tout autant?
CÉLIMÈNE.
Certes, pour un amant la fleurette est mignonne,
Et vous me traitez là de gentille personne!
Hé bien! pour vous ôter d'un semblable souci,
De tout ce que j'ai dit je me dédis ici,
Et rien ne sauroit plus vous tromper que vous-même!
Soyez content.
ALCESTE.
Morbleu! faut-il que je vous aime!

Ah ! que si de vos mains je rattrape mon cœur,
Je bénirai le ciel de ce rare bonheur !
Je ne le cèle pas, je fais tout mon possible
A rompre de ce cœur l'attachement terrible ;
Mais mes plus grands efforts n'ont rien fait jusqu'ici,
Et c'est pour mes péchés que je vous aime ainsi.

CÉLIMÈNE.

Il est vrai, votre ardeur est pour moi sans seconde.

ALCESTE.

Oui, je puis là-dessus défier tout le monde.
Mon amour ne se peut concevoir ; et jamais
Personne n'a, madame, aimé comme je fais.

CÉLIMÈNE.

En effet, la méthode en est toute nouvelle,
Car vous aimez les gens pour leur faire querelle ;
Ce n'est qu'en mots fâcheux qu'éclate votre ardeur,
Et l'on n'a vu jamais un amour si grondeur.

ALCESTE.

Mais il ne tient qu'à vous que son chagrin ne passe.
A tous nos démêlés coupons chemin, de grace ;
Parlons à cœur ouvert, et voyons d'arrêter...

SCÈNE II.

CÉLIMÈNE, ALCESTE, BASQUE.

CÉLIMÈNE.

Qu'est-ce ?

BASQUE.

Acaste est là-bas.

CÉLIMÈNE.

Hé bien ! faites monter.

SCÈNE III.

CÉLIMÈNE, ALCESTE.

ALCESTE.

Quoi! l'on ne peut jamais vous parler tête à tête!
A recevoir le monde on vous voit toujours prête!
Et vous ne pouvez pas, un seul moment de tous,
Vous résoudre à souffrir de n'être pas chez vous!

CÉLIMÈNE.

Voulez-vous qu'avec lui je me fasse une affaire?

ALCESTE.

Vous avez des égards qui ne sauroient me plaire.

CÉLIMÈNE.

C'est un homme à jamais ne me le pardonner,
S'il savoit que sa vue eût pu m'importuner.

ALCESTE.

Et que vous fait cela, pour vous gêner de sorte...

CÉLIMÈNE.

Mon dieu! de ses pareils la bienveillance importe;
Et ce sont de ces gens qui, je ne sais comment,
Ont gagné, dans la cour, de parler hautement.
Dans tous les entretiens on les voit s'introduire;
Ils ne sauroient servir, mais ils peuvent vous nuire;
Et jamais, quelque appui qu'on puisse avoir d'ailleurs,
On ne doit se brouiller avec ces grands brailleurs.

ALCESTE.

Enfin, quoi qu'il en soit, et sur quoi qu'on se fonde,
Vous trouvez des raisons pour souffrir tout le monde;
Et les précautions de votre jugement...

SCÈNE IV.

ALCESTE, CÉLIMÈNE, BASQUE.

BASQUE.

Vorci Clitandre encor, madame.

ALCESTE.

Justement.

CÉLIMÈNE.

Où courez-vous ?

ALCESTE.

Je sors.

CÉLIMÈNE.

Demeurez.

ALCESTE.

Pour quoi faire ?

CÉLIMÈNE.

Demeurez.

ALCESTE.

Je ne puis.

CÉLIMÈNE.

Je le veux.

ALCESTE.

Point d'affaire ;
Ces conversations ne font que m'ennuyer,
Et c'est trop que vouloir me les faire essuyer.

CÉLIMÈNE.

Je le veux, je le veux.

ALCESTE.

Non, il m'est impossible.

CÉLIMÈNE.

Hé bien ! allez, sortez, il vous est tout loisible.

SCÈNE V.

ÉLIANTE, PHILINTE, ACASTE, CLITANDRE, ALCESTE, CÉLIMÈNE, BASQUE.

ÉLIANTE, *à Célimène.*

Voici les deux marquis qui montent avec nous.
Vous l'est-on venu dire ?

CÉLIMÈNE.

(à Basque.)

Oui. Des sièges pour tous.

(Basque donne des sièges, et sort.)

(à Alceste.)

Vous n'êtes pas sorti ?

ALCESTE.

Non ; mais je veux, madame,
Ou pour eux, ou pour moi, faire expliquer votre ame.

CÉLIMÈNE.

Taisez-vous.

ALCESTE.

Aujourd'hui, vous vous expliquerez.

CÉLIMÈNE.

Vous perdez le sens.

ALCESTE.

Point. Vous vous déclarerez.

CÉLIMÈNE.

Ah !

ALCESTE.

Vous prendrez parti.

CÉLIMÈNE.

Vous vous moquez, je pense.

ALCESTE.

Non ; mais vous choisirez. C'est trop de patience.

CLITANDRE

Parbleu ! je viens du Louvre, où Cléonte, au levé,
Madame, a bien paru ridicule achevé.
N'a-t-il point quelque ami qui pût sur ses manières
D'un charitable avis lui prêter les lumières ?

CÉLIMÈNE

Dans le monde, à vrai dire, il se barbouille fort :
Par-tout il porte un air qui saute aux yeux d'abord ;
Et lorsqu'on le revoit après un peu d'absence,
On le retrouve encor plus plein d'extravagance.

ACASTE

Parbleu ! s'il faut parler de gens extravagants,
Je viens d'en essuyer un des plus fatigants ;
Damon le raisonneur, qui m'a, ne vous déplaise,
Une heure au grand soleil tenu hors de ma chaise.

CÉLIMÈNE

C'est un parleur étrange, et qui trouve toujours
L'art de ne vous rien dire avec de grands discours :
Dans les propos qu'il tient on ne voit jamais goutte ;
Et ce n'est que du bruit que tout ce qu'on écoute.

ÉLIANTE, à *Philinte*.

Ce début n'est pas mal ; et contre le prochain
La conversation prend un assez bon train.

CLITANDRE

Timanthe encor, madame, est un bon caractère.

CÉLIMÈNE

C'est, de la tête aux pieds, un homme tout mystère,
Qui vous jette, en passant, un coup d'œil égaré,
Et, sans aucune affaire, est toujours affairé.
Tout ce qu'il vous débite en grimaces abonde ;
A force de façons il assomme le monde ;
Sans cesse il a tout bas, pour rompre l'entretien,

Un secret à vous dire, et ce secret n'est rien ;
De la moindre vétille il fait une merveille,
Et, jusques au bon jour, il dit tout à l'oreille.

ACASTE.

Et Géralde, madame ?

CÉLIMÈNE.

O l'ennuyeux conteur !
Jamais on ne le voit sortir du grand seigneur.
Dans le brillant commerce il se mêle sans cesse,
Et ne cite jamais que duc, prince, ou princesse.
La qualité l'entête, et tous ses entretiens
Ne sont que de chevaux, d'équipage et de chiens :
Il tutoie, en parlant, ceux du plus haut étage,
Et le nom de monsieur est chez lui hors d'usage.

CLITANDRE.

On dit qu'avec Bélise il est du dernier bien.

CÉLIMÈNE.

Le pauvre esprit de femme, et le sec entretien !
Lorsqu'elle vient me voir, je souffre le martyre :
Il faut suer sans cesse à chercher que lui dire ;
Et la stérilité de son expression
Fait mourir à tous coups la conversation.
En vain, pour attaquer son stupide silence,
De tous les lieux communs vous prenez l'assistance ;
Le beau temps et la pluie, et le froid et le chaud,
Sont des fonds qu'avec elle on épuise bientôt.
Cependant sa visite, assez insupportable,
Traîne en une longueur encore épouvantable ;
Et l'on demande l'heure, et l'on bâille vingt fois,
Qu'elle s'émeut autant qu'une pièce de bois.

ACASTE.

Que vous semble d'Adraste ?

CÉLIMÈNE.

                Ah ! quel orgueil extrême !
C'est un homme gonflé de l'amour de soi-même :
Son mérite jamais n'est content de la cour ;
Contre elle il fait métier de pester chaque jour ;
Et l'on ne donne emploi, charge, ni bénéfice,
Qu'à tout ce qu'il se croit on ne fasse injustice.

CLITANDRE.

Mais le jeune Cléon, chez qui vont aujourd'hui
Nos plus honnêtes gens, que dites-vous de lui ?

CÉLIMÈNE.

Que de son cuisinier il s'est fait un mérite,
Et que c'est à sa table à qui l'on rend visite.

ÉLIANTE.

Il prend soin d'y servir des mets fort délicats.

CÉLIMÈNE.

Oui ; mais je voudrois bien qu'il ne s'y servît pas :
C'est un fort méchant plat que sa sotte personne,
Et qui gâte, à mon goût, tous les repas qu'il donne.

PHILINTE.

On fait assez de cas de son oncle Damis ;
Qu'en dites-vous, madame ?

CÉLIMÈNE.

                Il est de mes amis.

PHILINTE.

Je le trouve honnête homme, et d'un air assez sage.

CÉLIMÈNE.

Oui ; mais il veut avoir trop d'esprit, dont j'enrage.
Il est guindé sans cesse ; et, dans tous ses propos,
On voit qu'il se travaille à dire de bons mots.
Depuis que dans la tête il s'est mis d'être habile,
Rien ne touche son goût, tant il est difficile !

Il veut voir des défauts à tout ce qu'on écrit,
Et pense que louer n'est pas d'un bel esprit,
Que c'est être savant que trouver à redire,
Qu'il n'appartient qu'aux sots d'admirer et de rire,
Et qu'en n'approuvant rien des ouvrages du temps
Il se met au-dessus de tous les autres gens.
Aux conversations même il trouve à reprendre :
Ce sont propos trop bas pour y daigner descendre ;
Et, les deux bras croisés, du haut de son esprit
Il regarde en pitié tout ce que chacun dit.

ACASTE.

Dieu me damne ! voilà son portrait véritable.

CLITANDRE, *à Célimène.*

Pour bien peindre les gens vous êtes admirable.

ALCESTE.

Allons, ferme ! poussez, mes bons amis de cour.
Vous n'en épargnez point, et chacun a son tour :
Cependant aucun d'eux à vos yeux ne se montre,
Qu'on ne vous voie en hâte aller à sa rencontre,
Lui présenter la main, et d'un baiser flatteur
Appuyer les sermens d'être son serviteur.

CLITANDRE.

Pourquoi s'en prendre à nous ? Si ce qu'on dit vous blesse,
Il faut que le reproche à madame s'adresse.

ALCESTE.

Non, morbleu ! c'est à vous ; et vos ris complaisants
Tirent de son esprit tous ces traits médisants.
Son humeur satirique est sans cesse nourrie
Par le coupable encens de votre flatterie ;
Et son cœur à railler trouveroit moins d'appas
S'il avoit observé qu'on ne l'applaudît pas.
C'est ainsi qu'aux flatteurs on doit par-tout se prendre

Des vices où l'on voit les humains se répandre.

PHILINTE.

Mais pourquoi pour ces gens un intérêt si grand,
Vous qui condamneriez ce qu'en eux on reprend ?

CÉLIMÈNE.

Et ne faut-il pas bien que monsieur contredise ?
A la commune voix veut-on qu'il se réduise ;
Et qu'il ne fasse pas éclater en tous lieux
L'esprit contrariant qu'il a reçu des cieux ?
Le sentiment d'autrui n'est jamais pour lui plaire :
Il prend toujours en main l'opinion contraire,
Et penseroit paroître un homme du commun,
Si l'on voyoit qu'il fût de l'avis de quelqu'un.
L'honneur de contredire a pour lui tant de charmes,
Qu'il prend contre lui-même assez souvent les armes ;
Et ses vrais sentiments sont combattus par lui
Aussitôt qu'il les voit dans la bouche d'autrui.

ALCESTE.

Les rieurs sont pour vous, madame, c'est tout dire ;
Et vous pouvez pousser contre moi la satire.

PHILINTE.

Mais il est véritable aussi que votre esprit
Se gendarme toujours contre tout ce qu'on dit ;
Et que, par un chagrin que lui-même il avoue,
Il ne sauroit souffrir qu'on blâme ni qu'on loue.

ALCESTE.

C'est que jamais, morbleu ! les hommes n'ont raison ;
Que le chagrin contre eux est toujours de saison,
Et que je vois qu'ils sont, sur toutes les affaires,
Loueurs impertinents, ou censeurs téméraires.

CÉLIMÈNE.

Mais...

ALCESTE.

Non, madame, non, quand j'en devrois mourir,
Vous avez des plaisirs que je ne puis souffrir;
Et l'on a tort ici de nourrir dans votre ame
Ce grand attachement aux défauts qu'on y blâme.

CLITANDRE.

Pour moi, je ne sais pas; mais j'avouerai tout haut
Que j'ai cru jusqu'ici madame sans défaut.

ACASTE.

De graces et d'attraits je vois qu'elle est pourvue;
Mais les défauts qu'elle a ne frappent point ma vue.

ALCESTE.

Ils frappent tous la mienne; et, loin de m'en cacher,
Elle sait que j'ai soin de les lui reprocher.
Plus on aime quelqu'un, moins il faut qu'on le flatte:
A ne rien pardonner le pur amour éclate;
Et je bannirois, moi, tous ces lâches amants
Que je verrois soumis à tous mes sentiments,
Et dont, à tout propos, les molles complaisances
Donneroient de l'encens à mes extravagances.

CÉLIMÈNE.

Enfin, s'il faut qu'à vous s'en rapportent les cœurs,
On doit, pour bien aimer, renoncer aux douceurs,
Et du parfait amour mettre l'honneur suprême
A bien injurier les personnes qu'on aime.

ÉLIANTE.

L'amour, pour l'ordinaire, est peu fait à ces lois,
Et l'on voit les amants vanter toujours leur choix.
Jamais leur passion n'y voit rien de blâmable,
Et dans l'objet aimé tout leur devient aimable;
Ils comptent les défauts pour des perfections,
Et savent y donner de favorables noms.

La pâle est aux jasmins en blancheur comparable:
La noire à faire peur, une brune adorable;
La maigre a de la taille et de la liberté;
La grasse est, dans son port, pleine de majesté;
La malpropre sur soi, de peu d'attraits chargée,
Est mise sous le nom de beauté négligée;
La géante paroît une déesse aux yeux;
La naine, un abrégé des merveilles des cieux;
L'orgueilleuse a le cœur digne d'une couronne;
La fourbe a de l'esprit; la sotte est toute bonne;
La trop grande parleuse est d'agréable humeur;
Et la muette garde une honnête pudeur.
C'est ainsi qu'un amant dont l'ardeur est extrême
Aime jusqu'aux défauts des personnes qu'il aime.

ALCESTE.

Et moi, je soutiens, moi...

CÉLIMÈNE.

Brisons là ce discours,
Et dans la galerie allons faire deux tours.
Quoi! vous vous en allez, messieurs?

CLITANDRE et ACASTE.

Non pas, madame.

ALCESTE.

La peur de leur départ occupe fort votre ame!
Sortez quand vous voudrez, messieurs; mais j'avertis
Que je ne sors qu'après que vous serez sortis.

ACASTE.

A moins de voir madame en être importunée,
Rien ne m'appelle ailleurs de toute la journée.

CLITANDRE.

Moi, pourvu que je puisse être au petit couché,
Je n'ai point d'autre affaire où je sois attaché.

CÉLIMÈNE, à *Alceste.*

C'est pour rire, je crois.

ALCESTE.

Non, en aucune sorte.
Nous verrons si c'est moi que vous voudrez qui sorte.

SCÈNE VI.

ALCESTE, CÉLIMÈNE, ÉLIANTE, ACASTE,
PHILINTE, CLITANDRE, BASQUE.

BASQUE, à *Alceste.*

Monsieur, un homme est là, qui voudroit vous parler
Pour affaire, dit-il, qu'on ne peut reculer.

ALCESTE.

Dis-lui que je n'ai point d'affaires si pressées.

BASQUE.

Il porte une jaquette à grand'basques plissées,
Avec du d'or dessus.

CÉLIMÈNE, à *Alceste.*

Allez voir ce que c'est,
Ou bien faites-le entrer.

SCÈNE VII.

ALCESTE, CÉLIMÈNE, ÉLIANTE, ACASTE,
PHILINTE, CLITANDRE, UN GARDE DE
LA MARÉCHAUSSÉE.

ALCESTE, *allant au-devant du garde.*

Qu'est-ce donc qu'il vous plaît?
Venez, monsieur.

LE GARDE.

Monsieur, j'ai deux mots à vous dire.

ALCESTE.
Vous pouvez parler haut, monsieur, pour m'en instruire.
LE GARDE.
Messieurs les maréchaux, dont j'ai commandement,
Vous mandent de venir les trouver promptement,
Monsieur.

ALCESTE.
Qui? moi, monsieur?
LE GARDE.
Vous-même.
ALCESTE.
Et pour quoi faire?
PHILINTE, à *Alceste*.
C'est d'Oronte et de vous la ridicule affaire.
CÉLIMÈNE, à *Philinte*.
Comment?

PHILINTE.
Oronte et lui se sont tantôt bravés
Sur certains petits vers qu'il n'a pas approuvés ;
Et l'on veut assoupir la chose en sa naissance.
ALCESTE.
Moi, je n'aurai jamais de lâche complaisance.
PHILINTE.
Mais il faut suivre l'ordre : allons, disposez-vous.
ALCESTE.
Quel accommodement veut-on faire entre nous ?
La voix de ces messieurs me condamnera-t-elle
A trouver bons les vers qui font notre querelle ?
Je ne me dédis point de ce que j'en ai dit,
Je les trouve méchants.
PHILINTE.
Mais, d'un plus doux esprit...

ALCESTE.

Je n'en démordrai point ; les vers sont exécrables.

PHILINTE.

Vous devez faire voir des sentiments traitables.
Allons, venez.

ALCESTE.

J'irai ; mais rien n'aura pouvoir
De me faire dédire.

PHILINTE.

Allons vous faire voir.

ALCESTE.

Hors qu'un commandement exprès du roi me vienne
De trouver bons les vers dont on se met en peine,
Je soutiendrai toujours, morbleu ! qu'ils sont mauvais,
Et qu'un homme est pendable après les avoir faits.

(*à Clitandre et à Acaste, qui rient.*)

Par la sambleu ! messieurs, je ne croyois pas être
Si plaisant que je suis.

CÉLIMÈNE.

Allez vite paroître
Où vous devez.

ALCESTE.

J'y vais, madame ; et sur mes pas
Je reviens en ce lieu pour vider nos débats.

FIN DU SECOND ACTE.

ACTE TROISIÈME.

SCÈNE I.

CLITANDRE, ACASTE.

CLITANDRE.

Cher marquis, je te vois l'ame bien satisfaite;
Toute chose t'égaie, et rien ne t'inquiète.
En bonne foi, crois-tu, sans t'éblouir les yeux,
Avoir de grands sujets de paroître joyeux?

ACASTE.

Parbleu! je ne vois pas, lorsque je m'examine,
Où prendre aucun sujet d'avoir l'ame chagrine.
J'ai du bien, je suis jeune, et sors d'une maison
Qui se peut dire noble avec quelque raison;
Et je crois, par le rang que me donne ma race,
Qu'il est fort peu d'emplois dont je ne sois en passe.
Pour le cœur, dont sur-tout nous devons faire cas,
On sait, sans vanité, que je n'en manque pas;
Et l'on m'a vu pousser dans le monde une affaire
D'une assez vigoureuse et gaillarde manière.
Pour de l'esprit, j'en ai, sans doute, et du bon goût
A juger sans étude et raisonner de tout,
A faire aux nouveautés, dont je suis idolâtre,
Figure de savant sur les bancs du théâtre;
Y décider en chef, et faire du fracas
A tous les beaux endroits qui méritent des *ah!*

Je suis assez adroit ; j'ai bon air, bonne mine,
Les dents belles sur-tout, et la taille fort fine.
Quant à se mettre bien, je crois, sans me flatter,
Qu'on seroit mal venu de me le disputer.
Je me vois dans l'estime autant qu'on y puisse être,
Fort aimé du beau sexe, et bien auprès du maître.
Je crois qu'avec cela, mon cher marquis, je croi
Qu'on peut par tout pays être content de soi.

CLITANDRE.

Oui, mais trouvant ailleurs des conquêtes faciles,
Pourquoi pousser ici des soupirs inutiles ?

ACASTE.

Moi ? Parbleu ! je ne suis de taille ni d'humeur
A pouvoir d'une belle essuyer la froideur.
C'est aux gens mal tournés, aux mérites vulgaires,
A brûler constamment pour des beautés sévères,
A languir à leurs pieds et souffrir leurs rigueurs,
A chercher le secours des soupirs et des pleurs ;
Et tâcher par des soins d'une très longue suite
D'obtenir ce qu'on nie à leur peu de mérite.
Mais les gens de mon air, marquis, ne sont pas faits
Pour aimer à crédit, et faire tous les frais.
Quelque rare que soit le mérite des belles,
Je pense, dieu merci, qu'on vaut son prix comme elles ;
Que, pour se faire honneur d'un cœur comme le mien,
Ce n'est pas la raison qu'il ne leur coûte rien ;
Et qu'au moins, à tout mettre en de justes balances,
Il faut qu'à frais communs se fassent les avances.

CLITANDRE.

Tu penses donc, marquis, être fort bien ici ?

ACASTE.

J'ai quelque lieu, marquis, de le penser ainsi.

ACTE III, SCÈNE I.

CLITANDRE.
Crois-moi, détache-toi de cette erreur extrême :
Tu te flattes, mon cher, et t'aveugles toi-même.

ACASTE.
Il est vrai, je me flatte, et m'aveugle en effet.

CLITANDRE.
Mais qui te fait juger ton bonheur si parfait ?

ACASTE.
Je me flatte.

CLITANDRE.
Sur quoi fonder tes conjectures ?

ACASTE.
Je m'aveugle.

CLITANDRE.
En as-tu des preuves qui soient sûres ?

ACASTE.
Je m'abuse, te dis-je.

CLITANDRE.
Est-ce que de ses vœux
Célimène t'a fait quelques secrets aveux ?

ACASTE.
Non, je suis maltraité.

CLITANDRE.
Réponds-moi, je te prie.

ACASTE.
Je n'ai que des rebuts.

CLITANDRE.
Laissons la raillerie,
Et me dis quel espoir on peut t'avoir donné.

ACASTE.
Je suis le misérable, et toi le fortuné.
On a pour ma personne une aversion grande,

LE MISANTHROPE.

Et, quelqu'un de ces jours, il faut que je me pende.

CLITANDRE.

Oh çà, veux-tu, marquis, pour ajuster nos vœux,
Que nous tombions d'accord d'une chose tous deux?
Que qui pourra montrer une marque certaine
D'avoir meilleure part au cœur de Célimène,
L'autre ici fera place au vainqueur prétendu,
Et le délivrera d'un rival assidu?

ACASTE.

Ah! parbleu! tu me plais avec un tel langage,
Et, du bon de mon cœur, à cela je m'engage.
Mais, chut.

SCÈNE II.

CÉLIMÈNE, ACASTE, CLITANDRE.

CÉLIMÈNE.

Encore ici?

CLITANDRE.

L'amour retient nos pas.

CÉLIMÈNE.

Je viens d'ouïr entrer un carrosse là-bas,
Savez-vous qui c'est?

CLITANDRE.
Non.

SCÈNE III.

CÉLIMÈNE, ACASTE, CLITANDRE, BASQUE.

BASQUE.

Arsinoé, madame,
Monte ici pour vous voir.

ACTE III, SCÈNE III.

CÉLIMÈNE.

     Que me veut cette femme?

BASQUE.

Éliante là-bas est à l'entretenir.

CÉLIMÈNE.

De quoi s'avise-t-elle? et qui la fait venir?

ACASTE.

Pour prude consommée en tous lieux elle passe;
Et l'ardeur de son zèle...

CÉLIMÈNE.

     Oui, oui, franche grimace!
Dans l'ame elle est du monde; et ses soins tentent tout
Pour accrocher quelqu'un, sans en venir à bout.
Elle ne sauroit voir qu'avec un œil d'envie
Les amants déclarés dont une autre est suivie;
Et son triste mérite, abandonné de tous,
Contre le siècle aveugle est toujours en courroux.
Elle tâche à couvrir d'un faux voile de prude
Ce que chez elle on voit d'affreuse solitude;
Et, pour sauver l'honneur de ses foibles appas,
Elle attache du crime au pouvoir qu'ils n'ont pas.
Cependant un amant plairoit fort à la dame :
Et même, pour Alceste, elle a tendresse d'ame.
Ce qu'il me rend de soins outrage ses attraits,
Elle veut que ce soit un vol que je lui fais;
Et son jaloux dépit, qu'avec peine elle cache,
En tous endroits, sous main, contre moi se détache.
Enfin je n'ai rien vu de si sot, à mon gré;
Elle est impertinente au suprême degré,
Et...

SCÈNE IV.

ARSINOÉ, CÉLIMÈNE, CLITANDRE, ACASTE.

CÉLIMÈNE.

Ah ! quel heureux sort en ce lieu vous amène ?
Madame, sans mentir, j'étois de vous en peine.
ARSINOÉ.
Je viens pour quelque avis que j'ai cru vous devoir.
CÉLIMÈNE.
Ah ! mon dieu ! que je suis contente de vous voir !
(Clitandre et Acaste sortent en riant.)

SCÈNE V.

ARSINOÉ, CÉLIMÈNE.

ARSINOÉ.

Leur départ ne pouvoit plus à propos se faire.
CÉLIMÈNE.
Voulons-nous nous asseoir ?
ARSINOÉ.
Il n'est pas nécessaire.
Madame, l'amitié doit sur-tout éclater
Aux choses qui le plus nous peuvent importer :
Et comme il n'en est point de plus grande importance
Que celles de l'honneur et de la bienséance,
Je viens, par un avis qui touche votre honneur,
Témoigner l'amitié que pour vous a mon cœur.
Hier j'étois chez des gens de vertu singulière,
Où sur vous du discours on tourna la matière ;
Et là, votre conduite, avec ses grands éclats,
Madame, eut le malheur qu'on ne la loua pas.

Cette foule de gens dont vous souffrez visite,
Votre galanterie, et les bruits qu'elle excite,
Trouvèrent des censeurs plus qu'il n'auroit fallu,
Et bien plus rigoureux que je n'eusse voulu.
Vous pouvez bien penser quel parti je sus prendre ;
Je fis ce que je pus pour vous pouvoir défendre ;
Je vous excusai fort sur votre intention,
Et voulus de votre ame être la caution.
Mais vous savez qu'il est des choses dans la vie
Qu'on ne peut excuser, quoiqu'on en ait envie ;
Et je me vis contrainte à demeurer d'accord
Que l'air dont vous viviez vous faisoit un peu tort,
Qu'il prenoit dans le monde une méchante face,
Qu'il n'est conte fâcheux que par-tout on n'en fasse,
Et que, si vous vouliez, tous vos déportements
Pourroient moins donner prise aux mauvais jugements.
Non que j'y croie au fond l'honnêteté blessée :
Me préserve le ciel d'en avoir la pensée !
Mais aux ombres du crime on prête aisément foi,
Et ce n'est pas assez de bien vivre pour soi.
Madame, je vous crois l'ame trop raisonnable
Pour ne pas prendre bien cet avis profitable,
Et pour l'attribuer qu'aux mouvements secrets
D'un zèle qui m'attache à tous vos intérêts.

CÉLIMÈNE.

Madame, j'ai beaucoup de graces à vous rendre.
Un tel avis m'oblige ; et, loin de le mal prendre,
J'en prétends reconnoître à l'instant la faveur
Par un avis aussi qui touche votre honneur :
Et comme je vous vois vous montrer mon amie
En m'apprenant les bruits que de moi l'on publie,
Je veux suivre à mon tour un exemple si doux

En vous avertissant de ce qu'on dit de vous.

En un lieu, l'autre jour, où je faisois visite,
Je trouvai quelques gens d'un très rare mérite,
Qui, parlant des vrais soins d'une ame qui vit bien,
Firent tomber sur vous, madame, l'entretien.
Là, votre pruderie et vos éclats de zèle
Ne furent pas cités comme un fort bon modèle ;
Cette affectation d'un grave extérieur,
Vos discours éternels de sagesse et d'honneur,
Vos mines et vos cris aux ombres d'indécence
Que d'un mot ambigu peut avoir l'innocence,
Cette hauteur d'estime où vous êtes de vous,
Et ces yeux de pitié que vous jetez sur tous,
Vos fréquentes leçons et vos aigres censures
Sur des choses qui sont innocentes et pures ;
Tout cela, si je puis vous parler franchement,
Madame, fut blâmé d'un commun sentiment.
« A quoi bon, disoient-ils, cette mine modeste,
« Et ce sage dehors, que dément tout le reste ?
« Elle est à bien prier exacte au dernier point !
« Mais elle bat ses gens, et ne les paye point.
« Dans tous les lieux dévots elle étale un grand zèle ;
« Mais elle met du blanc, et veut paroître belle.
« Elle fait des tableaux couvrir les nudités ;
« Mais elle a de l'amour pour les réalités. »
Pour moi, contre chacun je pris votre défense,
Et leur assurai fort que c'étoit médisance :
Mais tous les sentiments combattirent le mien,
Et leur conclusion fut que vous feriez bien
De prendre moins de soin des actions des autres,
Et de vous mettre un peu plus en peine des vôtres ;
Qu'on doit se regarder soi-même un fort long temps

Avant que de songer à condamner les gens;
Qu'il faut mettre le poids d'une vie exemplaire
Dans les corrections qu'aux autres on veut faire;
Et qu'encor vaut-il mieux s'en remettre, au besoin,
A ceux à qui le ciel en a commis le soin.
Madame, je vous crois aussi trop raisonnable
Pour ne pas prendre bien cet avis profitable,
Et pour l'attribuer qu'aux mouvements secrets
D'un zèle qui m'attache à tous vos intérêts.

ARSINOÉ.

A quoi qu'en reprenant on soit assujettie,
Je ne m'attendois pas à cette repartie,
Madame; et je vois bien, par ce qu'elle a d'aigreur,
Que mon sincère avis vous a blessée au cœur.

CÉLIMÈNE.

Au contraire, madame; et, si l'on étoit sage,
Ces avis mutuels seroient mis en usage.
On détruiroit par-là, traitant de bonne foi,
Ce grand aveuglement où chacun est pour soi.
Il ne tiendra qu'à vous qu'avec le même zèle
Nous ne continuions cet office fidèle,
Et ne prenions grand soin de nous dire entre nous
Ce que nous entendrons, vous de moi, moi de vous.

ARSINOÉ.

Ah! madame, de vous je ne puis rien entendre;
C'est en moi que l'on peut trouver fort à reprendre.

CÉLIMÈNE.

Madame, on peut, je crois, louer et blâmer tout;
Et chacun a raison, suivant l'âge ou le goût.
Il est une saison pour la galanterie,
Il en est une aussi propre à la pruderie.
On peut, par politique, en prendre le parti,

Quand de nos jeunes ans l'éclat est amorti.
Cela sert à couvrir de fâcheuses disgraces.
Je ne dis pas qu'un jour je ne suive vos traces :
L'âge amènera tout; et ce n'est pas le temps,
Madame, comme on sait, d'être prude à vingt ans.

ARSINOÉ.

Certes, vous vous targuez d'un bien foible avantage,
Et vous faites sonner terriblement votre âge.
Ce que de plus que vous on en pourroit avoir
N'est pas un si grand cas, pour s'en tant prévaloir;
Et je ne sais pourquoi votre ame ainsi s'emporte,
Madame, à me pousser de cette étrange sorte.

CÉLIMÈNE.

Et moi, je ne sais pas, madame, aussi pourquoi
On vous voit en tous lieux vous déchaîner sur moi.
Faut-il de vos chagrins sans cesse à moi vous prendre?
Et puis-je mais des soins qu'on ne va pas vous rendre?
Si ma personne aux gens inspire de l'amour,
Et si l'on continue à m'offrir chaque jour
Des vœux que votre cœur peut souhaiter qu'on m'ôte,
Je n'y saurois que faire, et ce n'est pas ma faute;
Vous avez le champ libre, et je n'empêche pas
Que, pour les attirer, vous n'ayez des appas.

ARSINOÉ.

Hélas! et croyez-vous que l'on se mette en peine
De ce nombre d'amants dont vous faites la vaine,
Et qu'il ne nous soit pas fort aisé de juger
A quel prix aujourd'hui l'on peut les engager?
Pensez-vous faire croire, à voir comme tout roule,
Que votre seul mérite attire cette foule,
Qu'ils ne brûlent pour vous que d'un honnête amour,
Et que pour vos vertus ils vous font tous la cour?

On ne s'aveugle point par de vaines défaites ;
Le monde n'est point dupe ; et j'en vois qui sont faites
A pouvoir inspirer de tendres sentimens,
Qui chez elles pourtant ne fixent point d'amants :
Et de là nous pouvons tirer des conséquences
Qu'on n'acquiert point leurs cœurs sans de grandes avances ;
Qu'aucun, pour nos beaux yeux, n'est notre soupirant,
Et qu'il faut acheter tous les soins qu'on nous rend.
Ne vous enflez donc point d'une si grande gloire
Pour les petits brillants d'une foible victoire,
Et corrigez un peu l'orgueil de vos appas
De traiter pour cela les gens du haut en bas.
Si nos yeux envioient les conquêtes des vôtres,
Je pense qu'on pourroit faire comme les autres,
Ne se point ménager, et vous faire bien voir
Que l'on a des amants quand on en veut avoir.

CÉLIMÈNE.

Ayez-en donc, madame, et voyons cette affaire :
Par ce rare secret efforcez-vous de plaire ;
Et sans...

ARSINOÉ.

Brisons, madame, un pareil entretien,
Il pousseroit trop loin votre esprit et le mien ;
Et j'aurois pris déjà le congé qu'il faut prendre,
Si mon carrosse encor ne m'obligeoit d'attendre.

CÉLIMÈNE.

Autant qu'il vous plaira vous pouvez arrêter,
Madame, et là-dessus rien ne doit vous hâter.
Mais, sans vous fatiguer de ma cérémonie,
Je m'en vais vous donner meilleure compagnie ;
Et monsieur, qu'à propos le hasard fait venir,
Remplira mieux ma place à vous entretenir.

SCÈNE VI.

ALCESTE, CÉLIMÈNE, ARSINOÉ.

CÉLIMÈNE.

Alceste, il faut que j'aille écrire un mot de lettre,
Que, sans me faire tort, je ne saurois remettre.
Soyez avec madame : elle aura la bonté
D'excuser aisément mon incivilité.

SCÈNE VII.

ALCESTE, ARSINOÉ.

ARSINOÉ.

Vous voyez, elle veut que je vous entretienne,
Attendant un moment que mon carrosse vienne ;
Et jamais tous ses soins ne pouvoient m'offrir rien
Qui me fût plus charmant qu'un pareil entretien.
En vérité, les gens d'un mérite sublime
Entraînent de chacun et l'amour et l'estime ;
Et le vôtre, sans doute, a des charmes secrets
Qui font entrer mon cœur dans tous vos intérêts.
Je voudrois que la cour, par un regard propice,
A ce que vous valez rendît plus de justice :
Vous avez à vous plaindre : et je suis en courroux
Quand je vois, chaque jour, qu'on ne fait rien pour vous.

ALCESTE.

Moi, madame ? Et sur quoi pourrois-je en rien prétendre ?
Quel service à l'état est-ce qu'on m'a vu rendre ?
Qu'ai-je fait, s'il vous plaît, de si brillant de soi,
Pour me plaindre à la cour qu'on ne fait rien pour moi ?

ARSINOÉ.

Tous ceux sur qui la cour jette des yeux propices
N'ont pas toujours rendu de ces fameux services ;
Il faut l'occasion ainsi que le pouvoir.
Et le mérite enfin que vous nous faites voir
Devroit......

ALCESTE.

Mon dieu ! laissons mon mérite, de grace ;
De quoi voulez-vous là que la cour s'embarrasse ?
Elle auroit fort à faire, et ses soins seroient grands
D'avoir à déterrer le mérite des gens.

ARSINOÉ.

Un mérite éclatant se déterre lui-même.
Du vôtre, en bien des lieux, on fait un cas extrême ;
Et vous saurez de moi qu'en deux fort bons endroits
Vous fûtes hier loué par des gens d'un grand poids.

ALCESTE.

Hé ! madame, l'on loue aujourd'hui tout le monde,
Et le siècle par-là n'a rien qu'on ne confonde.
Tout est d'un grand mérite également doué ;
Ce n'est plus un honneur que de se voir loué :
D'éloges on regorge, à la tête on les jette,
Et mon valet-de-chambre est mis dans la gazette.

ARSINOÉ.

Pour moi, je voudrois bien que, pour vous montrer mieux,
Une charge à la cour vous pût frapper les yeux.
Pour peu que d'y songer vous nous fassiez les mines,
On peut, pour vous servir, remuer des machines ;
Et j'ai des gens en main que j'emploierai pour vous,
Qui vous feront à tout un chemin assez doux.

ALCESTE.

Et que voudriez-vous, madame, que j'y fisse !
L'humeur dont je me sens veut que je m'en bannisse ;
Le ciel ne m'a point fait, en me donnant le jour,
Une ame compatible avec l'air de la cour.
Je ne me trouve point les vertus nécessaires
Pour y bien réussir et faire mes affaires :
Être franc et sincère est mon plus grand talent :
Je ne sais point jouer les hommes en parlant ;
Et qui n'a pas le don de cacher ce qu'il pense
Doit faire en ce pays fort peu de résidence.
Hors de la cour, sans doute, on n'a pas cet appui
Et ces titres d'honneur qu'elle donne aujourd'hui ;
Mais on n'a pas aussi, perdant ces avantages,
Le chagrin de jouer de fort sots personnages ;
On n'a point à souffrir mille rebuts cruels ;
On n'a point à louer les vers de messieurs tels,
A donner de l'encens à madame une telle,
Et de nos francs marquis essuyer la cervelle.

ARSINOÉ.

Laissons, puisqu'il vous plaît, ce chapitre de cour :
Mais il faut que mon cœur vous plaigne en votre amour ;
Et pour vous découvrir là-dessus mes pensées,
Je souhaiterois fort vos ardeurs mieux placées.
Vous méritez sans doute un sort beaucoup plus doux,
Et celle qui vous charme est indigne de vous.

ALCESTE.

Mais, en disant cela, songez-vous, je vous prie,
Que cette personne est, madame, votre amie ?

ARSINOÉ.

Oui. Mais ma conscience est blessée en effet
De souffrir plus long-temps le tort que l'on vous fait.

ACTE III, SCÈNE VII.

L'état où je vous vois afflige trop mon ame,
Et je vous donne avis qu'on trahit votre flamme.

ALCESTE.

C'est me montrer, madame, un tendre mouvement;
Et de pareils avis obligent un amant.

ARSINOÉ.

Oui, toute mon amie, elle est, et je la nomme,
Indigne d'asservir le cœur d'un galant homme;
Et le sien n'a pour vous que de feintes douceurs.

ALCESTE.

Cela se peut, madame; on ne voit pas les cœurs :
Mais votre charité se seroit bien passée
De jeter dans le mien une telle pensée.

ARSINOÉ.

Si vous ne voulez pas être désabusé,
Il faut ne vous rien dire; il est assez aisé.

ALCESTE.

Non. Mais sur ce sujet, quoi que l'on nous expose,
Les doutes sont fâcheux plus que toute autre chose;
Et je voudrois, pour moi, qu'on ne me fît savoir
Que ce qu'avec clarté l'on peut me faire voir.

ARSINOÉ.

Hé bien! c'est assez dit; et, sur cette matière,
Vous allez recevoir une pleine lumière.
Oui, je veux que de tout vos yeux vous fassent foi.
Donnez-moi seulement la main jusque chez moi :
Là, je vous ferai voir une preuve fidèle
De l'infidélité du cœur de votre belle;
Et si pour d'autres yeux le vôtre peut brûler,
On pourra vous offrir de quoi vous consoler.

FIN DU TROISIÈME ACTE.

ACTE QUATRIÈME.

SCÈNE I.

ÉLIANTE, PHILINTE.

PHILINTE.

Non, l'on n'a point vu d'ame à manier si dure,
Ni d'accommodement plus pénible à conclure :
En vain de tous côtés on l'a voulu tourner,
Hors de son sentiment on n'a pu l'entraîner ;
Et jamais différent si bizarre, je pense,
N'avoit de ces messieurs occupé la prudence.
« Non, messieurs, disoit-il, je ne me dédis point,
« Et tomberai d'accord de tout, hors de ce point.
« De quoi s'offense-t-il? et que veut-il me dire?
« Y va-t-il de sa gloire à ne pas bien écrire?
« Que lui fait mon avis qu'il a pris de travers?
« On peut être honnête homme, et faire mal des vers :
« Ce n'est point à l'honneur que touchent ces matières.
« Je le tiens galant homme en toutes les manières,
« Homme de qualité, de mérite et de cœur,
« Tout ce qu'il vous plaira, mais fort méchant auteur.
« Je louerai, si l'on veut, son train et sa dépense,
« Son adresse à cheval, aux armes, à la danse :
« Mais, pour louer ses vers, je suis son serviteur ;
« Et, lorsque d'en mieux faire on n'a pas le bonheur,

« On ne doit de rimer avoir aucune envie,
« Qu'on n'y soit condamné sur peine de la vie. »
Enfin toute la grace et l'accommodement
Où s'est avec effort plié son sentiment,
C'est de dire, croyant adoucir bien son style :
« Monsieur, je suis fâché d'être si difficile,
« Et, pour l'amour de vous, je voudrois, de bon cœur,
« Avoir trouvé tantôt votre sonnet meilleur. »
Et dans une embrassade on leur a, pour conclure,
Fait vite envelopper toute la procédure.

ÉLIANTE.

Dans ses façons d'agir il est fort singulier :
Mais j'en fais, je l'avoue, un cas particulier ;
Et la sincérité dont son ame se pique
A quelque chose en soi de noble et d'héroïque.
C'est une vertu rare au siècle d'aujourd'hui,
Et je la voudrois voir par-tout comme chez lui.

PHILINTE.

Pour moi, plus je le vois, plus sur-tout je m'étonne
De cette passion où son cœur s'abandonne.
De l'humeur dont le ciel a voulu le former,
Je ne sais pas comment il s'avise d'aimer ;
Et je sais moins encor comment votre cousine
Peut être la personne où son penchant l'incline.

ÉLIANTE.

Cela fait assez voir que l'amour, dans les cœurs,
N'est pas toujours produit par un rapport d'humeurs ;
Et toutes ces raisons de douces sympathies,
Dans cet exemple-ci, se trouvent démenties.

PHILINTE.

Mais croyez-vous qu'on l'aime, aux choses qu'on peut voir ?

ÉLIANTE.

C'est un point qu'il n'est pas fort aisé de savoir.
Comment pouvoir juger s'il est vrai qu'elle l'aime ?
Son cœur de ce qu'il sent n'est pas bien sûr lui-même ;
Il aime quelquefois sans qu'il le sache bien,
Et croit aimer aussi, parfois, qu'il n'en est rien.

PHILINTE.

Je crois que notre ami, près de cette cousine,
Trouvera des chagrins plus qu'il ne s'imagine ;
Et, s'il avoit mon cœur, à dire vérité,
Il tourneroit ses vœux tout d'un autre côté ;
Et, par un choix plus juste, on le verroit, madame,
Profiter des bontés que lui montre votre ame.

ÉLIANTE.

Pour moi, je n'en fais point de façons ; et je croi
Qu'on doit sur de tels points être de bonne foi.
Je ne m'oppose point à toute sa tendresse :
Au contraire, mon cœur pour elle s'intéresse ;
Et si c'étoit qu'à moi la chose pût tenir,
Moi-même à ce qu'il aime on me verroit l'unir.
Mais si, dans un tel choix, comme tout se peut faire,
Son amour éprouvoit quelque destin contraire,
S'il falloit que d'un autre on couronnât les feux,
Je pourrois me résoudre à recevoir ses vœux ;
Et le refus souffert en pareille occurrence
Ne m'y feroit trouver aucune répugnance.

PHILINTE.

Et moi, de mon côté, je ne m'oppose pas,
Madame, à ces bontés qu'ont pour lui vos appas ;
Et lui-même, s'il veut, il peut bien vous instruire
De ce que là-dessus j'ai pris soin de lui dire.
Mais si, par un hymen qui les joindroit eux deux,

Vous étiez hors d'état de recevoir ses vœux,
Tous les miens tenteroient la faveur éclatante
Qu'avec tant de bonté votre ame lui présente :
Heureux si, quand son cœur s'y pourra dérober,
Elle pouvoit sur moi, madame, retomber !

ÉLIANTE.

Vous vous divertissez, Philinte.

PHILINTE.

                    Non, madame,
Et je vous parle ici du meilleur de mon ame.
J'attends l'occasion de m'offrir hautement,
Et, de tous mes souhaits, j'en presse le moment.

SCÈNE II.

ALCESTE, ÉLIANTE, PHILINTE.

ALCESTE.

Ah ! faites-moi raison, madame, d'une offense
Qui vient de triompher de toute ma constance.

ÉLIANTE.

Qu'est-ce donc? Qu'avez-vous qui vous puisse émouvoir?

ALCESTE.

J'ai ce que, sans mourir, je ne puis concevoir;
Et le déchaînement de toute la nature
Ne m'accableroit pas comme cette aventure.
C'en est fait... Mon amour... Je ne saurois parler.

ÉLIANTE.

Que votre esprit, un peu, tâche à se rappeler.

ALCESTE.

O juste ciel ! faut-il qu'on joigne à tant de graces
Les vices odieux des ames les plus basses !

ÉLIANTE.

Mais encor, qui vous peut...

ALCESTE.

Ah ! tout est ruiné ;
Je suis, je suis trahi, je suis assassiné !
Célimène... eût-on pu croire cette nouvelle ?
Célimène me trompe, et n'est qu'une infidèle.

ÉLIANTE.

Avez-vous, pour le croire, un juste fondement ?

PHILINTE.

Peut-être est-ce un soupçon conçu légèrement ;
Et votre esprit jaloux prend, parfois, des chimères...

ALCESTE.

Ah ! morbleu ! mêlez-vous, monsieur, de vos affaires.

(à Éliante.)

C'est de sa trahison n'être que trop certain,
Que l'avoir, dans ma poche, écrite de sa main.
Oui, madame, une lettre écrite pour Oronte
A produit à mes yeux ma disgrace et sa honte ;
Oronte, dont j'ai cru qu'elle fuyoit les soins,
Et que de mes rivaux je redoutois le moins !

PHILINTE.

Une lettre peut bien tromper par l'apparence,
Et n'est pas quelquefois si coupable qu'on pense.

ALCESTE.

Monsieur, encore un coup, laissez-moi, s'il vous plait,
Et ne prenez souci que de votre intérêt.

ÉLIANTE.

Vous devez modérer vos transports ; et l'outrage...

ALCESTE.

Madame, c'est à vous qu'appartient cet ouvrage ;
C'est à vous que mon cœur a recours aujourd'hui

ACTE IV, SCENE II.

Pour pouvoir s'affranchir de son cuisant ennui.
Vengez-moi d'une ingrate et perfide parente
Qui trahit lâchement une ardeur si constante;
Vengez-moi de ce trait qui doit vous faire horreur.

ÉLIANTE.

Moi, vous venger! comment?

ALCESTE.

En recevant mon cœur.
Acceptez-le, madame, au lieu de l'infidèle :
C'est par-là que je puis prendre vengeance d'elle;
Et je la veux punir par les sincères vœux,
Par le profond amour, les soins respectueux,
Les devoirs empressés et l'assidu service,
Dont ce cœur va vous faire un ardent sacrifice.

ÉLIANTE.

Je compatis, sans doute, à ce que vous souffrez,
Et ne méprise point le cœur que vous m'offrez;
Mais peut-être le mal n'est pas si grand qu'on pense,
Et vous pourrez quitter ce désir de vengeance.
Lorsque l'injure part d'un objet plein d'appas,
On fait force desseins qu'on n'exécute pas ;
On a beau voir, pour rompre, une raison puissante;
Une coupable aimée est bientôt innocente :
Tout le mal qu'on lui veut se dissipe aisément,
Et l'on sait ce que c'est qu'un courroux d'un amant.

ALCESTE.

Non, non, madame, non; l'offense est trop mortelle,
Il n'est point de retour, et je romps avec elle;
Rien ne sauroit changer le dessein que j'en fais,
Et je me punirois de l'estimer jamais.
La voici. Mon courroux redouble à cette approche.

Je vais de sa noirceur lui faire un vif reproche,
Pleinement la confondre, et vous porter, après,
Un cœur tout dégagé de ses trompeurs attraits.

SCÈNE III.

CÉLIMÈNE, ALCESTE.

ALCESTE, *à part.*

O ciel ! de mes transports puis-je être ici le maître ?

CÉLIMÈNE.

(*à part.*)   (*à Alceste.*)
Ouais ! Quel est donc le trouble où je vous vois paroître?
Et que me veulent dire et ces soupirs poussés,
Et ces sombres regards que sur moi vous lancez ?

ALCESTE.

Que toutes les horreurs dont une ame est capable
A vos déloyautés n'ont rien de comparable ;
Que le sort, les démons, et le ciel en courroux,
N'ont jamais rien produit de si méchant que vous.

CÉLIMÈNE.

Voilà certainement des douceurs que j'admire.

ALCESTE.

Ah ! ne plaisantez point ; il n'est pas temps de rire :
Rougissez bien plutôt, vous en avez raison ;
Et j'ai de sûrs témoins de votre trahison.
Voilà ce que marquoient les troubles de mon ame :
Ce n'étoit pas en vain que s'alarmoit ma flamme.
Par ces fréquents soupçons qu'on trouvoit odieux
Je cherchois le malheur qu'ont rencontré mes yeux ;
Et, malgré tous vos soins et votre adresse à feindre,
Mon astre me disoit ce que j'avois à craindre.
Mais ne présumez pas que, sans être vengé,

Je souffre le dépit de me voir outragé.
Je sais que sur les vœux on n'a point de puissance,
Que l'amour veut par-tout naître sans dépendance,
Que jamais par la force on n'entra dans un cœur,
Et que toute ame est libre à nommer son vainqueur :
Aussi ne trouverois-je aucun sujet de plainte,
Si pour moi votre bouche avoit parlé sans feinte ;
Et, rejetant mes vœux dès le premier abord,
Mon cœur n'auroit eu droit de s'en prendre qu'au sort.
Mais d'un aveu trompeur voir ma flamme applaudie,
C'est une trahison, c'est une perfidie,
Qui ne sauroit trouver de trop grands châtiments ;
Et je puis tout permettre à mes ressentiments.
Oui, oui, redoutez tout après un tel outrage ;
Je ne suis plus à moi, je suis tout à la rage :
Percé du coup mortel dont vous m'assassinez,
Mes sens par la raison ne sont plus gouvernés ;
Je cède aux mouvements d'une juste colère,
Et je ne réponds pas de ce que je puis faire.

CÉLIMÈNE.

D'où vient donc, je vous prie, un tel emportement ?
Avez-vous, dites-moi, perdu le jugement ?

ALCESTE.

Oui, oui, je l'ai perdu, lorsque dans votre vue
J'ai pris, pour mon malheur, le poison qui me tue,
Et que j'ai cru trouver quelque sincérité
Dans les traîtres appas dont je fus enchanté.

CÉLIMÈNE.

De quelle trahison pouvez-vous donc vous plaindre ?

ALCESTE.

Ah ! que ce cœur est double, et sait bien l'art de feindre !
Mais, pour le mettre à bout, j'ai des moyens tout prêts.

Jetez ici les yeux, et connoissez vos traits;
Ce billet découvert suffit pour vous confondre,
Et, contre ce témoin, on n'a rien à répondre.

CÉLIMÈNE.

Voilà donc le sujet qui vous trouble l'esprit !

ALCESTE.

Vous ne rougissez pas en voyant cet écrit !

CÉLIMÈNE.

Et par quelle raison faut-il que j'en rougisse ?

ALCESTE.

Quoi ! vous joignez ici l'audace à l'artifice !
Le désavouerez-vous, pour n'avoir point de seing ?

CÉLIMÈNE.

Pourquoi désavouer un billet de ma main ?

ALCESTE.

Et vous pouvez le voir sans demeurer confuse
Du crime dont, vers moi, son style vous accuse !

CÉLIMÈNE.

Vous êtes, sans mentir, un grand extravagant !

ALCESTE.

Quoi ! vous bravez ainsi ce témoin convaincant !
Et ce qu'il m'a fait voir de douceur pour Oronte
N'a donc rien qui m'outrage, et qui vous fasse honte ?

CÉLIMÈNE.

Oronte ! qui vous dit que la lettre est pour lui ?

ALCESTE.

Les gens qui dans mes mains l'ont remise aujourd'hui.
Mais je veux consentir qu'elle soit pour un autre,
Mon cœur en a-t-il moins à se plaindre du vôtre ?
En serez-vous vers moi moins coupable en effet ?

CÉLIMÈNE.

Mais si c'est une femme à qui va ce billet,

ACTE IV, SCÈNE III.

En quoi vous blesse-t-il, et qu'a-t-il de coupable ?

ALCESTE.

Ah ! le détour est bon, et l'excuse admirable !
Je ne m'attendois pas, je l'avoue, à ce trait,
Et me voilà par-là convaincu tout-à-fait.
Osez-vous recourir à ces ruses grossières ?
Et croyez-vous les gens si privés de lumières ?
Voyons, voyons un peu par quel biais, de quel air,
Vous voulez soutenir un mensonge si clair ;
Et comment vous pourrez tourner pour une femme
Tous les mots d'un billet qui montre tant de flamme.
Ajustez, pour couvrir un manquement de foi,
Ce que je m'en vais lire...

CÉLIMÈNE.

Il ne me plaît pas, moi.
Je vous trouve plaisant d'user d'un tel empire,
Et de me dire au nez ce que vous m'osez dire.

ALCESTE.

Non, non, sans s'emporter, prenez un peu souci
De me justifier les termes que voici.

CÉLIMÈNE.

Non, je n'en veux rien faire, et, dans cette occurrence,
Tout ce que vous croirez m'est de peu d'importance.

ALCESTE.

De grace, montrez-moi, je serai satisfait,
Qu'on peut pour une femme expliquer ce billet.

CÉLIMÈNE.

Non, il est pour Oronte ; et je veux qu'on le croie.
Je reçois tous ses soins avec beaucoup de joie,
J'admire ce qu'il dit, j'estime ce qu'il est,
Et je tombe d'accord de tout ce qu'il vous plaît.
Faites, prenez parti, que rien ne vous arrête,

Et ne me rompez pas davantage la tête.
ALCESTE, à part.
Ciel ! rien de plus cruel peut-il être inventé ?
Et jamais cœur fut-il de la sorte traité ?
Quoi ! d'un juste courroux je suis ému contre elle,
C'est moi qui me viens plaindre; et c'est moi qu'on querelle!
On pousse ma douleur et mes soupçons à bout,
On me laisse tout croire; on fait gloire de tout :
Et cependant mon cœur est encore assez lâche
Pour ne pouvoir briser la chaîne qui l'attache,
Et pour ne pas s'armer d'un généreux mépris
Contre l'ingrat objet dont il est trop épris !
(à Célimène.)
Ah ! que vous savez bien ici contre moi-même,
Perfide, vous servir de ma foiblesse extrême,
Et ménager pour vous l'excès prodigieux
De ce fatal amour né de vos traîtres yeux !
Défendez-vous au moins d'un crime qui m'accable,
Et cessez d'affecter d'être envers moi coupable.
Rendez-moi, s'il se peut, ce billet innocent;
A vous prêter les mains ma tendresse consent :
Efforcez-vous ici de paroître fidèle,
Et je m'efforcerai, moi, de vous croire telle.
CÉLIMÈNE.
Allez, vous êtes fou dans vos transports jaloux,
Et ne méritez pas l'amour qu'on a pour vous.
Je voudrois bien savoir qui pourroit me contraindre
A descendre pour vous aux bassesses de feindre,
Et pourquoi, si mon cœur penchoit d'autre côté,
Je ne le dirois pas avec sincérité !
Quoi ! de mes sentiments l'obligeante assurance
Contre tous vos soupçons ne prend pas ma défense !

Auprès d'un tel garant, sont-ils de quelque poids ?
N'est-ce pas m'outrager que d'écouter leur voix ?
Et puisque notre cœur fait un effort extrême
Lorsqu'il peut se résoudre à confesser qu'il aime,
Puisque l'honneur du sexe, ennemi de nos feux,
S'oppose fortement à de pareils aveux,
L'amant qui voit pour lui franchir un tel obstacle
Doit-il impunément douter de cet oracle ?
Et n'est-il pas coupable en ne s'assurant pas
A ce qu'on ne dit point qu'après de grands combats ?
Allez, de tels soupçons méritent ma colère,
Et vous ne valez pas que l'on vous considère.
Je suis sotte, et veux mal à ma simplicité
De conserver encor pour vous quelque bonté ;
Je devrois autre part attacher mon estime,
Et vous faire un sujet de plainte légitime.

ALCESTE.

Ah ! traîtresse, mon foible est étrange pour vous ;
Vous me trompez, sans doute, avec des mots si doux:
Mais il n'importe, il faut suivre ma destinée :
A votre foi mon ame est tout abandonnée ;
Je veux voir jusqu'au bout quel sera votre cœur,
Et si de me trahir il aura la noirceur.

CÉLIMÈNE.

Non, vous ne m'aimez point comme il faut que l'on aime.

ALCESTE.

Ah ! rien n'est comparable à mon amour extrême ;
Et, dans l'ardeur qu'il a de se montrer à tous,
Il va jusqu'à former des souhaits contre vous.
Oui, je voudrois qu'aucun ne vous trouvât aimable ;
Que vous fussiez réduite en un sort misérable ;
Que le ciel, en naissant, ne vous eût donné rien ;

Que vous n'eussiez ni rang, ni naissance, ni bien;
Afin que de mon cœur l'éclatant sacrifice
Vous pût d'un pareil sort réparer l'injustice,
Et que j'eusse la joie et la gloire en ce jour
De vous voir tenir tout des mains de mon amour.

CÉLIMÈNE.

C'est me vouloir du bien d'une étrange manière !
Me préserve le ciel que vous ayez matière... !
Voici monsieur Dubois plaisamment figuré.

SCÈNE IV.

CÉLIMÈNE, ALCESTE, DUBOIS.

ALCESTE.

Que veut cet équipage et cet air effaré ?
Qu'as-tu ?

DUBOIS.

Monsieur...

ALCESTE.

Hé bien ?

DUBOIS.

Voici bien des mystères.

ALCESTE.

Qu'est-ce ?

DUBOIS.

Nous sommes mal, monsieur, dans nos affaires.

ALCESTE.

Quoi ?

DUBOIS.

Parlerai-je haut ?

ALCESTE.

Oui, parle, et promptement.

ACTE IV, SCÈNE IV.

DUBOIS.

N'est-il point là quelqu'un ?

ALCESTE.

Ah ! que d'amusement !

Veux-tu parler ?

DUBOIS.

Monsieur, il faut faire retraite.

ALCESTE.

Comment ?

DUBOIS.

Il faut d'ici déloger sans trompette.

ALCESTE.

Et pourquoi ?

DUBOIS.

Je vous dis qu'il faut quitter ce lieu.

ALCESTE.

La cause ?

DUBOIS.

Il faut partir, monsieur, sans dire adieu.

ALCESTE.

Mais par quelle raison me tiens-tu ce langage ?

DUBOIS.

Par la raison, monsieur, qu'il faut plier bagage.

ALCESTE.

Ah ! je te casserai la tête assurément
Si tu ne veux, maraud, t'expliquer autrement.

DUBOIS.

Monsieur, un homme noir et d'habit et de mine
Est venu nous laisser, jusque dans la cuisine,
Un papier griffonné d'une telle façon,
Qu'il faudroit pour le lire être pis qu'un démon.

C'est de votre procès, je n'en fais aucun doute ;
Mais le diable d'enfer, je crois, n'y verroit goutte.

ALCESTE.

Hé bien ! quoi ? Ce papier, qu'a-t-il à démêler,
Traître, avec le départ dont tu viens me parler ?

DUBOIS.

C'est pour vous dire ici, monsieur, qu'une heure ensuite
Un homme qui souvent vous vient rendre visite
Est venu vous chercher avec empressement,
Et, ne vous trouvant pas, m'a chargé doucement,
Sachant que je vous sers avec beaucoup de zèle,
De vous dire... Attendez, comme est-ce qu'il s'appelle ?

ALCESTE.

Laisse là son nom, traître, et dis ce qu'il t'a dit.

DUBOIS.

C'est un de vos amis enfin, cela suffit.
Il m'a dit que d'ici votre péril vous chasse,
Et que d'être arrêté le sort vous y menace.

ALCESTE.

Mais quoi ! n'a-t-il voulu te rien spécifier ?

DUBOIS.

Non. Il m'a demandé de l'encre et du papier,
Et vous a fait un mot, où vous pourrez, je pense,
Du fond de ce mystère avoir la connoissance.

ALCESTE.

Donne-le donc.

CÉLIMÈNE.

Que peut envelopper ceci ?

ALCESTE.

Je ne sais ; mais j'aspire à m'en voir éclairci.
Auras-tu bientôt fait, impertinent, au diable ?

ACTE IV, SCÈNE IV.

DUBOIS, *après avoir long-temps cherché le billet.*
Ma foi, je l'ai, monsieur, laissé sur votre table.

ALCESTE.
Je ne sais qui me tient...

CÉLIMÈNE.
Ne vous emportez pas,
Et courez démêler un pareil embarras.

ALCESTE.
Il semble que le sort, quelque soin que je prenne,
Ait juré d'empêcher que je vous entretienne :
Mais, pour en triompher, souffrez à mon amour
De vous revoir, madame, avant la fin du jour.

FIN DU QUATRIÈME ACTE.

ACTE CINQUIÈME.

SCÈNE I.

ALCESTE, PHILINTE.

ALCESTE.
La résolution en est prise, vous dis-je.
PHILINTE.
Mais, quel que soit ce coup, faut-il qu'il vous oblige...
ALCESTE.
Non, vous avez beau faire et beau me raisonner,
Rien de ce que je dis ne me peut détourner ;
Trop de perversité règne au siècle où nous sommes,
Et je veux me tirer du commerce des hommes.
Quoi ! contre ma partie on voit tout à la fois
L'honneur, la probité, la pudeur et les lois ;
On publie en tous lieux l'équité de ma cause ;
Sur la foi de mon droit mon ame se repose :
Cependant je me vois trompé par le succès,
J'ai pour moi la justice, et je perds mon procès !
Un traître, dont on sait la scandaleuse histoire,
Est sorti triomphant d'une fausseté noire !
Toute la bonne foi cède à sa trahison !
Il trouve, en m'égorgeant, moyen d'avoir raison !
Le poids de sa grimace, où brille l'artifice,
Renverse le bon droit, et tourne la justice !
Il fait par un arrêt couronner son forfait !
Et non content encor du tort que l'on me fait,

Il court parmi le monde un livre abominable,
Et de qui la lecture est même condamnable;
Un livre à mériter la dernière rigueur,
Dont le fourbe a le front de me faire l'auteur!
Et là-dessus on voit Oronte qui murmure,
Et tâche méchamment d'appuyer l'imposture!
Lui, qui d'un honnête homme à la cour tient le rang,
A qui je n'ai rien fait qu'être sincère et franc,
Qui me vient, malgré moi, d'une ardeur empressée,
Sur des vers qu'il a faits demander ma pensée;
Et parceque j'en use avec honnêteté,
Et ne le veux trahir, lui ni la vérité,
Il aide à m'accabler d'un crime imaginaire!
Le voilà devenu mon plus grand adversaire!
Et jamais de son cœur je n'aurai le pardon,
Pour n'avoir pas trouvé que son sonnet fût bon!
Et les hommes, morbleu! sont faits de cette sorte!
C'est à ces actions que la gloire les porte!
Voilà la bonne foi, le zèle vertueux,
La justice et l'honneur que l'on trouve chez eux!
Allons, c'est trop souffrir les chagrins qu'on nous forge,
Tirons-nous de ce bois et de ce coupe-gorge.
Puisqu'entre humains ainsi vous vivez en vrais loups,
Traîtres, vous ne m'aurez de ma vie avec vous.

PHILINTE.

Je trouve un peu bien prompt le dessein où vous êtes;
Et tout le mal n'est pas si grand que vous le faites.
Ce que votre partie ose vous imputer
N'a point eu le crédit de vous faire arrêter;
On voit son faux rapport lui-même se détruire,
Et c'est une action qui pourroit bien lui nuire.

ALCESTE.

Lui ! de semblables tours il ne craint point l'éclat :
Il a permission d'être franc scélérat ;
Et, loin qu'à son crédit nuise cette aventure,
On l'en verra demain en meilleure posture.

PHILINTE.

Enfin il est constant qu'on n'a point trop donné
Au bruit que contre vous sa malice a tourné ;
De ce côté déjà vous n'avez rien à craindre :
Et pour votre procès, dont vous pouvez vous plaindre
Il vous est en justice aisé d'y revenir,
Et contre cet arrêt...

ALCESTE.

Non, je veux m'y tenir.
Quelque sensible tort qu'un tel arrêt me fasse,
Je me garderai bien de vouloir qu'on le casse ;
On y voit trop à plein le bon droit maltraité,
Et je veux qu'il demeure à la postérité,
Comme une marque insigne, un fameux témoignage
De la méchanceté des hommes de notre âge.
Ce sont vingt mille francs qu'il m'en pourra coûter ;
Mais pour vingt mille francs j'aurai droit de pester
Contre l'iniquité de la nature humaine,
Et de nourrir pour elle une immortelle haine.

PHILINTE.

Mais enfin......

ALCESTE.

Mais enfin vos soins sont superflus.
Que pouvez-vous, monsieur, me dire là-dessus ?
Aurez-vous bien le front de me vouloir en face
Excuser les horreurs de tout ce qui se passe ?

PHILINTE.

Non, je tombe d'accord de tout ce qu'il vous plaît :
Tout marche par cabale et par pur intérêt ;
Ce n'est plus que la ruse aujourd'hui qui l'emporte,
Et les hommes devroient être faits d'autre sorte.
Mais est-ce une raison que leur peu d'équité,
Pour vouloir se tirer de leur société ?
Tous ces défauts humains nous donnent, dans la vie,
Des moyens d'exercer notre philosophie ;
C'est le plus bel emploi que trouve la vertu :
Et si de probité tout étoit revêtu,
Si tous les cœurs étoient francs, justes et dociles,
La plupart des vertus nous seroient inutiles,
Puisqu'on en met l'usage à pouvoir, sans ennui,
Supporter dans nos droits l'injustice d'autrui ;
Et de même qu'un cœur d'une vertu profonde...

ALCESTE.

Je sais que vous parlez, monsieur, le mieux du monde ;
En beaux raisonnements vous abondez toujours :
Mais vous perdez le temps et tous vos beaux discours.
La raison, pour mon bien, veut que je me retire :
Je n'ai point sur ma langue un assez grand empire ;
De ce que je dirois je ne répondrois pas ;
Et je me jetterois cent choses sur les bras.
Laissez-moi, sans dispute, attendre Célimène.
Il faut qu'elle consente au dessein qui m'amène ;
Je vais voir si son cœur a de l'amour pour moi ;
Et c'est ce moment-ci qui doit m'en faire foi.

PHILINTE.

Montons chez Éliante, attendant sa venue.

ALCESTE.

Non : de trop de soucis je me sens l'ame émue.

Allez-vous-en la voir, et me laissez enfin
Dans ce petit coin sombre avec mon noir chagrin.

PHILINTE.

C'est une compagnie étrange pour attendre;
Et je vais obliger Éliante à descendre.

SCÈNE II.

CÉLIMÈNE, ORONTE, ALCESTE.

ORONTE.

Oui, c'est à vous de voir si, par des nœuds si doux,
Madame, vous voulez m'attacher tout à vous.
Il me faut de votre ame une pleine assurance :
Un amant là-dessus n'aime point qu'on balance.
Si l'ardeur de mes feux a pu vous émouvoir,
Vous ne devez point feindre à me le faire voir;
Et la preuve, après tout, que je vous en demande,
C'est de ne plus souffrir qu'Alceste vous prétende;
De le sacrifier, madame, à mon amour,
Et de chez vous enfin le bannir dès ce jour.

CÉLIMÈNE.

Mais quel sujet si grand contre lui vous irrite,
Vous à qui j'ai tant vu parler de son mérite?

ORONTE.

Madame, il ne faut point ces éclaircissements;
Il s'agit de savoir quels sont vos sentiments.
Choisissez, s'il vous plaît, de garder l'un ou l'autre;
Ma résolution n'attend rien que la vôtre.

ALCESTE, *sortant du coin où il étoit.*

Oui, monsieur a raison; madame, il faut choisir;

ACTE V, SCÈNE II.

Et sa demande ici s'accorde à mon désir.
Pareille ardeur me presse, et même soin m'amène;
Mon amour veut du vôtre une marque certaine:
Les choses ne sont plus pour traîner en longueur,
Et voici le moment d'expliquer votre cœur.

ORONTE.

Je ne veux point, monsieur, d'une flamme importune
Troubler aucunement votre bonne fortune.

ALCESTE.

Je ne veux point, monsieur, jaloux ou non jaloux,
Partager de son cœur rien du tout avec vous.

ORONTE.

Si votre amour au mien lui semble préférable....

ALCESTE.

Si du moindre penchant elle est pour vous capable....

ORONTE.

Je jure de n'y rien prétendre désormais.

ALCESTE.

Je jure hautement de ne la voir jamais.

ORONTE.

Madame, c'est à vous de parler sans contrainte.

ALCESTE.

Madame, vous pouvez vous expliquer sans crainte.

ORONTE.

Vous n'avez qu'à nous dire où s'attachent vos vœux.

ALCESTE.

Vous n'avez qu'à trancher, et choisir de nous deux.

ORONTE.

Quoi! sur un pareil choix vous semblez être en peine!

ALCESTE.

Quoi! votre ame balance, et paroît incertaine!

CÉLIMÈNE.

Mon dieu ! que cette instance est là hors de saison !
Et que vous témoignez tous deux peu de raison !
Je sais prendre parti sur cette préférence,
Et ce n'est pas mon cœur maintenant qui balance :
Il n'est point suspendu, sans doute, entre vous deux ;
Et rien n'est sitôt fait que le choix de nos vœux :
Mais je souffre, à vrai dire, une gêne trop forte
A prononcer en face un aveu de la sorte :
Je trouve que ces mots, qui sont désobligeants,
Ne se doivent point dire en présence des gens ;
Qu'un cœur de son penchant donne assez de lumière,
Sans qu'on nous fasse aller jusqu'à rompre en visière,
Et qu'il suffit enfin que de plus doux témoins
Instruisent un amant du malheur de ses soins.

ORONTE.

Non, non, un franc aveu n'a rien que j'appréhende,
J'y consens pour ma part.

ALCESTE.

Et moi, je le demande ;
C'est son éclat sur-tout qu'ici j'ose exiger,
Et je ne prétends point vous voir rien ménager.
Conserver tout le monde est votre grande étude :
Mais plus d'amusement, et plus d'incertitude ;
Il faut vous expliquer nettement là-dessus,
Ou bien pour un arrêt je prends votre refus ;
Je saurai, de ma part, expliquer ce silence,
Et me tiendrai pour dit tout le mal que j'en pense.

ORONTE.

Je vous sais fort bon gré, monsieur, de ce courroux,
Et je lui dis ici même chose que vous.

CÉLIMÈNE.

Que vous me fatiguez avec un tel caprice !
Ce que vous demandez a-t-il de la justice ?
Et ne vous dis-je pas quel motif me retient ?
J'en vais prendre pour juge Éliante qui vient.

SCÈNE III.

ÉLIANTE, PHILINTE, CÉLIMÈNE, ORONTE, ALCESTE.

CÉLIMÈNE.

Je me vois, ma cousine, ici persécutée
Par des gens dont l'humeur y paroît concertée.
Ils veulent, l'un et l'autre, avec même chaleur,
Que je prononce entre eux le choix que fait mon cœur;
Et que, par un arrêt qu'en face il me faut rendre,
Je défende à l'un d'eux tous les soins qu'il peut prendre.
Dites-moi si jamais cela se fait ainsi.

ÉLIANTE.

N'allez point là-dessus me consulter ici :
Peut-être y pourriez-vous être mal adressée,
Et je suis pour les gens qui disent leur pensée.

ORONTE.

Madame, c'est en vain que vous vous défendez.

ALCESTE.

Tous vos détours ici seront mal secondés.

ORONTE.

Il faut, il faut parler, et lâcher la balance.

ALCESTE.

Il ne faut que poursuivre à garder le silence.

ORONTE.

Je ne veux qu'un seul mot pour finir nos débats.

ALCESTE.

Et moi, je vous entends, si vous ne parlez pas.

SCÈNE IV.

ARSINOÉ, CÉLIMÈNE, ÉLIANTE, ALCESTE,
PHILINTE, ACASTE, CLITANDRE, ORONTE.

ACASTE, *à Célimène.*

MADAME, nous venons tous deux, sans vous déplaire,
Éclaircir avec vous une petite affaire.

CLITANDRE, *à Oronte et à Alceste.*

Fort à propos, messieurs, vous vous trouvez ici;
Et vous êtes mêlés dans cette affaire aussi.

ARSINOÉ, *à Célimène.*

Madame, vous serez surprise de ma vue.
Mais ce sont ces messieurs qui causent ma venue :
Tous deux ils m'ont trouvée, et se sont plaints à moi
D'un trait à qui mon cœur ne sauroit prêter foi.
J'ai du fond de votre ame une trop haute estime
Pour vous croire jamais capable d'un tel crime;
Mes yeux ont démenti leurs témoins les plus forts,
Et, l'amitié passant sur de petits discords,
J'ai bien voulu chez vous leur faire compagnie
Pour vous voir vous laver de cette calomnie.

ACASTE.

Oui, madame, voyons d'un esprit adouci
Comment vous vous prendrez à soutenir ceci.
Cette lettre par vous est écrite à Clitandre.

CLITANDRE.

Vous avez pour Acaste écrit ce billet tendre.

ACASTE, *à Oronte et à Alceste.*

Messieurs, ces traits pour vous n'ont point d'obscurité,
Et je ne doute pas que sa civilité
A connoître sa main n'ait trop su vous instruire.
Mais ceci vaut assez la peine de le lire :

Vous êtes un étrange homme, Clitandre, de condamner mon enjouement, et de me reprocher que je n'ai jamais tant de joie que lorsque je ne suis pas avec vous. Il n'y a rien de plus injuste; et si vous ne venez bien vite me demander pardon de cette offense, je ne vous la pardonnerai de ma vie. Notre grand flandrin de vicomte...

Il devroit être ici.

Notre grand flandrin de vicomte, par qui vous commencez vos plaintes, est un homme qui ne sauroit me revenir; et, depuis que je l'ai vu, trois quarts d'heure durant, cracher dans un puits pour faire des ronds, je n'ai pu jamais prendre bonne opinion de lui. Pour le petit marquis...

C'est moi-même, messieurs, sans nulle vanité.

Pour le petit marquis, qui me tint hier long-temps la main, je trouve qu'il n'y a rien de si mince que toute sa personne, et ce sont de ces mérites qui n'ont que la cape et l'épée. Pour l'homme aux rubans verts...

(*à Alceste.*)
A vous le dé, monsieur.

Pour l'homme aux rubans verts, il me divertit quelquefois avec ses brusqueries et son chagrin bourru ; mais il est cent moments où je le trouve le plus fâcheux du monde. Et pour l'homme au sonnet...

(*à Oronte.*)
Voici votre paquet.

Et pour l'homme au sonnet, qui s'est jeté dans le bel esprit, et veut être auteur malgré tout le monde, je ne puis me donner la peine d'écouter ce qu'il dit ; et sa prose me fatigue autant que ses vers. Mettez-vous donc en tête que je ne me divertis pas toujours si bien que vous pensez ; que je vous trouve à dire, plus que je ne voudrois, dans toutes les parties où l'on m'entraîne ; et que c'est un merveilleux assaisonnement aux plaisirs qu'on goûte, que la présence des gens qu'on aime.

CLITANDRE.

Me voici maintenant, moi.

Votre Clitandre, dont vous me parlez, et qui fait tant le doucereux, est le dernier des hommes pour qui j'aurois de l'amitié. Il est extravagant de se persuader qu'on l'aime, et vous l'êtes de croire qu'on ne vous aime pas. Changez, pour être raisonnable, vos sentiments contre les siens ; et voyez-moi le plus que vous pourrez, pour m'aider à porter le chagrin d'en être obsédée.

D'un fort beau caractère on voit là le modèle,
Madame, et vous savez comment cela s'appelle.
Il suffit. Nous allons, l'un et l'autre, en tous lieux
Montrer de votre cœur le portrait glorieux.

ACASTE.

J'aurois de quoi vous dire, et belle est la matière :
Mais je ne vous tiens pas digne de ma colère ;
Et je vous ferai voir que les petits marquis
Ont, pour se consoler, des cœurs de plus haut prix.

SCÈNE V.

CÉLIMÈNE, ÉLIANTE, ARSINOÉ, ALCESTE,
ORONTE, PHILINTE.

ORONTE.

Quoi ! de cette façon je vois qu'on me déchire ;
Après tout ce qu'à moi je vous ai vu m'écrire !
Et votre cœur, paré de beaux semblants d'amour,
A tout le genre humain se promet tour à tour !
Allez, j'étois trop dupe, et je vais ne plus l'être ;
Vous me faites un bien, me faisant vous connoître :
J'y profite d'un cœur qu'ainsi vous me rendez,
Et trouve ma vengeance en ce que vous perdez.

(à Alceste.)

Monsieur, je ne fais plus d'obstacle à votre flamme,
Et vous pouvez conclure affaire avec madame.

SCÈNE VI.

CÉLIMÈNE, ÉLIANTE, ARSINOÉ, ALCESTE,
PHILINTE.

ARSINOÉ, *à Célimène.*

Certes, voilà le trait du monde le plus noir :

Je ne m'en saurois taire, et me sens émouvoir.
Voit-on des procédés qui soient pareils aux vôtres?
Je ne prends point de part aux intérêts des autres;
(montrant Alceste.)
Mais monsieur, que chez vous fixoit votre bonheur,
Un homme comme lui, de mérite et d'honneur,
Et qui vous chérissoit avec idolâtrie,
Devoit-il...

ALCESTE.

Laissez-moi, madame, je vous prie,
Vider mes intérêts moi-même là-dessus;
Et ne vous chargez point de ces soins superflus.
Mon cœur a beau vous voir prendre ici sa querelle,
Il n'est point en état de payer ce grand zèle;
Et ce n'est pas à vous que je pourrai songer,
Si par un autre choix je cherche à me venger.

ARSINOÉ.

Hé! croyez-vous, monsieur, qu'on ait cette pensée,
Et que de vous avoir on soit tant empressée?
Je vous trouve un esprit bien plein de vanité,
Si de cette créance il peut s'être flatté.
Le rebut de madame est une marchandise
Dont on auroit grand tort d'être si fort éprise.
Détrompez-vous, de grace, et portez-le moins haut.
Ce ne sont pas des gens comme moi qu'il vous faut:
Vous ferez bien encor de soupirer pour elle;
Et je brûle de voir une union si belle.

SCÈNE VII.

CÉLIMÈNE, ÉLIANTE, ALCESTE, PHILINTE.

ALCESTE, *à Célimène.*

HÉ BIEN! je me suis tu, malgré ce que je vois,

ACTE V, SCÈNE VII.

Et j'ai laissé parler tout le monde avant moi.
Ai-je pris sur moi-même un assez long empire ?
Et puis-je maintenant... ?

CÉLIMÈNE.

Oui, vous pouvez tout dire ;
Vous en êtes en droit, lorsque vous vous plaindrez,
Et de me reprocher tout ce que vous voudrez.
J'ai tort, je le confesse, et mon ame confuse
Ne cherche à vous payer d'aucune vaine excuse.
J'ai des autres ici méprisé le courroux ;
Mais je tombe d'accord de mon crime envers vous.
Votre ressentiment, sans doute, est raisonnable ;
Je sais combien je dois vous paroître coupable,
Que toute chose dit que j'ai pu vous trahir,
Et qu'enfin vous avez sujet de me haïr.
Faites-le ; j'y consens.

ALCESTE.

Hé ! le puis-je, traîtresse ?
Puis-je ainsi triompher de toute ma tendresse ?
Et, quoiqu'avec ardeur je veuille vous haïr,
Trouvé-je un cœur en moi tout prêt à m'obéir ?

(*à Éliante et à Philinte.*)

Vous voyez ce que peut une indigne tendresse,
Et je vous fais tous deux témoins de ma foiblesse.
Mais, à vous dire vrai, ce n'est pas encor tout,
Et vous allez me voir la pousser jusqu'au bout,
Montrer que c'est à tort que sages on nous nomme,
Et que dans tous les cœurs il est toujours de l'homme.

(*à Célimène.*)

Oui, je veux bien, perfide, oublier vos forfaits ;
J'en saurai, dans mon ame, excuser tous les traits,
Et me les couvrirai du nom d'une foiblesse

Où le vice du temps porte votre jeunesse,
Pourvu que votre cœur veuille donner les mains
Au dessein que j'ai fait de fuir tous les humains,
Et que dans mon désert, où j'ai fait vœu de vivre,
Vous soyez, sans tarder, résolue à me suivre.
C'est par-là seulement que, dans tous les esprits,
Vous pouvez réparer le mal de vos écrits,
Et qu'après cet éclat qu'un noble cœur abhorre
Il peut m'être permis de vous aimer encore.

CÉLIMÈNE.

Moi, renoncer au monde avant que de vieillir !
Et dans votre désert aller m'ensevelir !

ALCESTE.

Et, s'il faut qu'à mes feux votre flamme réponde,
Que vous doit importer tout le reste du monde ?
Vos désirs avec moi ne sont-ils pas contents ?

CÉLIMÈNE.

La solitude effraie une ame de vingt ans.
Je ne sens point la mienne assez grande, assez forte,
Pour me résoudre à prendre un dessein de la sorte.
Si le don de ma main peut contenter vos vœux,
Je pourrai me résoudre à serrer de tels nœuds,
Et l'hymen...

ALCESTE.

  Non, mon cœur à présent vous déteste,
Et ce refus lui seul fait plus que tout le reste.
Puisque vous n'êtes point, en des liens si doux,
Pour trouver tout en moi comme moi tout en vous,
Allez, je vous refuse ; et ce sensible outrage
De vos indignes fers pour jamais me dégage.

SCÈNE VIII.

ÉLIANTE, ALCESTE, PHILINTE.

ALCESTE, à *Éliante*.

Madame, cent vertus ornent votre beauté,
Et je n'ai vu qu'en vous de la sincérité;
De vous, depuis long-temps, je fais un cas extrême :
Mais laissez-moi toujours vous estimer de même;
Et souffrez que mon cœur, dans ses troubles divers,
Ne se présente point à l'honneur de vos fers :
Je m'en sens trop indigne, et commence à connoître
Que le ciel pour ce nœud ne m'avoit point fait naître,
Que ce seroit pour vous un hommage trop bas
Que le rebut d'un cœur qui ne vous valoit pas;
Et qu'enfin...

ÉLIANTE.

Vous pouvez suivre cette pensée :
Ma main de se donner n'est pas embarrassée;
Et voilà votre ami, sans trop m'inquiéter,
Qui, si je l'en priois, la pourroit accepter.

PHILINTE.

Ah ! cet honneur, madame, est toute mon envie,
Et j'y sacrifierois et mon sang et ma vie.

ALCESTE.

Puissiez-vous, pour goûter de vrais contentements,
L'un pour l'autre à jamais garder ces sentiments !
Trahi de toutes parts, accablé d'injustices,
Je vais sortir d'un gouffre où triomphent les vices,

Et chercher sur la terre un endroit écarté
Où d'être homme d'honneur on ait la liberté.

PHILINTE.

Allons, madame, allons employer toute chose
Pour rompre le dessein que son cœur se propose.

FIN DU MISANTHROPE.

LE

MÉDECIN MALGRÉ LUI,

COMÉDIE EN TROIS ACTES,

Représentée le 6 août 1666.

PERSONNAGES.

GÉRONTE, père de Lucinde.
LUCINDE, fille de Géronte.
LÉANDRE, amant de Lucinde.
SGANARELLE, mari de Martine.
MARTINE, femme de Sganarelle.
M. ROBERT, voisin de Sganarelle.
VALÈRE, domestique de Géronte.
LUCAS, mari de Jacqueline, domestique de Géronte.
JACQUELINE, nourrice chez Géronte, et femme de Lucas.
THIBAUT, père de Perrin,} paysans.
PERRIN, fils de Thibaut,

La scène est à la campagne.

LE MÉDECIN MALGRÉ LUI.

ACTE PREMIER.

SCÈNE I.

SGANARELLE, MARTINE.

SGANARELLE.

Non, je te dis que je n'en veux rien faire, et que c'est à moi de parler et d'être le maître.

MARTINE.

Et je te dis, moi, que je veux que tu vives à ma fantaisie, et que je ne me suis point mariée avec toi pour souffrir tes fredaines.

SGANARELLE.

Oh! la grande fatigue que d'avoir une femme! et qu'Aristote a bien raison, quand il dit qu'une femme est pire qu'un démon!

MARTINE.

Voyez un peu l'habile homme, avec son benêt d'Aristote!

SGANARELLE.

Oui, habile homme. Trouve-moi un faiseur de

fagots qui sache comme moi raisonner des choses, qui ait servi six ans un fameux médecin, et qui ait su dans son jeune âge son rudiment par cœur.

MARTINE.

Peste du fou fieffé !

SGANARELLE.

Peste de la carogne !

MARTINE.

Que maudits soient l'heure et le jour où je m'avisai d'aller dire oui !

SGANARELLE.

Que maudit soit le bec cornu de notaire qui me fit signer ma ruine !

MARTINE.

C'est bien à toi vraiment à te plaindre de cette affaire ! Devrois-tu être un seul moment sans rendre grace au ciel de m'avoir pour ta femme ? et méritois-tu d'épouser une personne comme moi ?

SGANARELLE.

Il est vrai que tu me fis trop d'honneur, et que j'eus lieu de me louer la première nuit de nos noces ! Hé ! morbleu ! ne me fais point parler là-dessus : je dirois de certaines choses...

MARTINE.

Quoi ? que dirois-tu ?

SGANARELLE.

Baste, laissons-là ce chapitre. Il suffit que nous savons ce que nous savons, et que tu fus bien heureuse de me trouver.

MARTINE.

Qu'appelles-tu bien heureuse de te trouver? Un homme qui me réduit à l'hôpital, un débauché, un traître, qui me mange tout ce que j'ai!...

SGANARELLE.

Tu as menti, j'en bois une partie.

MARTINE.

Qui me vend, pièce à pièce, tout ce qui est dans le logis!...

SGANARELLE.

C'est vivre de ménage.

MARTINE.

Qui m'a ôté jusqu'au lit que j'avois!...

SGANARELLE.

Tu t'en lèveras plus matin.

MARTINE.

Enfin qui ne laisse aucun meuble dans toute la maison!...

SGANARELLE.

On en déménage plus aisément.

MARTINE.

Et qui, du matin jusqu'au soir, ne fait que jouer et que boire!

SGANARELLE.

C'est pour ne me point ennuyer.

MARTINE.

Et que veux-tu pendant ce temps que je fasse avec ma famille?

SGANARELLE.

Tout ce qu'il te plaira.

MARTINE.

J'ai quatre pauvres petits enfants sur les bras...

SGANARELLE.

Mets-les à terre.

MARTINE.

Qui me demandent à toute heure du pain.

SGANARELLE.

Donne-leur le fouet: quand j'ai bien bu et bien mangé, je veux que tout le monde soit soûl dans ma maison.

MARTINE.

Et tu prétends, ivrogne, que les choses aillent toujours de même?...

SGANARELLE.

Ma femme, allons tout doucement, s'il vous plaît.

MARTINE.

Que j'endure éternellement tes insolences et tes débauches?...

SGANARELLE.

Ne nous emportons point, ma femme.

MARTINE.

Et que je ne sache pas trouver le moyen de te ranger à ton devoir?

SGANARELLE.

Ma femme, vous savez que je n'ai pas l'ame endurante, et que j'ai le bras assez bon.

MARTINE.

Je me moque de tes menaces.

ACTE I, SCÈNE I.

SGANARELLE.

Ma petite femme, ma mie, votre peau vous démange, à votre ordinaire.

MARTINE.

Je te montrerai bien que je ne te crains nullement.

SGANARELLE.

Ma chère moitié, vous avez envie de me dérober quelque chose.

MARTINE.

Crois-tu que je m'épouvante de tes paroles?

SGANARELLE.

Doux objet de mes vœux, je vous frotterai les oreilles.

MARTINE.

Ivrogne que tu es!

SGANARELLE.

Je vous battrai.

MARTINE.

Sac à vin!

SGANARELLE.

Je vous rosserai.

MARTINE.

Infâme!

SGANARELLE.

Je vous étrillerai.

MARTINE.

Traître! insolent! trompeur! lâche! coquin! pendard! gueux! belître! fripon! maraud! voleur!

SGANARELLE.

Ah! vous en voulez donc?

(*Sganarelle prend un bâton et bat sa femme.*)

MARTINE, *criant.*

Ah! ah! ah! ah!

SGANARELLE.

Voilà le vrai moyen de vous apaiser.

SCÈNE II.

M. ROBERT, SGANARELLE, MARTINE.

M. ROBERT.

Hola! holà! holà! Fi! Qu'est-ce ci? Quelle infamie! Peste soit le coquin, de battre ainsi sa femme!

MARTINE, *à M. Robert.*

Et je veux qu'il me batte, moi.

M. ROBERT.

Ah! j'y consens de tout mon cœur.

MARTINE.

De quoi vous mêlez-vous?

M. ROBERT.

J'ai tort.

MARTINE.

Est-ce là votre affaire?

M. ROBERT.

Vous avez raison.

MARTINE.

Voyez un peu cet impertinent, qui veut empêcher les maris de battre leurs femmes!

ACTE I, SCÈNE II.

M. ROBERT.

Je me rétracte.

MARTINE.

Qu'avez-vous à voir là-dessus ?

M. ROBERT.

Rien.

MARTINE.

Est-ce à vous d'y mettre le nez ?

M. ROBERT.

Non.

MARTINE.

Mêlez-vous de vos affaires.

M. ROBERT.

Je ne dis plus mot.

MARTINE.

Il me plaît d'être battue.

M. ROBERT.

D'accord.

MARTINE.

Ce n'est pas à vos dépens.

M. ROBERT.

Il est vrai.

MARTINE.

Et vous êtes un sot de venir vous fourrer où vous n'avez que faire.

(*Elle lui donne un soufflet.*)

M. ROBERT, à *Sganarelle*.

Compère, je vous demande pardon de tout mon cœur. Faites ; rossez, battez comme il faut votre femme ; je vous aiderai, si vous le voulez.

SGANARELLE.

Il ne me plaît pas, moi.

M. ROBERT.

Ah! c'est une autre chose.

SGANARELLE.

Je la veux battre, si je le veux; et ne la veux pas battre, si je ne le veux pas.

M. ROBERT.

Fort bien.

SGANARELLE.

C'est ma femme, et non pas la vôtre.

M. ROBERT.

Sans doute.

SGANARELLE.

Vous n'avez rien à me commander.

M. ROBERT.

D'accord.

SGANARELLE.

Je n'ai que faire de votre aide.

M. ROBERT.

Très volontiers.

SGANARELLE.

Et vous êtes un impertinent de vous ingérer des affaires d'autrui. Apprenez que Cicéron dit qu'entre l'arbre et le doigt il ne faut point mettre l'écorce.

(*Il bat M. Robert, et le chasse.*)

SCÈNE III.

SGANARELLE, MARTINE.

SGANARELLE.

Oh çà! faisons la paix nous deux. Touche là.

MARTINE.

Oui, après m'avoir ainsi battue!

SGANARELLE.

Cela n'est rien. Touche.

MARTINE.

Je ne veux pas.

SGANARELLE.

Hé!

MARTINE.

Non.

SGANARELLE.

Ma petite femme.

MARTINE.

Point.

SGANARELLE.

Allons, te dis-je.

MARTINE.

Je n'en ferai rien.

SGANARELLE.

Viens, viens, viens.

MARTINE.

Non, je veux être en colère.

SGANARELLE.

Fi! c'est une bagatelle. Allons, allons,

MARTINE.

Laisse-moi là.

SGANARELLE.

Touche, te dis-je.

MARTINE.

Tu m'as trop maltraitée.

SGANARELLE.

Hé bien! va, je te demande pardon, mets là ta main.

MARTINE.

Je te le pardonne; (*bas, à part.*) mais tu le paieras.

SGANARELLE.

Tu es une folle de prendre garde à cela : ce sont petites choses qui sont de temps en temps nécessaires dans l'amitié; et cinq ou six coups de bâton, entre gens qui s'aiment, ne font que ragaillardir l'affection. Va, je m'en vais au bois, et je te promets aujourd'hui plus d'un cent de fagots.

SCÈNE IV.

MARTINE.

VA, quelque mine que je fasse, je n'oublierai pas mon ressentiment; et je brûle en moi-même de trouver les moyens de te punir des coups que tu m'as donnés. Je sais bien qu'une femme a toujours dans les mains de quoi se venger d'un mari; mais c'est une punition trop délicate pour mon pendard : je veux une vengeance qui se fasse un peu mieux sentir ; et ce n'est pas contentement pour l'injure que j'ai reçue.

SCÈNE V.

VALÈRE, LUCAS, MARTINE.

LUCAS, *à Valère, sans voir Martine.*

PARGUIENNE ! j'avons pris là tous deux une gueble de commission ; et je ne sais pas, moi, ce que je pensons attraper.

VALÈRE, *à Lucas, sans voir Martine.*

Que veux-tu, mon pauvre nourricier ? il faut bien obéir à notre maître : et puis, nous avons intérêt, l'un et l'autre, à la santé de sa fille, notre maîtresse ; et sans doute son mariage, différé par sa maladie, nous vaudra quelque récompense. Horace, qui est libéral, a bonne part aux prétentions qu'on peut avoir sur sa personne ; et, quoiqu'elle ait fait voir de l'amitié pour un certain Léandre, tu sais bien que son père n'a jamais voulu consentir à le recevoir pour son gendre.

MARTINE, *rêvant à part, se croyant seule*

Ne puis-je point trouver quelque invention pour me venger ?

LUCAS, *à Valère.*

Mais quelle fantaisie s'est-il boutée là dans la tête, puisque les médecins y avont tous perdu leur latin ?

VALÈRE, à *Lucas.*

On trouve quelquefois, à force de chercher, c
qu'on ne trouve pas d'abord; et souvent en d
simples lieux...

MARTINE, *se croyant toujours seule.*

Oui, il faut que je m'en venge à quelque pri
que ce soit. Ces coups de bâton me reviennent au
cœur, je ne les saurois digérer; et... (*heurtant Valère et Lucas.*) Ah! messieurs, je vous demande
pardon; je ne vous voyois pas, et cherchois dans
ma tête quelque chose qui m'embarrasse.

VALÈRE.

Chacun a ses soins dans le monde, et nous cherchons aussi ce que nous voudrions bien trouver.

MARTINE.

Seroit-ce quelque chose où je vous puisse aider?

VALÈRE.

Cela se pourroit faire, et nous tâchons de rencontrer quelque habile homme, quelque médecin
particulier, qui pût donner quelque soulage-
ment à la fille de notre maître, attaquée d'une
maladie qui lui a ôté tout d'un coup l'usage de la
langue. Plusieurs médecins ont déjà épuisé toute
leur science après elle : mais on trouve parfois
des gens avec des secrets admirables, de certains
remèdes particuliers, qui font le plus souvent ce
que les autres n'ont su faire; et c'est là ce que
nous cherchons.

MARTINE, *bas, à part.*

Ah! que le ciel m'inspire une admirable invention pour me venger de mon pendard! (*haut.*) Vous ne pouviez jamais vous mieux adresser pour rencontrer ce que vous cherchez; et nous avons un homme, le plus merveilleux homme du monde pour les maladies désespérées.

VALÈRE.

Hé! de grace, où pouvons-nous le rencontrer?

MARTINE.

Vous le trouverez maintenant vers ce petit lieu que voilà, qui s'amuse à couper du bois.

LUCAS.

Un médecin qui coupe du bois!

VALÈRE.

Qui s'amuse à cueillir des simples, voulez-vous dire?

MARTINE.

Non; c'est un homme extraordinaire qui se plaît à cela, fantasque, bizarre, quinteux, et que vous ne prendriez jamais pour ce qu'il est. Il va vêtu d'une façon extravagante, affecte quelquefois de paroître ignorant, tient sa science renfermée, et ne fuit rien tant tous les jours que d'exercer les merveilleux talents qu'il a eus du ciel pour la médecine.

VALÈRE.

C'est une chose admirable, que tous les grands hommes ont toujours du caprice, quelque petit grain de folie mêlé à leur science.

MARTINE.

La folie de celui-ci est plus grande qu'on ne

peut croire, car elle va parfois jusqu'à vouloir être battu pour demeurer d'accord de sa capacité; et je vous donne avis que vous n'en viendrez pas à bout, qu'il n'avouera jamais qu'il est médecin, s'il se le met en fantaisie, que vous ne preniez chacun un bâton, et ne le réduisiez, à force de coups, à vous confesser à la fin ce qu'il vous cachera d'abord. C'est ainsi que nous en usons quand nous avons besoin de lui.

VALÈRE.

Voilà une étrange folie!

MARTINE.

Il est vrai; mais après cela, vous verrez qu'il fait des merveilles.

VALÈRE.

Comment s'appelle-t-il?

MARTINE.

Il s'appelle Sganarelle. Mais il est aisé à connoître : c'est un homme qui a une large barbe noire, et qui porte une fraise, avec un habit jaune et vert.

LUCAS.

Un habit jaune et vard! C'est donc le médecin des parroquets?

VALÈRE.

Mais est-il bien vrai qu'il soit si habile que vous le dites?

MARTINE.

Comment! c'est un homme qui fait des miracles. Il y a six mois qu'une femme fut abandonnée de tous les autres médecins: on la tenoit morte il y avoit déjà six heures, et l'on se disposoit à l'ensevelir, lorsqu'on y fit venir de force l'homme dont nous parlons. Il lui mit, l'ayant vue, une petite goutte de je ne sais quoi dans la bouche; et, dans le même instant, elle se leva de son lit, et se mit aussitôt à se promener dans sa chambre comme si de rien n'eût été.

LUCAS.

Ah!

VALÈRE.

Il falloit que ce fût quelque goutte d'or potable.

MARTINE.

Cela pourroit bien être. Il n'y a pas trois semaines encore qu'un jeune enfant de douze ans tomba du haut du clocher en bas, et se brisa sur le pavé la tête, les bras et les jambes. On n'y eut pas plustôt amené notre homme, qu'il le frotta par tout le corps d'un certain onguent qu'il sait faire; et l'enfant aussitôt se leva sur ses pieds, et courut jouer à la fossette.

LUCAS.

Ah!

VALÈRE.

Il faut que cet homme-là ait la médecine universelle.

MARTINE.

Qui en doute?

LUCAS.

Tétigué! vlà justement l'homme qu'il nous faut. Allons vite le charcher.

VALÈRE.

Nous vous remercions du plaisir que vous nous faites.

MARTINE.

Mais souvenez-vous bien au moins de l'avertissement que je vous ai donné.

LUCAS.

Hé! morguenne! laissez-nous faire: s'il ne tient qu'à battre, la vache est à nous.

VALÈRE, à Lucas.

Nous sommes bien heureux d'avoir fait cette rencontre; et j'en conçois, pour moi, la meilleure espérance du monde.

SCÈNE VI.

SGANARELLE, VALÈRE, LUCAS.

SGANARELLE, *chantant derrière le théâtre.*
La, là, là.

VALÈRE.

J'entends quelqu'un qui chante, et qui coupe du bois.

SGANARELLE, *entrant sur le théâtre avec une bouteille à sa main, sans apercevoir Valère ni Lucas.*

Là, là, là... Ma foi, c'est assez travailler pour boire un coup. Prenons un peu d'haleine.

ACTE I, SCÈNE VI.

(*après avoir bu.*)

Voilà du bois qui est salé comme tous les diables.
(*Il chante.*)

>   Qu'ils sont doux,
>   Bouteille jolie,
>   Qu'ils sont doux,
>   Vos petits glougloux !
> Mais mon sort feroit bien des jaloux,
>   Si vous étiez toujours remplie.
>   Ah ! bouteille ma mie,
>   Pourquoi vous videz-vous ?

Allons, morbleu ! il ne faut point engendrer de mélancolie.

VALÈRE, *bas, à Lucas.*

Le voilà lui-même.

LUCAS, *bas, à Valère.*

Je pense que vous dites vrai, et que j'avons bouté le nez dessus.

VALÈRE.

Voyons de près.

SGANARELLE, *embrassant sa bouteille.*

Ah ! ma petite friponne ! que je t'aime, mon petit bouchon !

(*Il chante.*) (*Apercevant Valère et Lucas qui l'examinent, il baisse la voix.*)

>   Mais mon sort... feroit bien... des jaloux,
>   Si...

(*voyant qu'on l'examine de plus près.*)

Que diable ! à qui en veulent ces gens-là ?

VALÈRE, *à Lucas.*

C'est lui assurément.

LUCAS, *à Valère.*

Le vlà tout craché comme on nous l'a défiguré.

(Sganarelle pose la bouteille à terre ; et Valère se baissant pour le saluer, comme il croit que c'est à dessein de la prendre, il la met de l'autre côté : Lucas faisant la même chose que Valère, Sganarelle reprend sa bouteille, et la tient contre son estomac, avec divers gestes qui font un jeu de théâtre.)

SGANARELLE, *à part.*

Ils consultent en me regardant. Quel dessein auroient-ils ?

VALÈRE.

Monsieur, n'est-ce pas vous qui vous appelez Sganarelle ?

SGANARELLE.

Hé ! quoi ?

VALÈRE.

Je vous demande si ce n'est pas vous qui se nomme Sganarelle.

SGANARELLE, *se tournant vers Valère, puis vers Lucas.*

Oui et non, selon ce que vous lui voulez.

VALÈRE.

Nous ne voulons que lui faire toutes les civilités que nous pourrons.

SGANARELLE.

En ce cas, c'est moi qui se nomme Sganarelle.

VALÈRE.

Monsieur, nous sommes ravis de vous voir. On nous a adressés à vous pour ce que nous cherchons; et nous venons implorer votre aide, dont nous avons besoin.

SGANARELLE.

Si c'est quelque chose, messieurs, qui dépende de mon petit négoce, je suis tout prêt à vous rendre service.

VALÈRE.

Monsieur, c'est trop de grace que vous nous faites. Mais, monsieur, couvrez-vous, s'il vous plaît; le soleil pourroit vous incommoder.

LUCAS.

Monsiéu, boutez dessus.

SGANARELLE, *à part.*

Voici des gens bien pleins de cérémonies.
(*Il se couvre.*)

VALÈRE.

Monsieur, il ne faut pas trouver étrange que nous venions à vous; les habiles gens sont toujours recherchés; et nous sommes instruits de votre capacité.

SGANARELLE.

Il est vrai, messieurs, que je suis le premier homme du monde pour faire des fagots.

VALÈRE.

Ah! monsieur!...

SGANARELLE.

Je n'y épargne aucune chose, et les fais d'une façon qu'il n'y a rien à dire.

VALÈRE.

Monsieur, ce n'est pas cela dont il est question.

SGANARELLE.

Mais aussi je les vends cent dix sous le cent.

VALÈRE.

Ne parlons point de cela, s'il vous plaît.

SGANARELLE.

Je vous promets que je ne saurois les donner à moins.

VALÈRE.

Monsieur, nous savons les choses.

SGANARELLE.

Si vous savez les choses, vous savez que je les vends cela.

VALÈRE.

Monsieur, c'est se moquer que...

SGANARELLE.

Je ne me moque point, je n'en puis rien rabattre.

VALÈRE.

Parlons d'autre façon, de grace.

SGANARELLE.

Vous en pourrez trouver autre part à moins; il y a fagots et fagots : mais pour ceux que je fais...

VALÈRE.

Hé! monsieur, laissons là ce discours.

ACTE I, SCÈNE VI.

SGANARELLE.

Je vous jure que vous ne les auriez pas, s'il s'en falloit un double.

VALÈRE.

Hé! fi!

SGANARELLE.

Non, en conscience; vous en paierez cela. Je vous parle sincèrement, et ne suis pas homme à surfaire.

VALÈRE.

Faut-il, monsieur, qu'une personne comme vous s'amuse à ces grossières feintes, s'abaisse à parler de la sorte! qu'un homme si savant, un fameux médecin, comme vous êtes, veuille se déguiser aux yeux du monde, et tenir enterrés les beaux talents qu'il a!

SGANARELLE, *à part*.

Il est fou.

VALÈRE.

De grace, monsieur, ne dissimulez point avec nous.

SGANARELLE.

Comment?

LUCAS.

Tout ce tripotage ne sart de rian; je savons c'en que je savons.

SGANARELLE.

Quoi donc? que me voulez-vous dire? Pour qui me prenez-vous

VALÈRE.

Pour ce que vous êtes, pour un grand médecin.

SGANARELLE.

Médecin vous-même; je ne le suis point, et je ne l'ai jamais été.

VALÈRE, *bas.*

Voilà sa folie qui le tient. (*haut.*) Monsieur, ne veuillez point nier les choses davantage; et n'en venons point, s'il vous plaît, à de fâcheuses extrémités.

SGANARELLE.

A quoi donc?

VALÈRE.

A de certaines choses dont nous serions marris.

SGANARELLE.

Parbleu! venez-en à tout ce qu'il vous plaira; je ne suis point médecin, et ne sais ce que vous me voulez dire.

VALÈRE, *bas.*

Je vois bien qu'il faut se servir du remède. (*haut.*) Monsieur, encore un coup, je vous prie d'avouer ce que vous êtes.

LUCAS.

Hé! tétigué! ne lantiponnez point davantage, et confessez à la franquette que v's êtes médecin.

SGANARELLE, *à part.*

J'enrage.

VALÈRE.

A quoi bon nier ce qu'on sait?

LUCAS.

Pourquoi toutes ces fraimes-là ? A quoi est-ce que ça vous sart ?

SGANARELLE.

Messieurs, en un mot autant qu'en deux mille, je vous dis que je ne suis point médecin.

VALÈRE.

Vous n'êtes point médecin ?

SGANARELLE.

Non.

LUCAS.

V' n'êtes pas médecin ?

SGANARELLE.

Non, vous dis-je.

VALÈRE.

Puisque vous le voulez, il faut bien s'y résoudre. (*Ils prennent chacun un bâton, et le frappent.*)

SGANARELLE.

Ah ! ah ! ah ! messieurs, je suis tout ce qu'il vous plaira.

VALÈRE.

Pourquoi, monsieur, nous obligez-vous à cette violence ?

LUCAS.

A quoi bon nous bailler la peine de vous battre ?

VALÈRE.

Je vous assure que j'en ai tous les regrets du monde.

LUCAS.

Par ma figué ! j'en sis fâché, franchement.

SGANARELLE.

Que diable est-ce ci, messieurs ? De grace, est-ce pour rire, ou si tous deux vous extravaguez, de vouloir que je sois médecin ?

VALÈRE.

Quoi ! vous ne vous rendez pas encore, et vous vous défendez d'être médecin ?

SGANARELLE.

Diable emporte si je le suis !

LUCAS.

Il n'est pas vrai que vous sayez médecin ?

SGANARELLE.

Non, la peste m'étouffe ! (*Ils recommencent à le battre.*) Ah ! ah ! Hé bien ! messieurs, oui, puisque vous le voulez, je suis médecin, je suis médecin ; apothicaire encore, si vous le trouvez bon. J'aime mieux consentir à tout, que de me faire assommer.

VALÈRE.

Ah ! voilà qui va bien, monsieur ; je suis ravi de vous voir raisonnable.

LUCAS.

Vous me boutez la joie au cœur, quand je vous vois parler comme ça.

VALÈRE.

Je vous demande pardon de toute mon ame.

LUCAS.

Je vous demandons excuse de la libarté que j'avons prise.

SGANARELLE, *à part.*

Ouais! seroit-ce bien moi qui me tromperois, et serois-je devenu médecin sans m'en être aperçu?

VALÈRE.

Monsieur, vous ne vous repentirez pas de nous montrer ce que vous êtes; et vous verrez assurément que vous en serez satisfait.

SGANARELLE.

Mais, messieurs, dites-moi, ne vous trompez-vous point vous-mêmes? Est-il bien assuré que je sois médecin?

LUCAS.

Oui, par ma figué!

SGANARELLE.

Tout de bon?

VALÈRE.

Sans doute.

SGANARELLE.

Diable emporte si je le savois!

VALÈRE.

Comment! vous êtes le plus habile médecin du monde.

SGANARELLE.

Ah! ah!

LUCAS.

Un médecin qui a gari je ne sais combien de maladies.

SGANARELLE.

Tudieu!

VALÈRE.

Une femme étoit tenue pour morte il y avoit six heures; elle étoit prête à ensevelir; lorsqu'avec une goutte de quelque chose vous la fîtes revenir et marcher d'abord par la chambre.

SGANARELLE.

Peste!

LUCAS.

Un petit enfant de douze ans se laissit choir du haut d'un clocher; de quoi il eut la tête, les jambes et les bras cassés : et vous, avec je ne sais quel onguent, vous fîtes qu'aussitôt il se relevit sur ses pieds, et s'en fut jouer à la fossette.

SGANARELLE.

Diantre!

VALÈRE.

Enfin, monsieur, vous aurez contentement avec nous, et vous gagnerez ce que vous voudrez, en vous laissant conduire où nous prétendons vous mener.

SGANARELLE.

Je gagnerai ce que je voudrai?

VALÈRE.

Oui.

SGANARELLE.

Ah! je suis médecin, sans contredit. Je l'avois oublié; mais je m'en ressouviens. De quoi est-il question? Où faut-il se transporter?

ACTE I, SCÈNE VI.

VALÈRE.

Nous vous conduirons. Il est question d'aller voir une fille qui a perdu la parole.

SGANARELLE.

Ma foi, je ne l'ai pas trouvée.

VALÈRE.

(*bas, à Lucas.*) (*à Sganarelle.*)

Il aime à rire. Allons, monsieur.

SGANARELLE.

Sans une robe de médecin ?

VALÈRE.

Nous en prendrons une.

SGANARELLE, *présentant sa bouteille à Valère.*

Tenez cela, vous : voilà où je mets mes juleps.

(*puis se tournant vers Lucas en crachant.*)

Vous, marchez là-dessus, par ordonnance du médecin.

LUCAS.

Palsanguenne ! v'là un médecin qui me plaît ; je pense qu'il réussira, car il est bouffon.

FIN DU PREMIER ACTE.

ACTE SECOND.

SCÈNE I.

GÉRONTE, VALÈRE, LUCAS, JACQUELINE.

VALÈRE.

Oui, monsieur, je crois que vous serez satisfait; et nous vous avons amené le plus grand médecin du monde.

LUCAS.

Oh! morguenne! il faut tirer l'échelle après ceti-là; et tous les autres ne sont pas daignes de li déchausser ses souliers.

VALÈRE.

C'est un homme qui a fait des cures merveilleuses.

LUCAS.

Qui a gari des gens qui étiant morts

VALÈRE.

Il est un peu capricieux, comme je vous ai dit; et, parfois, il a des moments où son esprit s'échappe, et ne paroît pas ce qu'il est.

LUCAS.

Oui, il aime à bouffonner; et l'an diroit parfois, ne v's en déplaise, qu'il a quelque petit coup de hache à la tête.

VALÈRE.

Mais, dans le fond, il est tout science; et bien souvent il dit des choses tout-à-fait relevées.

LUCAS.

Quand il s'y boute, il parle tout fin drait comme s'il lisoit dans un livre.

VALÈRE.

Sa réputation s'est déjà répandue ici; et tout le monde vient à lui.

GÉRONTE.

Je meurs d'envie de le voir : faites-le-moi vite venir.

VALÈRE.

Je le vais querir.

SCÈNE II.

GÉRONTE, JACQUELINE, LUCAS.

JACQUELINE.

Par ma fi, monsieu, ceti-ci fera justement ce qu'ant fait les autres. Je pense que ce sera queussi queumi; et la meilleure médeçaine que l'an pourroit bailler à votre fille, ce seroit, selon moi, un biau et bon mari, pour qui alle eût de l'amiquié.

GÉRONTE.

Ouais! nourrice m'amie, vous vous mêlez de bien des choses !

LUCAS.

Taisez-vous, notre minagère Jacquelaine; ce n'est pas à vous à bouter là votre nez.

JACQUELINE.

Je vous dis et vous douze que tous ces médecins n'y feront rian que de l'iau claire; que votre fille a besoin d'autre chose que de ribarbe et de séné, et qu'un mari est un emplâtre qui garit tous les maux des filles.

GÉRONTE.

Est-elle en état maintenant qu'on s'en voulût charger avec l'infirmité qu'elle a? Et lorsque j'ai été dans le dessein de la marier, ne s'est-elle pas opposée à mes volontés?

JACQUELINE.

Je le crois bian; vous li vouliez bailler eun homme qu'alle n'aime point. Que ne preniais-vous ce monsieu Liandre, qui li touchoit au cœur? alle auroit été fort obéissante; et je m'en vais gager qu'il la prendroit, li, comme alle est, si vous la li vouillais donner.

GÉRONTE.

Ce Léandre n'est pas ce qu'il lui faut; il n'a pas du bien comme l'autre.

JACQUELINE.

Il a eun oncle qui est si riche, dont il est hériquié!

GÉRONTE.

Tous ces biens à venir me semblent autant de chansons. Il n'est rien tel que ce qu'on tient; et l'on court grand risque de s'abuser, lorsque l'on compte sur le bien qu'un autre vous garde. La mort n'a pas toujours les oreilles ouvertes aux vœux et aux prières de messieurs les héritiers; et l'on a le temps d'avoir les dents longues, lorsqu'on attend pour vivre le trépas de quelqu'un.

JACQUELINE.

Enfin, j'ai toujours ouï dire qu'en mariage, comme ailleurs, contentement passe richesse. Les pères et les mères ont cette maudite coutume de demander toujours, Qu'a-t-il? et Qu'a-t-elle? et le compère Piarre a marié sa fille Simonette au gros Thomas pour un quarquié de vaigne qu'il avoit davantage que le jeune Robin, où elle avoit bouté son amiquié; et v'là que la pauvre criature en est devenue jaune comme eun coing, et n'a point profité tout depuis ce temps-là. C'est un bel exemple pour vous, monsieu. On n'a que son plaisir en ce monde; et j'aimerois mieux bailler à ma fille eun bon mari qui li fût agriable, que toutes les rentes de la Biausse.

GÉRONTE.

Peste! madame la nourrice, comme vous dégoisez! Taisez-vous, je vous prie; vous prenez trop de soin, et vous échauffez votre lait.

LUCAS, *frappant, à chaque phrase qu'il dit, sur l'épaule de Géronte.*

Morgué! tais-toi, tu es une impartinente. Monsieu n'a que faire de tes discours, et il sait ce qu'il a à faire. Mêle-toi de donner à téter à ton enfant, sans tant faire la raisonneuse. Monsieu est le père de sa fille; et il est bon et sage pour voir ce qu'il li faut.

LE MÉDECIN MALGRÉ LUI.

GÉRONTE.

Tout doux! oh! tout doux!

LUCAS, *frappant encore sur l'épaule de Géronte.*

Monsieu, je veux un peu la mortifier, et li apprendre le respect qu'alle vous doit.

GÉRONTE.

Oui. Mais ces gestes ne sont pas nécessaires.

SCÈNE III.

VALÈRE, SGANARELLE, GÉRONTE, LUCAS, JACQUELINE.

VALÈRE.

Monsieur, préparez-vous. Voici votre médecin qui entre.

GÉRONTE, *à Sganarelle.*

Monsieur, je suis ravi de vous voir chez moi, et nous avons grand besoin de vous.

SGANARELLE, *en robe de médecin avec un chapeau des plus pointus.*

Hippocrate dit... que nous nous couvrions tous deux.

GÉRONTE.

Hippocrate dit cela?

SGANARELLE.

Oui.

GÉRONTE.

Dans quel chapitre, s'il vous plaît?

SGANARELLE.

Dans son chapitre... des chapeaux.

GÉRONTE.
Puisqu'Hippocrate le dit, il le faut faire.

SGANARELLE.
Monsieur le médecin, ayant appris les merveilleuses choses...

GÉRONTE.
A qui parlez-vous, de grace?

SGANARELLE.
A vous.

GÉRONTE.
Je ne suis pas médecin.

SGANARELLE.
Vous n'êtes pas médecin?

GÉRONTE.
Non, vraiment.

SGANARELLE.
Tout de bon?

GÉRONTE.
Tout de bon.
(*Sganarelle prend un bâton, et frappe Géronte.*)
Ah! ah! ah!

SGANARELLE.
Vous êtes médecin maintenant, je n'aï jamais eu d'autres licences.

GÉRONTE, *à Valère.*
Quel diable d'homme m'avez-vous là amené?

VALÈRE.
Je vous ai bien dit que c'étoit un médecin goguenard.

GÉRONTE.

Oui : mais je l'envoierois promener avec ses goguenarderies.

LUCAS.

Ne prenez pas garde à ça, monsieu ; ce n'est que pour rire.

GÉRONTE.

Cette raillerie ne me plaît pas.

SGANARELLE.

Monsieur, je vous demande pardon de la liberté que j'ai prise.

GÉRONTE.

Monsieur, je suis votre serviteur.

SGANARELLE.

Je suis fâché...

GÉRONTE.

Cela n'est rien.

SGANARELLE.

Des coups de bâton...

GÉRONTE.

Il n'y a pas de mal.

SGANARELLE.

Que j'ai eu l'honneur de vous donner.

GÉRONTE.

Ne parlons plus de cela. Monsieur, j'ai une fille qui est tombée dans une étrange maladie.

SGANARELLE.

Je suis ravi, monsieur, que votre fille ait besoin de moi ; et je souhaiterois de tout mon cœur que vous en eussiez besoin aussi, vous et toute votre famille, pour vous témoigner l'envie que j'ai de vous servir.

GÉRONTE.

Je vous suis obligé de ces sentiments.

SGANARELLE.

Je vous assure que c'est du meilleur de mon ame que je vous parle.

GÉRONTE.

C'est trop d'honneur que vous me faites.

SGANARELLE.

Comment s'appelle votre fille ?

GÉRONTE.

Lucinde !

SGANARELLE.

Lucinde ! ah ! beau nom à médicamenter ! Lucinde !

GÉRONTE.

Je m'en vais voir un peu ce qu'elle fait.

SGANARELLE.

Qui est cette grande femme-là ?

GÉRONTE.

C'est la nourrice d'un petit enfant que j'ai.

SCÈNE IV.

SGANARELLE, JACQUELINE, LUCAS.

SGANARELLE, à part.

Peste ! le joli meuble que voilà ! (haut.) Ah ! nourrice, charmante nourrice, ma médecine est la très humble esclave de votre nourricerie, et je voudrois bien être le petit poupon fortuné qui tétât le lait de vos bonnes graces. (*Il lui porte la main sur le sein.*) Tous mes remèdes, toute ma science, toute ma capacité est à votre service; et...

LUCAS.

Avec votre parmission, monsieu le médecin, laissez là ma femme, je vous prie.

SGANARELLE.

Quoi ! elle est votre femme ?

LUCAS.

Oui.

SGANARELLE.

Ah ! vraiment, je ne savois pas cela, et je m'en réjouis pour l'amour de l'un et de l'autre
(*Il fait semblant de vouloir embrasser Lucas, et embrasse la nourrice.*)

LUCAS, *tirant Sganarelle, et se remettant entre lui et sa femme.*

Tout doucement, s'il vous plaît.

SGANARELLE.

Je vous assure que je suis ravi que vous soyez unis ensemble : je la félicite d'avoir un mari comme vous; et je vous félicite, vous, d'avoir une femme si belle, si sage, si bien faite comme elle est.
(*Il fait encore semblant d'embrasser Lucas, qui lui tend les bras; Sganarelle passe dessous, et embrasse encore la nourrice.*)

LUCAS, *le tirant encore.*

Hé! tétigué! point tant de compliments, je vous supplie.

SGANARELLE.

Ne voulez-vous pas que je me réjouisse avec vous d'un si bel assemblage?

LUCAS.

Avec moi tant qu'il vous plaira; mais avec ma femme, trève de sarimonie.

SGANARELLE.

Je prends part également au bonheur de tous deux : et si je vous embrasse pour vous en témoigner ma joie, je l'embrasse de même pour lui en témoigner aussi.

(*Il continue le même jeu.*)

LUCAS, *le tirant pour la troisième fois.*

A! vartigué, monsieu le médecin, que de lantiponnage!

SCÈNE V.

GÉRONTE, SGANARELLE, LUCAS, JACQUELINE.

GÉRONTE.

Monsieur, voici tout à l'heure ma fille qu'on va vous amener.

SGANARELLE.

Je l'attends, monsieur, avec toute la médecine.

GÉRONTE.

Où est-elle?

SGANARELLE, *se touchant le front.*

Là-dedans.

GÉRONTE.

Fort bien.

SGANARELLE.

Mais comme je m'intéresse à toute votre famille, il faut que j'essaie un peu le lait de votre nourrice, et que je visite son sein.

(*Il s'approche de Jacqueline.*)

LUCAS, *le tirant, et lui faisant faire la pirouette.*

Nannain, nannain; je n'avons que faire de ça.

SGANARELLE.

C'est l'office du médecin de voir les tétons des nourrices.

LUCAS.

Il gnia office qui quienne, je sis votre sarviteur.

SGANARELLE.

As-tu bien la hardiesse de t'opposer au médecin? Hors de là..

LUCAS.

Je me moque de ça.

SGANARELLE, *en le regardant de travers.*

Je te donnerai la fièvre.

JACQUELINE, *prenant Lucas par le bras, et lui faisant faire aussi la pirouette.*

Ote-toi de là aussi; est-ce que je ne sis pas assez grande pour me défendre moi-même, s'il me fait queuque chose qui ne soit pas à faire?

LUCAS.

Je ne veux pas qu'il te tâte, moi.

SGANARELLE.

Fi le vilain, qui est jaloux de sa femme !

GÉRONTE.

Voici ma fille.

SCÈNE VI.

LUCINDE, GÉRONTE, SGANARELLE, VALÈRE, LUCAS, JACQUELINE.

SGANARELLE.

Est-ce là la malade ?

GÉRONTE.

Oui. Je n'ai qu'elle de fille ; et j'aurois tous les regrets du monde, si elle venoit à mourir.

SGANARELLE.

Qu'elle s'en garde bien ! Il ne faut pas qu'elle meure sans l'ordonnance du médecin.

GÉRONTE.

Allons, un siège.

SGANARELLE, *assis entre Géronte et Lucinde.*

Voilà une malade qui n'est pas tant dégoûtante, et je tiens qu'un homme bien sain s'en accommoderoit assez.

GÉRONTE.

Vous l'avez fait rire, monsieur.

SGANARELLE.

Tant mieux : lorsque le médecin fait rire le malade, c'est le meilleur signe du monde. (*à Lucinde.*) Hé bien ! de quoi est-il question ? Qu'avez-vous ? Quel est le mal que vous sentez ?

LUCINDE, *portant sa main à sa bouche, à sa tête, et sous son menton.*

Han, hi, hon, han.

SGANARELLE.

Hé! que dites-vous?

LUCINDE, *continue les mêmes gestes.*

Han, hi, hon, han, han, hi, hon.

SGANARELLE.

Quoi?

LUCINDE.

Han, hi, hon.

SGANARELLE.

Han, hi, hon, han, ha. Je ne vous entends point. Quel diable de langage est-ce là?

GÉRONTE.

Monsieur, c'est là sa maladie. Elle est devenue muette, sans que jusqu'ici on en ait pu savoir la cause; et c'est un accident qui a fait reculer son mariage.

SGANARELLE.

Et pourquoi?

GÉRONTE.

Celui qu'elle doit épouser veut attendre sa guérison pour conclure les choses.

SGANARELLE.

Et qui est ce sot-là, qui ne veut pas que sa femme soit muette? Plût à dieu que la mienne eût cette maladie! je me garderois bien de la vouloir guérir.

GÉRONTE.

Enfin, monsieur, nous vous prions d'employer tous vos soins pour la soulager de son mal.

SGANARELLE.

Ah! ne vous mettez pas en peine. Dites-moi un peu : ce mal l'oppresse-t-il beaucoup?

GÉRONTE.

Oui, monsieur.

SGANARELLE.

Tant mieux. Sent-elle de grandes douleurs?

GÉRONTE.

Fort grandes.

SGANARELLE.

C'est fort bien fait. Va-t-elle où vous savez?

GÉRONTE.

Oui.

SGANARELLE.

Copieusement?

GÉRONTE.

Je n'entends rien à cela.

SGANARELLE.

La matière est-elle louable?

GÉRONTE.

Je ne me connois pas à ces choses.

SGANARELLE, *à Lucinde.*

Donnez-moi votre bras. *(à Géronte.)* Voilà un pouls qui marque que votre fille est muette.

GÉRONTE.

Hé! oui, monsieur, c'est là son mal; vous l'avez trouvé tout du premier coup.

SGANARELLE.

Ha! ha!

JACQUELINE.

Voyez comme il a deviné sa maladie!

SGANARELLE.

Nous autres grands médecins, nous connoissons d'abord les choses. Un ignorant auroit été embarrassé, et vous eût été dire, C'est ceci, c'est cela : mais moi, je touche au but du premier coup, et je vous apprends que votre fille est muette.

GÉRONTE.

Oui : mais je voudrois bien que vous me pussiez dire d'où cela vient.

SGANARELLE.

Il n'est rien de plus aisé; cela vient de ce qu'elle a perdu la parole.

GÉRONTE.

Fort bien. Mais la cause, s'il vous plaît, qui fait qu'elle a perdu la parole?

SGANARELLE.

Tous nos meilleurs auteurs vous diront que c'est l'empêchement de l'action de sa langue.

GÉRONTE.

Mais encore, vos sentiments sur cet empêchement de l'action de sa langue?

SGANARELLE.

Aristote, là-dessus, dit... de fort belles choses.

GÉRONTE.

Je le crois

SGANARELLE.

Ah! c'étoit un grand homme!

GÉRONTE.

Sans doute.

SGANARELLE.

Grand homme tout-à-fait; un homme qui étoit *(levant le bras depuis le coude.)* plus grand que moi de tout cela. Pour revenir donc à notre raisonnement, je tiens que cet empêchement de l'action de sa langue est causé par de certaines humeurs, qu'entre nous autres savants nous appelons humeurs peccantes; peccantes, c'est-à-dire... humeurs peccantes; d'autant que les vapeurs formées par les exhalaisons des influences qui s'élèvent dans la région des maladies, venant... pour ainsi dire... à... Entendez-vous le latin?

GÉRONTE.

En aucune façon.

SGANARELLE, *se levant brusquement.*

Vous n'entendez point le latin?

GÉRONTE.

Non.

SGANARELLE, *avec enthousiame.*

Cabricias arci thuram, catalamus, singulariter, nominativo, hæc musa, la muse; bonus, bona, bonum. Deus sanctus, estne oratio latinas? etiam, oui. Quare? Pourquoi? Quia substantivo, et adjectivum, concordat in generi, numerum, et casus.

GÉRONTE.

Ah! que n'ai-je étudié!

JACQUELINE.

L'habile homme que v'là!

LUCAS.

Oui, ça est si biau que je n'y entends goutte.

SGANARELLE.

Or, ces vapeurs dont je vous parle venant à passer, du côté gauche où est le foie, au côté droit où est le cœur, il se trouve que le poumon, que nous appelons en latin *armyan*, ayant communication avec le cerveau, que nous nommons en grec *nasmus*, par le moyen de la veine cave, que nous appelons en hébreu *cubile*, rencontre en son chemin lesdites vapeurs qui remplissent les ventricules de l'omoplate; et parceque lesdites vapeurs... comprenez bien ce raisonnement, je vous prie... et parceque lesdites vapeurs ont une certaine malignité.... écoutez bien ceci, je vous conjure....

GÉRONTE.

Oui.

SGANARELLE.

ont une certaine malignité qui est causée... soyez attentif, s'il vous plaît...

GÉRONTE.

Je le suis.

SGANARELLE.

qui est causée par l'âcreté des humeurs engendrées dans la concavité du diaphragme, il arrive que ces vapeurs .. *Ossabandus, nequeis, nequer, potarinum,*

ACTE II, SCENE VI.

quipsa milus. Voilà justement ce qui fait que votre fille est muette.

JACQUELINE.

Ah! que c'a est bian dit, notre homme!

LUCAS.

Que n'ai-je la langue aussi bian pendue!

GÉRONTE.

On ne peut pas mieux raisonner, sans doute. Il n'y a qu'une seule chose qui m'a choqué : c'est l'endroit du foie et du cœur. Il me semble que vous les placez autrement qu'ils ne sont; que le cœur est du côté gauche, et le foie du côté droit.

SGANARELLE.

Oui; cela étoit autrefois ainsi : mais nous avons changé tout cela, et nous faisons maintenant la médecine d'une méthode toute nouvelle.

GÉRONTE.

C'est ce que je ne savois pas, et je vous demande pardon de mon ignorance.

SGANARELLE.

Il n'y a pas de mal; et vous n'êtes pas obligé d'être aussi habile que nous.

GÉRONTE.

Assurément. Mais, monsieur, que croyez-vous qu'il faille faire à cette maladie?

SGANARELLE.

Ce que je crois qu'il faille faire?

GÉRONTE.

Oui.

SGANARELLE.

Mon avis est qu'on la remette sur son lit, et qu'on lui fasse prendre pour remède quantité de pain trempé dans du vin.

GÉRONTE.

Pourquoi cela, monsieur?

SGANARELLE.

Parcequ'il y a dans le vin et le pain, mêlés ensemble, une vertu sympathique qui fait parler. Ne voyez-vous pas bien qu'on ne donne autre chose aux perroquets, et qu'ils apprennent à parler en mangeant de cela?

GÉRONTE.

Cela est vrai. Ah! le grand homme! Vite, quantité de pain et de vin.

SGANARELLE.

Je reviendrai voir sur le soir en quel état elle sera.

SCÈNE VII.

GÉRONTE, SGANARELLE, JACQUELINE.

SGANARELLE.

(à Jacqueline.)   (à Géronte.)

Doucement, vous. Monsieur, voilà une nourrice à laquelle il faut que je fasse quelques petits remèdes.

JACQUELINE.

Qui? moi? Je me porte le mieux du monde.

SGANARELLE.

Tant pis, nourrice; tant pis. Cette grande santé est à craindre, et il ne sera pas mauvais de vous faire quelque petite saignée amiable, de vous donner quelque petit clystère dulcifiant.

GÉRONTE.

Mais, monsieur, voilà une mode que je ne comprends point. Pourquoi s'aller faire saigner quand on n'a point de maladie?

SGANARELLE.

Il n'importe, la mode en est salutaire; et, comme on boit pour la soif à venir, il faut aussi se faire saigner pour la maladie à venir.

JACQUELINE, *en s'en allant.*

Ma fi, je me moque de ça, et je ne veux point faire de mon corps une boutique d'apothicaire.

SGANARELLE.

Vous êtes rétive aux remèdes; mais nous saurons vous soumettre à la raison.

SCÈNE VIII.

GÉRONTE, SGANARELLE.

SGANARELLE.

Je vous donne le bon jour.

GÉRONTE.

Attendez un peu, s'il vous plait.

SGANARELLE.

Que voulez-vous faire ?

GÉRONTE.

Vous donner de l'argent, monsieur.

SGANARELLE, *tendant sa main par derrière, tandis que Géronte ouvre sa bourse.*

Je n'en prendrai pas, monsieur.

GÉRONTE.

Monsieur...

SGANARELLE.

Point du tout.

GÉRONTE.

Un petit moment.

SGANARELLE.

En aucune façon.

GÉRONTE.

De grace!

SGANARELLE.

Vous vous moquez.

GÉRONTE.

Voilà qui est fait.

SGANARELLE.

Je n'en ferai rien.

GÉRONTE.

Hé!

SGANARELLE.

Ce n'est pas l'argent qui me fait agir.

GÉRONTE.

Je le crois.

SGANARELLE, *après avoir pris l'argent.*

Cela est-il de poids?

GÉRONTE.

Oui, monsieur.

ACTE II, SCÈNE VIII.

SGANARELLE.

Je ne suis pas un médecin mercenaire.

GÉRONTE.

Je le sais bien.

SGANARELLE.

L'intérêt ne me gouverne point.

GÉRONTE.

Je n'ai pas cette pensée.

SGANARELLE, *seul, regardant l'argent qu'il a reçu.*

Ma foi, cela ne va pas mal; et pourvu que...

SCÈNE IX.

LÉANDRE, SGANARELLE.

LÉANDRE.

Monsieur, il y a long-temps que je vous attends, et je viens implorer votre assistance.

SGANARELLE, *lui tâtant le pouls.*

Voilà un pouls qui est fort mauvais.

LÉANDRE.

Je ne suis point malade, monsieur; et ce n'est pas pour cela que je viens à vous.

SGANARELLE.

Si vous n'êtes pas malade, que diable ne le dites-vous donc?

LÉANDRE.

Non. Pour vous dire la chose en deux mots, je m'appelle Léandre, qui suis amoureux de Lucinde que vous venez de visiter; et comme, par la mauvaise humeur de son père, toute sorte d'accès m'est fermée auprès d'elle, je me hasarde à vous prier de vouloir servir mon amour, et de me donner lieu d'exécuter un stratagème que j'ai trouvé pour lui pouvoir dire deux mots d'où dépendent absolument mon bonheur et ma vie.

SGANARELLE.

Pour qui me prenez-vous? Comment! oser vous adresser à moi pour vous servir dans votre amour, et vouloir ravaler la dignité de médecin à des emplois de cette nature!

LÉANDRE.

Monsieur, ne faites point de bruit.

SGANARELLE, *en le faisant reculer.*

J'en veux faire, moi. Vous êtes un impertinent.

LÉANDRE.

Hé! monsieur, doucement.

SGANARELLE.

Un malavisé.

LÉANDRE.

De grace!

SGANARELLE.

Je vous apprendrai que je ne suis point homme à cela, et que c'est une insolence extrême...

LÉANDRE, *tirant une bourse.*

Monsieur...

SGANARELLE.

De vouloir m'employer... (*recevant la bourse.*) Je ne parle pas pour vous, car vous êtes honnête homme; et je serois ravi de vous rendre service: mais il y a de certains impertinents au monde qui viennent prendre les gens pour ce qu'ils ne sont pas; et je vous avoue que cela me met en colère.

LÉANDRE.

Je vous demande pardon, monsieur, de la liberté que...

SGANARELLE.

Vous vous moquez. De quoi est-il question ?

LÉANDRE.

Vous saurez donc, monsieur, que cette maladie que vous voulez guérir est une feinte maladie. Les médecins ont raisonné là-dessus comme il faut; et ils n'ont pas manqué de dire que cela procédoit, qui du cerveau, qui des entrailles, qui de la rate, qui du foie : mais il est certain que l'amour en est la véritable cause, et que Lucinde n'a trouvé cette maladie que pour se délivrer d'un mariage dont elle étoit importunée. Mais, de crainte qu'on ne nous voie ensemble, retirons-nous d'ici; et je vous dirai en marchant ce que je souhaite de vous.

SGANARELLE.

Allons, monsieur : vous m'avez donné pour votre amour une tendresse qui n'est pas concevable; et j'y perdrai toute ma médecine, ou la malade crèvera, ou bien elle sera à vous.

FIN DU SECOND ACTE.

ACTE TROISIÈME.

SCÈNE I.

LÉANDRE, SGANARELLE.

LÉANDRE.

Il me semble que je ne suis pas mal ainsi pour un apothicaire; et, comme le père ne m'a guère vu, ce changement d'habit et de perruque est assez capable, je crois, de me déguiser à ses yeux.

SGANARELLE.

Sans doute.

LÉANDRE.

Tout ce que je souhaiterois seroit de savoir cinq ou six grands mots de médecine pour parer mon discours et me donner l'air d'habile homme.

SGANARELLE.

Allez, allez, tout cela n'est pas nécessaire; il suffit de l'habit : et je n'en sais pas plus que vous.

LÉANDRE.

Comment!

SGANARELLE.

Diable emporte, si j'entends rien en médecine! Vous êtes honnête homme, et je veux bien me confier à vous comme vous vous confiez à moi.

LÉANDRE.

Quoi! vous n'êtes pas effectivement...

SGANARELLE.

Non, vous dis-je; ils m'ont fait médecin malgré mes dents. Je ne m'étois jamais mêlé d'être si savant que cela; et toutes mes études n'ont été que jusqu'en sixième. Je ne sais pas sur quoi cette imagination leur est venue; mais quand j'ai vu qu'à toute force ils vouloient que je fusse médecin, je me suis résolu de l'être aux dépens de qui il appartiendra. Cependant vous ne sauriez croire comment l'erreur s'est répandue, et de quelle façon chacun est endiablé à me croire habile homme. On me vient chercher de tous côtés; et, si les choses vont toujours de même, je suis d'avis de m'en tenir toute ma vie à la médecine. Je trouve que c'est le métier le meilleur de tous; car, soit qu'on fasse bien, ou soit qu'on fasse mal, on est toujours payé de même sorte. La méchante besogne ne retombe jamais sur notre dos; et nous taillons comme il nous plaît sur l'étoffe où nous travaillons. Un cordonnier en faisant des souliers ne sauroit gâter un morceau de cuir qu'il n'en paie les pots cassés; mais ici l'on peut gâter un homme sans qu'il en coûte rien. Les bévues ne sont point pour nous, et c'est toujours la faute de celui qui meurt. Enfin le bon de cette profession est qu'il y a parmi les morts une honnêteté, une discrétion la plus grande du monde; et jamais on n'en voit se plaindre du médecin qui l'a tué.

LÉANDRE.

Il est vrai que les morts sont fort honnêtes gens sur cette matière.

SGANARELLE, *voyant des hommes qui viennent à lui.*

Voilà des gens qui ont la mine de me venir consulter. (*à Léandre.*) Allez toujours m'attendre auprès du logis de votre maîtresse.

SCÈNE II.

THIBAUT, PERRIN, SGANARELLE.

THIBAUT.

Monsieu, je venons vous charcher, mon fils Perrin et moi.

SGANARELLE.

Qu'y a-t-il?

THIBAUT.

Sa pauvre mère, qui a nom Parrette, est dans un lit malade il y a six mois.

SGANARELLE, *tendant la main comme pour recevoir de l'argent.*

Que voulez-vous que j'y fasse?

THIBAUT.

Je voudrions, monsieu, que vous nous baillissiez queuque petite drôlerie pour la garir.

SGANARELLE.

Il faut voir. De quoi est-ce qu'elle est malade?

THIBAUT.

Alle est malade d'hypocrisie, monsieu.

SGANARELLE.

D'hypocrisie ?

THIBAUT.

Oui, c'est-à-dire qu'alle est enflée par-tout; et l'an dit que c'est quantité de sériosités qu'alle a dans le corps, et que son foie, son ventre, ou sa rate, comme vous voudrais l'appeler, au glieu de faire du sang, ne fait plus que de l'iau. Alle a, de deux jours l'un, la fièvre quotiguenne, avec des lassitudes et des douleurs dans les mufles des jambes. On entend dans sa gorge des fleumes qui sont tout prêts à l'étouffer; et parfois il li prend des syncoles et des conversions, que je crayons qu'alle est passée. J'avons dans notre village un apothicaire, révérence parler, qui li a donné je ne sais combien d'histoires; et il m'en coûte plus d'eune douzaine de bons écus en lavements, ne v's en déplaise, en apostumes qu'on li a fait prendre, en infections de jacinthe, et en portions cordales. Mais tout ça, comme dit l'autre, n'a été que de l'onguent miton mitaine. Il veloit li bailler d'une certaine drogue que l'on appelle du vin amétile; mais j'ai-z-eu peur franchement que ça l'envoyît *a patres*; et l'an dit que ces gros médecins tuont je ne sais combien de monde avec cette invention-là.

SGANARELLE, *tendant toujours la main.*

Venons au fait, mon ami, venons au fait

THIBAUT.

Le fait est, monsieu, que je venons vous prier de nous dire ce qu'il faut que je fassions.

SGANARELLE.

Je ne vous entends point du tout.

PERRIN.

Monsieu, ma mère est malade; et v'là deux écus que je vous apportons pour nous bailler queuque remède.

SGANARELLE.

Ah! je vous entends, vous. Voilà un garçon qui parle clairement, et qui s'explique comme il faut. Vous dites que votre mère est malade d'hydropisie, qu'elle est enflée par tout le corps, qu'elle a la fièvre, avec des douleurs dans les jambes, et qu'il lui prend parfois des syncopes et des convulsions, c'est-à-dire des évanouissements?

PERRIN.

Hé! oui, monsieu, c'est justement ça.

SGANARELLE.

J'ai compris d'abord vos paroles. Vous avez un père qui ne sait ce qu'il dit. Maintenant vous me demandez un remède.

PERRIN.

Oui, monsieu.

SGANARELLE.

Un remède pour la guérir?

PERRIN.

C'est comme je l'entendons.

SGANARELLE.

Tenez, voilà un morceau de fromage qu'il faut que vous lui fassiez prendre.

PERRIN.

Du fromage, monsieu?

SGANARELLE.

Oui; c'est un fromage préparé, où il entre de l'or, du corail et des perles, et quantité d'autres choses précieuses.

PERRIN.

Monsieu, je vous sommes bien obligés; et j'allons li faire prendre ça tout à l'heure.

SGANARELLE.

Allez. Si elle meurt, ne manquez pas de la faire enterrer du mieux que vous pourrez.

SCÈNE III.

JACQUELINE, SGANARELLE; LUCAS,
dans le fond du théâtre.

SGANARELLE.

Voici la belle nourrice. Ah! nourrice de mon cœur, je suis ravi de cette rencontre; et votre vue est la rhubarbe, la casse, et le séné qui purgent toute la mélancolie de mon ame.

JACQUELINE.

Par ma figué, monsieu le médecin, ça est trop bian dit pour moi, et je n'entends rian à tout votre latin.

SGANARELLE.

Devenez malade, nourrice, je vous prie; devenez malade pour l'amour de moi. J'aurois toutes les joies du monde de vous guérir.

JACQUELINE.

Je sis votre sarvante; j'aime bian mieux qu'an ne me garisse pas.

SGANARELLE.

Que je vous plains, belle nourrice, d'avoir un mari jaloux et fâcheux comme celui que vous avez!

JACQUELINE.

Que v'lez-vous, monsieu? C'est pour la pénitence de mes fautes; et là où la chèvre est liée, il faut bian qu'alle y broute.

SGANARELLE.

Comment! un rustre comme cela! un homme qui vous observe toujours, et ne veut pas que personne vous parle!

JACQUELINE.

Hélas! vous n'avez rian vu encore; et ce n'est qu'un petit échantillon de sa mauvaise himeur.

SGANARELLE.

Est-il possible! et qu'un homme ait l'ame assez basse pour maltraiter une personne comme vous! Ah! que j'en sais, belle nourrice, et qui ne sont pas loin d'ici, qui se tiendroient heureux de baiser seulement les petits bouts de vos petons! Pourquoi faut-il qu'une personne si bien faite soit tombée en de telles mains! et qu'un franc animal, un brutal, un stupide, un sot... pardonnez-moi, nourrice, si je parle ainsi de votre mari...

JACQUELINE.

Hé! monsieu, je sais bian qu'il mérite tous ces noms-là.

SGANARELLE.

Oui, sans doute, nourrice, il les mérite; et il mériteroit encore que vous lui missiez quelque chose sur la tête, pour le punir des soupçons qu'il a.

JACQUELINE.

Il est bian vrai que si je n'avois devant les yeux que son intérêt, il pourroit m'obliger à queuque étrange chose.

SGANARELLE.

Ma foi, vous ne feriez pas mal de vous venger de lui avec quelqu'un. C'est un homme, je vous le dis, qui mérite bien cela; et, si j'étois assez heureux, belle nourrice, pour être choisi pour...

(Dans le temps que Sganarelle tend les bras pour embrasser Jacqueline, Lucas passe sa tête par dessous, et se met entre eux deux. Sganarelle et Jacqueline regardent Lucas, et sortent chacun de leur côté.)

SCÈNE IV.

GÉRONTE, LUCAS.

GÉRONTE.

Holà! Lucas, n'as-tu point vu ici notre médecin?

26.

LUCAS.

Et ouï, de par tous les diantres, je l'ai vu; et ma femme aussi.

GÉRONTE.

Où est-ce donc qu'il peut être?

LUCAS.

Je ne sais; mais je voudrois qu'il fût à tous les guebles.

GÉRONTE.

Va-t'en voir un peu ce que fait ma fille.

SCÈNE V.

SGANARELLE, LÉANDRE, GÉRONTE.

GÉRONTE.

Ah! monsieur, je demandois où vous étiez.

SGANARELLE.

Je m'étois amusé dans votre cour à expulser le superflu de la boisson. Comment se porte la malade?

GÉRONTE.

Un peu plus mal depuis votre remède.

SGANARELLE.

Tant mieux; c'est signe qu'il opère.

GÉRONTE.

Oui; mais en opérant je crains qu'il ne l'étouffe.

SGANARELLE.

Ne vous mettez pas en peine; j'ai des remèdes qui se moquent de tout, et je l'attends à l'agonie.

GÉRONTE, *montrant Léandre.*

Qui est cet homme-là que vous amenez?

SGANARELLE, *faisant des signes avec la main pour montrer que c'est un apothicaire.*

C'est...

GÉRONTE.

Quoi?

SGANARELLE.

Celui...

GÉRONTE.

Hé!

SGANARELLE.

Qui...

GÉRONTE.

Je vous entends.

SGANARELLE.

Votre fille en aura besoin.

SCÈNE VI.

LUCINDE, GÉRONTE, LÉANDRE, JACQUELINE, SGANARELLE.

JACQUELINE.

Monsieu, v'là votre fille qui veut un peu marcher.

SGANARELLE.

Cela lui fera du bien. Allez-vous-en, monsieur l'apothicaire, tâter un peu son pouls, afin que je raisonne tantôt avec vous de sa maladie.

(*Sganarelle tire Géronte dans un coin du théâtre, et lui passe un bras sur les épaules pour l'empêcher de tourner la tête du côté où sont Léandre et Lucinde.*)

Monsieur, c'est une grande et subtile question entre les docteurs, de savoir si les femmes sont plus faciles à guérir que les hommes. Je vous prie d'écouter ceci, s'il vous plaît. Les uns disent que non, les autres disent que oui : et moi je dis qu'oui et non ; d'autant que l'incongruité des humeurs opaques qui se rencontrent au tempérament naturel des femmes, étant cause que la partie brutale veut toujours prendre empire sur la sensitive, on voit que l'inégalité de leurs opinions dépend du mouvement oblique du cercle de la lune ; et comme le soleil, qui darde ses rayons sur la concavité de la terre, trouve...

LUCINDE, *à Léandre.*

Non, je ne suis point du tout capable de changer de sentiment.

GÉRONTE.

Voilà ma fille qui parle ! O grande vertu du remède ! O admirable médecin ! Que je vous suis obligé, monsieur, de cette guérison merveilleuse ! et que puis-je faire pour vous après un tel service ?

SGANARELLE, *se promenant sur le théâtre, et s'éventant avec son chapeau.*

Voilà une maladie qui m'a bien donné de la peine !

LUCINDE.

Oui, mon père, j'ai recouvré la parole ; mais je l'ai recouvrée pour vous dire que je n'aurai jamais d'autre époux que Léandre, et que c'est inutilement que vous voulez me donner Horace.

GÉRONTE.

Mais...

LUCINDE.

Rien n'est capable d'ébranler la résolution que j'ai prise.

GÉRONTE.

Quoi!...

LUCINDE.

Vous m'opposerez en vain de belles raisons.

GÉRONTE.

Si...

LUCINDE.

Tous vos discours ne serviront de rien.

GÉRONTE.

Je...

LUCINDE.

C'est une chose où je suis déterminée.

GÉRONTE.

Mais...

LUCINDE.

Il n'est puissance paternelle qui me puisse obliger à me marier malgré moi.

GÉRONTE.

J'ai...

LUCINDE.

Vous avez beau faire tous vos efforts.

GÉRONTE.

Il...

LUCINDE.

Mon cœur ne sauroit se soumettre à cette tyrannie.

GÉRONTE.

La...

LUCINDE.

Et je me jetterai plutôt dans un couvent, que d'épouser un homme que je n'aime point.

GÉRONTE.

Mais...

LUCINDE, *avec vivacité.*

Non. En aucune façon. Point d'affaires. Vous perdez le temps. Je n'en ferai rien. Cela est résolu.

GÉRONTE.

Ah! quelle impétuosité de paroles! Il n'y a pas moyen d'y résister. (*à Sganarelle.*) Monsieur, je vous prie de la faire redevenir muette.

SGANARELLE.

C'est une chose qui m'est impossible. Tout ce que je puis faire pour votre service est de vous rendre sourd, si vous voulez.

GÉRONTE.

Je vous remercie. (*à Lucinde.*) Penses-tu donc...

LUCINDE.

Non, toutes vos raisons ne gagneront rien sur mon ame.

GÉRONTE.

Tu épouseras Horace dès ce soir.

LUCINDE.

J'épouserai plutôt la mort.

SGANARELLE, *à Géronte.*

Mon dieu! arrêtez-vous, laissez-moi médicamenter cette affaire; c'est une maladie qui la tient, et je sais le remède qu'il y faut apporter.

GÉRONTE.

Seroit-il possible, monsieur, que vous pussiez aussi guérir cette maladie d'esprit?

SGANARELLE.

Oui; laissez-moi faire, j'ai des remèdes pour tout; et notre apothicaire nous servira pour cette cure. (*à Léandre.*) Un mot. Vous voyez que l'ardeur qu'elle a pour ce Léandre est tout-à-fait contraire aux volontés du père; qu'il n'y a point de temps à perdre; que les humeurs sont fort aigries; et qu'il est nécessaire de trouver promptement un remède à ce mal, qui pourroit empirer par le retardement. Pour moi, je n'y en vois qu'un seul, qui est une prise de fuite purgative, que vous mêlerez comme il faut avec deux dragmes de matrimonium en pilules. Peut-être fera-t-elle quelque difficulté à prendre ce remède; mais, comme vous êtes habile homme dans votre métier, c'est à vous de l'y résoudre, et de lui faire avaler la chose du mieux que vous pourrez. Allez-vous-en lui faire faire un petit tour de jardin, afin de préparer les humeurs, tandis que j'entretiendrai ici son père; mais sur-tout ne perdez point de temps. Au remède, vite! au remède spécifique!

SCÈNE VII.
GERONTE, SGANARELLE.

GÉRONTE.

Quelles drogues, monsieur, sont celles que vous venez de dire? Il me semble que je ne les ai jamais ouï nommer.

SGANARELLE.

Ce sont drogues dont on se sert dans les nécessités urgentes.

GÉRONTE.

Avez-vous jamais vu une insolence pareille à la sienne?

SGANARELLE.

Les filles sont quelquefois un peu têtues.

GÉRONTE.

Vous ne sauriez croire comme elle est affolée de ce Léandre.

SGANARELLE.

La chaleur du sang fait cela dans les jeunes esprits.

GÉRONTE.

Pour moi, dès que j'ai eu découvert la violence de cet amour, j'ai su tenir toujours ma fille renfermée.

SGANARELLE.

Vous avez fait sagement.

GÉRONTE.

Et j'ai bien empêché qu'ils n'aient eu communication ensemble.

ACTE III, SCÈNE VII.

SGANARELLE.

Fort bien.

GÉRONTE.

Il seroit arrivé quelque folie, si j'avois souffert qu'ils se fussent vus.

SGANARELLE.

Sans doute.

GÉRONTE.

Et je crois qu'elle auroit été fille à s'en aller avec lui.

SGANARELLE.

C'est prudemment raisonner.

GÉRONTE.

On m'avertit qu'il fait tous ses efforts pour lui parler.

SGANARELLE.

Quel drôle !

GÉRONTE.

Mais il perdra son temps.

SGANARELLE.

Ha! ha!

GÉRONTE.

Et j'empêcherai bien qu'il ne la voie.

SGANARELLE.

Il n'a pas affaire à un sot, et vous savez des rubriques qu'il ne sait pas. Plus fin que vous n'est pas bête.

SCÈNE VIII.

LUCAS, GÉRONTE, SGANARELLE.

LUCAS.

Ah! palsanguienne, monsieu, vaici bian du tintamarre; votre fille s'en est enfuie avec son Liandre. C'étoit lui qui étoit l'apothicaire; et v'là monsieu le médecin, qui a fait cette belle opération-là.

GÉRONTE.

Comment! m'assassiner de la façon! Allons, un commissaire; et qu'on empêche qu'il ne sorte. Ah! traître, je vous ferai punir par la justice.

LUCAS.

Ah! par ma fi, monsieur le médecin, vous serez pendu : ne bougez de là seulement.

SCÈNE IX.

MARTINE, SGANARELLE, LUCAS.

MARTINE, *à Lucas.*

Ah! mon dieu! que j'ai eu de peine à trouver ce logis! Dites-moi un peu des nouvelles du médecin que je vous ai donné.

LUCAS.

Le v'là qui va être pendu.

MARTINE.

Quoi! mon mari pendu! Hélas! et qu'a-t-il fait pour cela?

LUCAS.

Il a fait enlever la fille de notre maître.

MARTINE.

Hélas! mon cher mari, est-il bien vrai qu'on te va pendre?

SGANARELLE.

Tu vois. Ah!

MARTINE.

Faut-il que tu te laisses mourir en présence de tant de gens!

SGANARELLE.

Que veux-tu que j'y fasse?

MARTINE.

Encore, si tu avois achevé de couper notre bois, je prendrois quelque consolation.

SGANARELLE.

Retire-toi de là, tu me fends le cœur!

MARTINE.

Non, je veux demeurer pour t'encourager à la mort; et je ne te quitterai point que je ne t'aie vu pendu.

SGANARELLE.

Ah!

SCÈNE X.

GÉRONTE, SGANARELLE, MARTINE.

GÉRONTE, à *Sganarelle.*

Le commissaire viendra bientôt, et l'on s'en va vous mettre en lieu où l'on me répondra de vous.

SGANARELLE, *à genoux.*

Hélas! cela ne se peut-il point changer en quelques coups de bâton?

GÉRONTE.

Non, non; la justice en ordonnera. Mais que vois-je?

SCÈNE XI.

GÉRONTE, LÉANDRE, LUCINDE, SGANARELLE, LUCAS, MARTINE.

LÉANDRE.

Monsieur, je viens faire paroître Léandre à vos yeux, et remettre Lucinde en votre pouvoir. Nous avons eu dessein de prendre la fuite nous deux, et de nous aller marier ensemble; mais cette entreprise a fait place à un procédé plus honnête. Je ne prétends point vous voler votre fille, et ce n'est que de votre main que je veux la recevoir. Ce que je vous dirai, monsieur, c'est que je viens, tout à l'heure, de recevoir des lettres par où j'apprends que mon oncle est mort, et que je suis héritier de tous ses biens.

GÉRONTE.

Monsieur, votre vertu m'est tout-à-fait considérable; et je vous donne ma fille avec la plus grande joie du monde.

SGANARELLE, *à part.*

La médecine l'a échappé belle!

ACTE III, SCÈNE XI.

MARTINE.

Puisque tu ne seras point pendu, rends-moi grace d'être médecin, car c'est moi qui t'ai procuré cet honneur.

SGANARELLE.

Oui, c'est toi qui m'as procuré je ne sais combien de coups de bâton.

LÉANDRE, à *Sganarelle*.

L'effet en est trop beau pour en garder du ressentiment.

SGANARELLE.

Soit. (*à Martine*.) Je te pardonne ces coups de bâton en faveur de la dignité où tu m'as élevé : mais prépare-toi désormais à vivre dans un grand respect avec un homme de ma conséquence ; et songe que la colère d'un médecin est plus à craindre qu'on ne peut croire.

FIN DU MÉDECIN MALGRÉ LUI.

MÉLICERTE,

PASTORALE HÉROÏQUE EN DEUX ACTES,

Représentée le 2 décembre 1666.

PERSONNAGES.

MÉLICERTE, bergère.
DAPHNÉ, bergère.
ÉROXÈNE, bergère.
MYRTIL, amant de Mélicerte.
ACANTE, amant de Daphné.
TIRÈNE, amant d'Éroxène.
LICARSIS, pâtre, cru père de Myrtil.
CORINNE, confidente de Mélicerte.
NICANDRE, berger.
MOPSE, berger, cru oncle de Mélicerte.

La scène est en Thessalie, dans la vallée de Tempé.

MÉLICERTE.

ACTE PREMIER.

SCÈNE I.

DAPHNÉ, ÉROXÈNE, ACANTE, TIRÈNE.

ACANTE.

Ah ! charmante Daphné !

TIRÈNE.
Trop aimable Éroxène !

DAPHNÉ.

Acante, laisse-moi.

ÉROXÈNE.
Ne me suis point, Tirène.

ACANTE, *à Daphné.*

Pourquoi me chasses-tu ?

TIRÈNE, *à Éroxène.*
Pourquoi fuis-tu mes pas ?

DAPHNÉ, *à Acante.*

Tu me plais loin de moi.

ÉROXÈNE, *à Tirène.*
Je m'aime où tu n'es pas.

ACANTE.

Ne cesseras-tu point cette rigueur mortelle ?

TIRÈNE.
Ne cesseras-tu point de m'être si cruelle ?
DAPHNÉ.
Ne cesseras-tu point tes inutiles vœux ?
ÉROXÈNE.
Ne cesseras-tu point de m'être si fâcheux ?
ACANTE.
Si tu n'en prends pitié, je succombe à ma peine.
TIRÈNE.
Si tu ne me secours, ma mort est trop certaine.
DAPHNÉ.
Si tu ne veux partir, je vais quitter ce lieu.
ÉROXÈNE.
Si tu veux demeurer, je te vais dire adieu.
ACANTE.
Hé bien ! en m'éloignant je te vais satisfaire.
TIRÈNE.
Mon départ va t'ôter ce qui peut te déplaire.
ACANTE.
Généreuse Éroxène, en faveur de mes feux
Daigne au moins, par pitié, lui dire un mot ou deux.
TIRÈNE.
Obligeante Daphné, parle à cette inhumaine,
Et sache d'où pour moi procède tant de haine.

SCÈNE II.
DAPHNÉ, ÉROXÈNE.
ÉROXÈNE.
Acante a du mérite, et t'aime tendrement ;
D'où vient que tu lui fais un si dur traitement ?

ACTE I, SCÈNE II.

DAPHNÉ.

Tirène vaut beaucoup, et languit pour tes charmes ;
D'où vient que sans pitié tu vois couler ses larmes ?

ÉROXÈNE.

Puisque j'ai fait ici la demande avant toi,
La raison te condamne à répondre avant moi.

DAPHNÉ.

Pour tous les soins d'Acante on me voit inflexible,
Parcequ'à d'autres vœux je me trouve sensible.

ÉROXÈNE.

Je ne fais pour Tirène éclater que rigueur,
Parcequ'un autre choix est maître de mon cœur.

DAPHNÉ.

Puis-je savoir de toi ce choix qu'on te voit taire ?

ÉROXÈNE.

Oui, si tu veux du tien m'apprendre le mystère.

DAPHNÉ.

Sans te nommer celui qu'amour m'a fait choisir,
Je puis facilement contenter ton désir ;
Et de la main d'Atis, ce peintre inimitable,
J'en garde dans ma poche un portrait admirable
Qui jusqu'au moindre trait lui ressemble si fort,
Qu'il est sûr que tes yeux le connoîtront d'abord.

ÉROXÈNE.

Je puis te contenter par une même voie,
Et payer ton secret en pareille monnoie.
J'ai de la main aussi de ce peintre fameux
Un aimable portrait de l'objet de mes vœux,
Si plein de tous ses traits et de sa grace extrême,
Que tu pourras d'abord te le nommer toi-même.

DAPHNÉ.

La boîte que le peintre a fait faire pour moi

Est tout-à-fait semblable à celle que je voi.
ÉROXÈNE.
Il est vrai, l'une à l'autre entièrement ressemble,
Et certe il faut qu'Atis les ait fait faire ensemble.
DAPHNÉ.
Faisons en même temps, par un peu de couleurs,
Confidence à nos yeux du secret de nos cœurs.
ÉROXÈNE.
Voyons à qui plus vite entendra ce langage,
Et qui parle le mieux, de l'un ou l'autre ouvrage.
DAPHNÉ.
La méprise est plaisante, et tu te brouilles bien ;
Au lieu de ton portrait, tu m'as rendu le mien.
ÉROXÈNE.
Il est vrai ; je ne sais comme j'ai fait la chose.
DAPHNÉ.
Donne. De cette erreur ta rêverie est cause.
ÉROXÈNE.
Que veut dire ceci ? Nous nous jouons, je crois ;
Tu fais de ces portraits même chose que moi.
DAPHNÉ.
Certes, c'est pour en rire, et tu peux me le rendre.
ÉROXÈNE, *mettant les deux portraits l'un à côté de l'autre.*
Voici le vrai moyen de ne se point méprendre.
DAPHNÉ.
De mes sens prévenus est-ce une illusion ?
ÉROXÈNE.
Mon ame sur mes yeux fait-elle impression ?
DAPHNÉ.
Myrtil à mes regards s'offre dans cet ouvrage.

ACTE I, SCÈNE II.

ÉROXÈNE.

De Myrtil dans ces traits je rencontre l'image.

DAPHNÉ.

C'est le jeune Myrtil qui fait naître mes feux.

ÉROXÈNE.

C'est au jeune Myrtil que tendent tous mes vœux.

DAPHNÉ.

Je venois aujourd'hui te prier de lui dire
Les soins que pour son sort son mérite m'inspire.

ÉROXÈNE.

Je venois te chercher pour servir mon ardeur
Dans le dessein que j'ai de m'assurer son cœur.

DAPHNÉ.

Cette ardeur qu'il t'inspire est-elle si puissante ?

ÉROXÈNE.

L'aimes-tu d'une amour qui soit si violente ?

DAPHNÉ.

Il n'est point de froideur qu'il ne puisse enflammer,
Et sa grace naissante a de quoi tout charmer.

ÉROXÈNE.

Il n'est nymphe en l'aimant qui ne se tînt heureuse ;
Et Diane, sans honte, en seroit amoureuse.

DAPHNÉ.

Rien que son air charmant ne me touche aujourd'hui ;
Et si j'avois cent cœurs, ils seroient tous pour lui.

ÉROXÈNE.

Il efface à mes yeux tout ce qu'on voit paroître ;
Et si j'avois un sceptre, il en seroit le maître.

DAPHNÉ.

Ce seroit donc en vain qu'à chacune, en ce jour,
On nous voudroit du sein arracher cet amour :
Nos ames dans leurs vœux sont trop bien affermies.

Ne tâchons, s'il se peut, qu'à demeurer amies,
Et puisqu'en même temps, pour le même sujet,
Nous avons toutes deux formé même projet,
Mettons dans ce débat la franchise en usage,
Ne prenons l'une et l'autre aucun lâche avantage,
Et courons nous ouvrir ensemble à Licarsis
Des tendres sentiments où nous jette son fils.

ÉROXÈNE.

J'ai peine à concevoir, tant la surprise est forte,
Comme un tel fils est né d'un père de la sorte;
Et sa taille, son air, sa parole et ses yeux,
Feroient croire qu'il est issu du sang des dieux.
Mais enfin j'y souscris, courons trouver ce père,
Allons lui de nos cœurs découvrir le mystère;
Et consentons qu'après Myrtil entre nous deux
Décide par son choix ce combat de nos vœux.

DAPHNÉ.

Soit. Je vois Licarsis avec Mopse et Nicandre.
Ils pourront le quitter, cachons-nous pour attendre.

SCÈNE III.

LICARSIS, MOPSE, NICANDRE.

NICANDRE, *à Licarsis.*

Dis-nous donc ta nouvelle.

LICARSIS.

Ah! que vous me pressez!
Cela ne se dit pas comme vous le pensez.

MOPSE.

Que de sottes façons, et que de badinage!
Ménalque pour chanter n'en fait pas davantage.

ACTE I, SCÈNE III.

LICARSIS.

Parmi les curieux des affaires d'état,
Une nouvelle à dire est d'un puissant éclat.
Je me veux mettre un peu sur l'homme d'importance,
Et jouir quelque temps de votre impatience.

NICANDRE.

Veux-tu par tes délais nous fatiguer tous deux?

MOPSE.

Prends-tu quelque plaisir à te rendre fâcheux?

NICANDRE.

De grace, parle, et mets ces mines en arrière.

LICARSIS.

Priez-moi donc tous deux de la bonne manière,
Et me dites chacun quel don vous me ferez
Pour obtenir de moi ce que vous désirez.

MOPSE.

La peste soit du fat! Laissons-le là, Nicandre;
Il brûle de parler, bien plus que nous d'entendre.
Sa nouvelle lui pèse, il veut s'en décharger;
Et ne l'écouter pas est le faire enrager.

LICARSIS.

Hé!

NICANDRE.

Te voilà puni de tes façons de faire.

LICARSIS.

Je m'en vais vous le dire, écoutez.

MOPSE.

                       Point d'affaire.

LICARSIS.

Quoi! vous ne voulez pas m'entendre?

NICANDRE.

                                Non.

LICARSIS.

Hé bien !
Je ne dirai donc mot, et vous ne saurez rien.

MOPSE.

Soit.

LICARSIS.

Vous ne saurez pas qu'avec magnificence
Le roi vient honorer Tempé de sa présence ;
Qu'il entra dans Larisse hier sur le haut du jour;
Qu'à l'aise je l'y vis avec toute sa cour ;
Que ces bois vont jouir aujourd'hui de sa vue,
Et qu'on raisonne fort touchant cette venue.

NICANDRE.

Nous n'avons pas envie aussi de rien savoir.

LICARSIS.

Je vis cent choses là, ravissantes à voir :
Ce ne sont que seigneurs, qui, des pieds à la tête,
Sont brillants et parés comme au jour d'une fête;
Ils surprennent la vue ; et nos prés au printemps,
Avec toutes leurs fleurs, sont bien moins éclatants.
Pour le prince, entre tous sans peine on le remarque,
Et d'une stade loin il sent son grand monarque :
Dans toute sa personne il a je ne sais quoi
Qui d'abord fait juger que c'est un maître roi.
Il le fait d'une grace à nulle autre seconde ;
Et cela, sans mentir, lui sied le mieux du monde.
On ne croiroit jamais comme de toutes parts
Toute sa cour s'empresse à chercher ses regards :
Ce sont autour de lui confusions plaisantes ;
Et l'on diroit d'un tas de mouches reluisantes
Qui suivent en tous lieux un doux rayon de miel.
Enfin l'on ne voit rien de si beau sous le ciel ;

Et la fête de Pan, parmi nous si chérie,
Auprès de ce spectacle est une gueuserie.
Mais puisque sur le fier vous vous tenez si bien,
Je garde ma nouvelle, et ne veux dire rien.

MOPSE.

Et nous ne te voulons aucunement entendre.

LICARSIS.

Allez vous promener.

MOPSE.
Va-t'en te faire pendre.

SCÈNE IV.
ÉROXÈNE, DAPHNÉ, LICARSIS.

LICARSIS, *se croyant seul.*

C'EST de cette façon que l'on punit les gens,
Quand ils font les benêts et les impertinents.

DAPHNÉ.

Le ciel tienne, pasteur, vos brebis toujours saines !

ÉROXÈNE.

Cérès tienne de grains vos granges toujours pleines !

LICARSIS.

Et le grand Pan vous donne à chacune un époux
Qui vous aime beaucoup, et soit digne de vous !

DAPHNÉ.

Ah ! Licarsis, nos vœux à même but aspirent:

ÉROXÈNE.

C'est pour le même objet que nos deux cœurs soupirent:

DAPHNÉ.

Et l'Amour, cet enfant qui cause nos langueurs,
A pris chez vous le trait dont il blesse nos cœurs.

ÉROXÈNE.

Et nous venons ici chercher votre alliance,
Et voir qui de nous deux aura la préférence.

LICARSIS.

Nymphes...

DAPHNÉ.

Pour ce bien seul nous poussons des soupirs.

LICARSIS.

Je suis...

ÉROXÈNE.

A ce bonheur tendent tous nos désirs.

DAPHNÉ.

C'est un peu librement exprimer sa pensée.

LICARSIS.

Pourquoi ?

ÉROXÈNE.

La bienséance y semble un peu blessée.

LICARSIS.

Ah ! point.

DAPHNÉ.

Mais quand le cœur brûle d'un noble feu,
On peut, sans nulle honte, en faire un libre aveu.

LICARSIS.

Je...

ÉROXÈNE.

Cette liberté nous peut être permise,
Et du choix de nos cœurs la beauté l'autorise.

LICARSIS.

C'est blesser ma pudeur que me flatter ainsi.

ÉROXÈNE.

Non, non, n'affectez point de modestie ici.

ACTE I, SCÈNE IV.

DAPHNÉ.

Enfin tout notre bien est en votre puissance.

ÉROXÈNE.

C'est de vous que dépend notre unique espérance.

DAPHNÉ.

Trouverons-nous en vous quelques difficultés ?

LICARSIS.

Ah !

ÉROXÈNE.

Nos vœux, dites-moi, seront-ils rejetés ?

LICARSIS.

Non, j'ai reçu du ciel une ame peu cruelle :
Je tiens de feu ma femme ; et je me sens, comme elle,
Pour les désirs d'autrui beaucoup d'humanité,
Et je ne suis point homme à garder de fierté.

DAPHNÉ.

Accordez donc Myrtil à notre amoureux zèle.

ÉROXÈNE.

Et souffrez que son choix règle notre querelle.

LICARSIS.

Myrtil !

DAPHNÉ.

Oui, c'est Myrtil que de vous nous voulons.

ÉROXÈNE.

De qui pensez-vous donc qu'ici nous vous parlons ?

LICARSIS.

Je ne sais ; mais Myrtil n'est guère dans un âge
Qui soit propre à ranger au joug du mariage.

DAPHNÉ.

Son mérite naissant peut frapper d'autres yeux ;
Et l'on veut s'engager un bien si précieux,
Prévenir d'autres cœurs, et braver la fortune

Sous les fermes liens d'une chaîne commune.

ÉROXÈNE.

Comme par son esprit et ses autres brillants
Il rompt l'ordre commun, et devance le temps,
Notre flamme pour lui veut en faire de même,
Et régler tous ses vœux sur son mérite extrême.

LICARSIS.

Il est vrai qu'à son âge il surprend quelquefois ;
Et cet Athénien qui fut chez moi vingt mois,
Qui, le trouvant joli, se mit en fantaisie
De lui remplir l'esprit de sa philosophie,
Sur de certains discours l'a rendu si profond,
Que, tout grand que je suis, souvent il me confond.
Mais, avec tout cela, ce n'est encor qu'enfance,
Et son fait est mêlé de beaucoup d'innocence.

DAPHNÉ.

Il n'est point tant enfant, qu'à le voir chaque jour
Je ne le croie atteint déjà d'un peu d'amour ;
Et plus d'une aventure à mes yeux s'est offerte,
Où j'ai connu qu'il suit la jeune Mélicerte.

ÉROXÈNE.

Ils pourroient bien s'aimer, et je vois...

LICARSIS.

Franc abus.
Pour elle passe encore, elle a deux ans de plus ;
Et deux ans, dans son sexe, est une grande avance.
Mais pour lui, le jeu seul l'occupe tout, je pense,
Et les petits désirs de se voir ajusté
Ainsi que les bergers de haute qualité.

DAPHNÉ.

Enfin nous désirons par le nœud d'hyménée
Attacher sa fortune à notre destinée.

ÉROXÈNE.

Nous voulons, l'une et l'autre, avec pareille ardeur,
Nous assurer de loin l'empire de son cœur.

LICARSIS.

Je m'en tiens honoré plus qu'on ne sauroit croire.
Je suis un pauvre pâtre ; et ce m'est trop de gloire
Que deux nymphes d'un rang le plus haut du pays
Disputent à se faire un époux de mon fils.
Puisqu'il vous plaît qu'ainsi la chose s'exécute,
Je consens que son choix règle votre dispute ;
Et celle qu'à l'écart laissera cet arrêt
Pourra, pour son recours, m'épouser, s'il lui plaît.
C'est toujours même sang, et presque même chose.
Mais le voici. Souffrez qu'un peu je le dispose.
Il tient quelque moineau qu'il a pris fraîchement :
Et voilà ses amours et son attachement.

SCÈNE V.

ÉROXÈNE, DAPHNÉ ET LICARSIS, *dans le fond du théâtre;* MYRTIL.

MYRTIL, *se croyant seul, et tenant un moineau dans une cage.*

INNOCENTE petite bête,
Qui contre ce qui vous arrête
Vous débattez tant à mes yeux,
De votre liberté ne plaignez point la perte :
Votre destin est glorieux,
Je vous ai pris pour Mélicerte ;
Elle vous baisera vous prenant dans sa main ;
Et de vous mettre en son sein
Elle vous fera la grace.

Est-il un sort au monde et plus doux et plus beau ?
Et qui des rois, hélas ! heureux petit moineau,
      Ne voudroit être en votre place ?

LICARSIS.

Myrtil ! Myrtil ! un mot. Laissons là ces joyaux,
Il s'agit d'autre chose ici que de moineaux.
Ces deux nymphes, Myrtil, à la fois te prétendent,
Et tout jeune déjà pour époux te demandent ;
Je dois par un hymen t'engager à leurs vœux,
Et c'est toi que l'on veut qui choisisses des deux.

MYRTIL.

Ces nymphes ?

LICARSIS.

      Oui. Des deux tu peux en choisir une.
Vois quel est ton bonheur, et bénis la fortune.

MYRTIL.

Ce choix qui m'est offert peut-il m'être un bonheur,
S'il n'est aucunement souhaité de mon cœur ?

LICARSIS.

Enfin qu'on le reçoive ; et que, sans se confondre,
A l'honneur qu'elles font on songe à bien répondre.

ÉROXÈNE.

Malgré cette fierté qui règne parmi nous,
Deux nymphes, ô Myrtil, viennent s'offrir à vous ;
Et de vos qualités les merveilles écloses
Font que nous renversons ici l'ordre des choses.

DAPHNÉ.

Nous vous laissons, Myrtil, pour l'avis le meilleur,
Consulter sur ce choix vos yeux et votre cœur !
Et nous n'en voulons point prévenir les suffrages
Par un récit paré de tous nos avantages.

ACTE I, SCÈNE V.

MYRTIL.

C'est me faire un honneur dont l'éclat me surprend ;
Mais cet honneur pour moi, je l'avoue, est trop grand.
A vos rares bontés il faut que je m'oppose :
Pour mériter ce sort, je suis trop peu de chose ;
Et je serois fâché, quels qu'en soient les appas,
Qu'on vous blâmât pour moi de faire un choix trop bas.

ÉROXÈNE.

Contentez nos désirs, quoi qu'on en puisse croire ;
Et ne vous chargez point du soin de notre gloire.

DAPHNÉ.

Non, ne descendez point dans ces humilités,
Et laissez-nous juger ce que vous méritez.

MYRTIL.

Le choix qui m'est offert s'oppose à votre attente,
Et peut seul empêcher que mon cœur vous contente.
Le moyen de choisir de deux grandes beautés,
Égales en naissance et rares qualités !
Rejeter l'une ou l'autre est un crime effroyable,
Et n'en choisir aucune est bien plus raisonnable.

ÉROXÈNE.

Mais en faisant refus de répondre à nos vœux,
Au lieu d'une, Myrtil, vous en outragez deux.

DAPHNÉ.

Puisque nous consentons à l'arrêt qu'on peut rendre,
Ces raisons ne font rien à vouloir s'en défendre.

MYRTIL.

Hé bien ! si ces raisons ne vous satisfont pas,
Celle-ci le fera : J'aime d'autres appas ;
Et je sens bien qu'un cœur qu'un bel objet engage
Est insensible et sourd à tout autre avantage.

LICARSIS.

Comment donc ! Qu'est-ce ci ? Qui l'eût pu présumer ?
Et savez-vous, morveux, ce que c'est que d'aimer ?

MYRTIL.

Sans savoir ce que c'est, mon cœur a su le faire.

LICARSIS.

Mais cet amour me choque, et n'est pas nécessaire.

MYRTIL.

Vous ne deviez donc pas, si cela vous déplaît,
Me faire un cœur sensible et tendre comme il est.

LICARSIS.

Mais ce cœur que j'ai fait me doit obéissance.

MYRTIL.

Oui, lorsque d'obéir il est en sa puissance.

LICARSIS.

Mais enfin, sans mon ordre il ne doit point aimer.

MYRTIL.

Que n'empêchiez-vous donc que l'on pût le charmer ?

LICARSIS.

Hé bien ! je vous défends que cela continue.

MYRTIL.

La défense, j'ai peur, sera trop tard venue.

LICARSIS.

Quoi ! les pères n'ont pas des droits supérieurs ?

MYRTIL.

Les dieux, qui sont bien plus, ne forcent point les cœurs.

LICARSIS.

Les dieux... Paix, petit sot. Cette philosophie
Me...

ACTE I, SCÈNE V.

DAPHNÉ.
Ne vous mettez point en courroux, je vous prie.

LICARSIS.
Non, je veux qu'il se donne à l'une pour époux,
Ou je vais lui donner le fouet tout devant vous.
Ah ! ah ! je vous ferai sentir que je suis père.

DAPHNÉ.
Traitons, de grace, ici les choses sans colère.

ÉROXÈNE.
Peut-on savoir de vous cet objet si charmant
Dont la beauté, Myrtil, vous a fait son amant ?

MYRTIL.
Mélicerte, madame. Elle en peut faire d'autres.

ÉROXÈNE.
Vous comparez, Myrtil, ses qualités aux nôtres !

DAPHNÉ.
Le choix d'elle et de nous est assez inégal !...

MYRTIL.
Nymphes, au nom des dieux, n'en dites point de mal.
Daignez considérer, de grace, que je l'aime ;
Et ne me jetez point dans un désordre extrême.
Si j'outrage, en l'aimant, vos célestes attraits,
Elle n'a point de part au crime que je fais ;
C'est de moi, s'il vous plaît, que vient toute l'offense.
Il est vrai, d'elle à vous je sais la différence :
Mais par sa destinée on se trouve enchaîné ;
Et je sens bien enfin que le ciel m'a donné
Pour vous tout le respect, nymphes, imaginable,
Pour elle tout l'amour dont une ame est capable.
Je vois, à la rougeur qui vient de vous saisir,
Que ce que je vous dis ne vous fait pas plaisir.

Si vous parlez, mon cœur appréhende d'entendre
Ce qui peut le blesser par l'endroit le plus tendre ;
Et, pour me dérober à de semblables coups,
Nymphes, j'aime bien mieux prendre congé de vous.

LICARSIS.

Myrtil ! holà, Myrtil ! Veux-tu revenir, traître ?
Il fuit ; mais on verra qui de nous est le maître.
Ne vous effrayez point de tous ces vains transports ;
Vous l'aurez pour époux, j'en réponds corps pour corps.

FIN DU PREMIER ACTE.

ACTE SECOND.

SCÈNE I.

MÉLICERTE, CORINNE.

MÉLICERTE.

Ah! Corinne, tu viens de l'apprendre de Stelle,
Et c'est de Licarsis qu'elle tient la nouvelle..

CORINNE.

Oui.

MÉLICERTE.

Que les qualités dont Myrtil est orné
Ont su toucher d'amour Éroxène et Daphné?

CORINNE.

Oui.

MÉLICERTE.

Que pour l'obtenir leur ardeur est si grande,
Qu'ensemble elles en ont déjà fait la demande;
Et que, dans ce débat, elles ont fait dessein
De passer dès cette heure à recevoir sa main?
Ah! que tes mots ont peine à sortir de ta bouche!
Et que c'est foiblement que mon souci te touche!

CORINNE.

Mais quoi! que voulez-vous? C'est là la vérité,
Et vous redites tout comme je l'ai conté.

MÉLICERTE.

Mais comment Licarsis reçoit-il cette affaire?

CORINNE.

Comme un honneur, je crois, qui doit beaucoup lui plaire.

MÉLICERTE.

Et ne vois-tu pas bien, toi qui sais mon ardeur,
Qu'avec ces mots, hélas ! tu me perces le cœur ?

CORINNE.

Comment ?

MÉLICERTE.

Me mettre aux yeux que le sort implacable
Auprès d'elles me rend trop peu considérable,
Et qu'à moi, par leur rang, on les va préférer,
N'est-ce pas une idée à me désespérer ?

CORINNE.

Mais quoi ! je vous réponds, et dis ce que je pense.

MÉLICERTE.

Ah ! tu me fais mourir par ton indifférence.
Mais dis, quels sentiments Myrtil a-t-il fait voir ?

CORINNE.

Je ne sais.

MÉLICERTE.

Et c'est là ce qu'il falloit savoir.
Cruelle !

CORINNE.

En vérité, je ne sais comment faire ;
Et de tous les côtés je trouve à vous déplaire.

MÉLICERTE.

C'est que tu n'entres point dans tous les mouvements
D'un cœur, hélas ! rempli de tendres sentiments.
Va-t'en ; laisse-moi seule en cette solitude
Passer quelques moments de mon inquiétude.

SCÈNE II.

MÉLICERTE.

Vous le voyez, mon cœur, ce que c'est que d'aimer;
Et Bélise avoit su trop bien m'en informer.
Cette charmante mère, avant sa destinée,
Me disoit une fois, sur le bord du Pénée:
« Ma fille, songe à toi; l'amour aux jeunes cœurs
« Se présente toujours entouré de douceurs.
« D'abord il n'offre aux yeux que choses agréables;
« Mais il traîne après lui des troubles effroyables:
« Et si tu veux passer tes jours dans quelque paix,
« Toujours, comme d'un mal, défends-toi de ses traits. »
De ces leçons, mon cœur, je m'étois souvenue;
Et quand Myrtil venoit à s'offrir à ma vue,
Qu'il jouoit avec moi, qu'il me rendoit des soins,
Je vous disois toujours de vous y plaire moins.
Vous ne me crûtes point, et votre complaisance
Se vit bientôt changée en trop de bienveillance.
Dans ce naissant amour, qui flattoit vos désirs,
Vous ne vous figuriez que joie et que plaisirs;
Cependant vous voyez la cruelle disgrace
Dont en ce triste jour le destin vous menace,
Et la peine mortelle où vous voilà réduit.
Ah! mon cœur, ah! mon cœur, je vous l'avois bien dit.
Mais tenons, s'il se peut, notre douleur couverte.
Voici...

SCÈNE III.

MYRTIL, MÉLICERTE.

MYRTIL.

J'AI fait tantôt, charmante Mélicerte,
Un petit prisonnier que je garde pour vous,
Et dont peut-être un jour je deviendrai jaloux.
C'est un jeune moineau qu'avec un soin extrême
Je veux, pour vous l'offrir, apprivoiser moi-même.
Le présent n'est pas grand; mais les divinités
Ne jettent leurs regards que sur les volontés.
C'est le cœur qui fait tout; et jamais la richesse
Des présents que... Mais, ciel! d'où vient cette tristesse?
Qu'avez-vous, Mélicerte? et quel sombre chagrin
Se voit dans vos beaux yeux répandu ce matin?...
Vous ne répondez point; et ce morne silence
Redouble encor ma peine et mon impatience.
Parlez. De quel ennui ressentez-vous les coups?
Qu'est-ce donc?

MÉLICERTE.
Ce n'est rien.

MYRTIL.
Ce n'est rien, dites vous?
Et je vois cependant vos yeux couverts de larmes.
Cela s'accorde-t-il, beauté pleine de charmes?
Ah! ne me faites point un secret dont je meurs;
Et m'expliquez, hélas! ce que disent ces pleurs.

MÉLICERTE.
Rien ne me serviroit de vous le faire entendre.

MYRTIL
Devez-vous rien avoir que je ne doive apprendre?

Et ne blessez-vous pas votre amour aujourd'hui,
De vouloir me voler ma part de votre ennui?
Ah! ne le cachez point à l'ardeur qui m'inspire.

MÉLICERTE.

Hé bien! Myrtil, hé bien! il faut donc vous le dire.
J'ai su que, par un choix plein de gloire pour vous,
Éroxène et Daphné vous veulent pour époux;
Et je vous avouerai que j'ai cette foiblesse
De n'avoir pu, Myrtil, le savoir sans tristesse,
Sans accuser du sort la rigoureuse loi
Qui les rend dans leurs vœux préférables à moi.

MYRTIL.

Et vous pouvez l'avoir cette injuste tristesse!
Vous pouvez soupçonner mon amour de foiblesse,
Et croire qu'engagé par des charmes si doux
Je puisse être jamais à quelque autre qu'à vous;
Que je puisse accepter une autre main offerte!
Hé! que vous ai-je fait, cruelle Mélicerte,
Pour traiter ma tendresse avec tant de rigueur,
Et faire un jugement si mauvais de mon cœur?
Quoi! faut-il que de lui vous ayez quelque crainte!
Je suis bien malheureux de souffrir cette atteinte!
Et que me sert d'aimer comme je fais, hélas!
Si vous êtes si prête à ne le croire pas?

MÉLICERTE.

Je pourrois moins, Myrtil, redouter ces rivales,
Si les choses étoient de part et d'autre égales;
Et, dans un rang pareil, j'oserois espérer
Que peut-être l'amour me feroit préférer:
Mais l'inégalité de bien et de naissance,
Qui peut d'elles à moi faire la différence...

MYRTIL.

Ah ! leur rang de mon cœur ne viendra point à bout ;
Et vos divins appas vous tiennent lieu de tout.
Je vous aime ; il suffit ; et dans votre personne
Je vois rang, biens, trésors, états, sceptre, couronne ;
Et des rois les plus grands m'offrît-on le pouvoir,
Je n'y changerois pas le bien de vous avoir.
C'est une vérité toute sincère et pure ;
Et pouvoir en douter est me faire une injure.

MÉLICERTE.

Hé bien ! je crois, Myrtil, puisque vous le voulez,
Que vos vœux par leur rang ne sont point ébranlés,
Et que, bien qu'elles soient nobles, riches, et belles,
Votre cœur m'aime assez pour me mieux aimer qu'elles :
Mais ce n'est pas l'amour dont vous suivez la voix ;
Votre père, Myrtil, règlera votre choix ;
Et de même qu'à vous je ne lui suis pas chère,
Pour préférer à tout une simple bergère.

MYRTIL.

Non, chère Mélicerte, il n'est père, ni dieux,
Qui me puissent forcer à quitter vos beaux yeux ;
Et toujours de mes vœux reine comme vous êtes...

MÉLICERTE.

Ah ! Myrtil, prenez garde à ce qu'ici vous faites ;
N'allez point présenter un espoir à mon cœur,
Qu'il recevroit peut-être avec trop de douceur,
Et qui, tombant après comme un éclair qui passe,
Me rendroit plus cruel le coup de ma disgrace.

MYRTIL.

Quoi ! faut-il des serments appeler le secours,
Lorsque l'on vous promet de vous aimer toujours ?
Que vous vous faites tort par de telles alarmes,

Et connoissez bien peu le pouvoir de vos charmes !
Hé bien ! puisqu'il le faut, je jure par les dieux,
Et, si ce n'est assez, je jure par vos yeux,
Qu'on me tuera plutôt que je vous abandonne.
Recevez-en ici la foi que je vous donne ;
Et souffrez que ma bouche, avec ravissement,
Sur cette belle main en signe le serment.

MÉLICERTE.

Ah ! Myrtil, levez-vous, de peur qu'on ne vous voie.

MYRTIL.

Est-il rien..? Mais, ô ciel ! on vient troubler ma joie.

SCÈNE IV.

LICARSIS, MYRTIL, MÉLICERTE.

LICARSIS.

Ne vous contraignez pas pour moi.

MÉLICERTE, à part.

Quel sort fâcheux !

LICARSIS.

Cela ne va pas mal, continuez tous deux.
Peste ! mon petit fils, que vous avez l'air tendre !
Et qu'en maître déjà vous savez vous y prendre !
Vous a-t-il, ce savant qu'Athènes exila,
Dans sa philosophie appris ces choses-là ?
Et vous qui lui donnez, de si douce manière,
Votre main à baiser, la gentille bergère,
L'honneur vous apprend-il ces mignardes douceurs
Par qui vous débauchez ainsi les jeunes cœurs ?

MYRTIL.

Ah ! quittez de ces mots l'outrageante bassesse,
Et ne m'accablez point d'un discours qui la blesse.

LICARSIS.

Je veux lui parler, moi. Toutes ces amitiés...

MYRTIL.

Je ne souffrirai point que vous la maltraitiez.
A du respect pour vous la naissance m'engage ;
Mais je saurai sur moi vous punir de l'outrage.
Oui, j'atteste le ciel que, si, contre mes vœux,
Vous lui dites encor le moindre mot fâcheux,
Je vais, avec ce fer qui m'en fera justice,
Au milieu de mon sein vous chercher un supplice,
Et par mon sang versé lui marquer promptement
L'éclatant désaveu de votre emportement.

MÉLICERTE.

Non, non, ne croyez pas qu'avec art je l'enflamme,
Et que mon dessein soit de séduire son ame.
S'il s'attache à me voir, et me veut quelque bien,
C'est de son mouvement, je ne l'y force en rien.
Ce n'est pas que mon cœur veuille ici se défendre
De répondre à ses vœux d'une ardeur assez tendre ;
Je l'aime, je l'avoue, autant qu'on puisse aimer :
Mais cet amour n'a rien qui vous doive alarmer ;
Et pour vous arracher toute injuste créance,
Je vous promets ici d'éviter sa présence,
De faire place au choix où vous vous résoudrez,
Et ne souffrir ses vœux que quand vous le voudrez.

SCÈNE V.

LICARSIS, MYRTIL.

MYRTIL.

HÉ BIEN ! vous triomphez avec cette retraite,
Et dans ces mots votre ame a ce qu'elle souhaite :

Mais apprenez qu'en vain vous vous réjouissez,
Que vous serez trompé dans ce que vous pensez,
Et qu'avec tous vos soins, toute votre puissance,
Vous ne gagnerez rien sur ma persévérance.

LICARSIS.

Comment ! à quel orgueil, fripon, vous vois-je aller !
Est-ce de la façon que l'on me doit parler ?

MYRTIL.

Oui, j'ai tort, il est vrai, mon transport n'est pas sage.
Pour rentrer au devoir, je change de langage.
Et je vous prie ici, mon père, au nom des dieux,
Et par tout ce qui peut vous être précieux,
De ne vous point servir dans cette conjoncture
Des fiers droits que sur moi vous donne la nature :
Ne m'empoisonnez point vos bienfaits les plus doux.
Le jour est un présent que j'ai reçu de vous ;
Mais de quoi vous serai-je aujourd'hui redevable,
Si vous me l'allez rendre, hélas ! insupportable ?
Il est, sans Mélicerte, un supplice à mes yeux ;
Sans ses divins appas rien ne m'est précieux,
Ils font tout mon bonheur et toute mon envie ;
Et si vous me l'ôtez, vous m'arrachez la vie.

LICARSIS, à part.

Aux douleurs de son ame il me fait prendre part.
Qui l'auroit jamais cru de ce petit pendard ?
Quel amour ! quels transports ! quels discours pour son âge !
J'en suis confus, et sens que cet amour m'engage.

MYRTIL, se jetant aux genoux de Licarsis.

Voyez, me voulez-vous ordonner de mourir ?
Vous n'avez qu'à parler, je suis prêt d'obéir.

LICARSIS, à part.

Je n'y puis plus tenir, il m'arrache des larmes.

Et ses tendres propos me font rendre les armes.
MYRTIL.
Que si dans votre cœur un reste d'amitié
Vous peut de mon destin donner quelque pitié,
Accordez Mélicerte à mon ardente envie,
Et vous ferez bien plus que me donner la vie.
LICARSIS.
Lève-toi.
MYRTIL.
Serez-vous sensible à mes soupirs ?
LICARSIS.
Oui.
MYRTIL.
J'obtiendrai de vous l'objet de mes désirs ?
LICARSIS.
Oui.
MYRTIL.
Vous ferez pour moi que son oncle l'oblige
A me donner sa main ?
LICARSIS.
Oui. Lève-toi, te dis-je.
MYRTIL.
O père le meilleur qui jamais ait été !
Que je baise vos mains, après tant de bonté.
LICARSIS.
Ah ! que pour ses enfants un père a de foiblesse !
Peut-on rien refuser à leurs mots de tendresse ?
Et ne se sent-on pas certains mouvements doux,
Quand on vient à songer que cela sort de vous ?
MYRTIL.
Me tiendrez-vous au moins la parole avancée ?
Ne changerez-vous point, dites-moi, de pensée ?

LICARSIS.

Non

MYRTIL.

Me permettez-vous de vous désobéir,
Si de ces sentiments on vous fait revenir ?
Prononcez le mot.

LICARSIS.

Oui. Ah ! nature, nature !
Je m'en vais trouver Mopse, et lui faire ouverture
De l'amour que sa nièce et toi vous vous portez.

MYRTIL.

Ah ! que ne dois-je point à vos rares bontés !
(*seul.*)
Quelle heureuse nouvelle à dire à Mélicerte !
Je n'accepterois pas une couronne offerte,
Pour le plaisir que j'ai de courir lui porter
Ce merveilleux succès qui la doit contenter.

SCÈNE VI.

ACANTE, TIRÈNE, MYRTIL.

ACANTE.

Ah ! Myrtil, vous avez du ciel reçu des charmes
Qui nous ont préparé des matières de larmes ;
Et leur naissant éclat, fatal à nos ardeurs,
De ce que nous aimons nous enlève les cœurs.

TIRÈNE.

Peut-on savoir, Myrtil, vers qui de ces deux belles
Vous tournerez ce choix dont courent les nouvelles,

Et sur qui doit de nous tomber ce coup affreux
Dont se voit foudroyé tout l'espoir de nos vœux?

ACANTE.

Ne faites point languir deux amants davantage,
Et nous dites quel sort votre cœur nous partage.

TIRÈNE.

Il vaut mieux, quand on craint ces malheurs éclatants,
En mourir tout d'un coup que traîner si long-temps.

MYRTIL.

Rendez, nobles bergers, le calme à votre flamme;
La belle Mélicerte a captivé mon ame.
Auprès de cet objet mon sort est assez doux,
Pour ne pas consentir à rien prendre sur vous;
Et si vos vœux enfin n'ont que les miens à craindre,
Vous n'aurez, l'un ni l'autre, aucun lieu de vous plaindre.

ACANTE.

Ah! Myrtil, se peut-il que deux tristes amants...

TIRÈNE.

Est-il vrai que le ciel, sensible à nos tourments...

MYRTIL.

Oui: content de mes fers comme d'une victoire,
Je me suis excusé de ce choix plein de gloire;
J'ai de mon père encor changé les volontés,
Et l'ai fait consentir à mes félicités.

ACANTE, à Tirène.

Ah! que cette aventure est un charmant miracle!
Et qu'à notre poursuite elle ôte un grand obstacle!

TIRÈNE, à Acante.

Elle peut renvoyer ces nymphes à nos vœux,
Et nous donner moyen d'être contents tous deux.

SCÈNE VII.

NICANDRE, MYRTIL, ACANTE, TIRÈNE.

NICANDRE.
Savez-vous en quel lieu Mélicerte est cachée ?
MYRTIL.
Comment ?
NICANDRE.
En diligence elle est par-tout cherchée.
MYRTIL.
Et pourquoi ?
NICANDRE.
Nous allons perdre cette beauté.
C'est pour elle qu'ici le roi s'est transporté ;
Avec un grand seigneur on dit qu'il la marie.
MYRTIL.
O ciel ! Expliquez-moi ce discours, je vous prie.
NICANDRE.
Ce sont des incidents grands et mystérieux.
Oui, le roi vient chercher Mélicerte en ces lieux ;
Et l'on dit qu'autrefois feu Bélise sa mère,
Dont tout Tempé croyoit que Mopse étoit le frère...
Mais je me suis chargé de la chercher par-tout :
Vous saurez tout cela tantôt de bout en bout.
MYRTIL.
Ah ! dieux ! quelle rigueur ! Hé ! Nicandre, Nicandre !
ACANTE.
Suivons aussi ses pas, afin de tout apprendre.

FIN DE MÉLICERTE.

PASTORALE

COMIQUE,

Représentée le 2 décembre 1666.

PERSONNAGES DE LA PASTORALE.

IRIS, bergère.
LYCAS, riche pasteur, amant d'Iris.
PHILÈNE, riche pasteur, amant d'Iris.
CORYDON, berger, confident de Lycas, amant d'Iris.
UN PATRE, ami de Philène.
UN BERGER.

PERSONNAGES DU BALLET.

MAGICIENS dansants.
MAGICIENS chantants.
DÉMONS dansants.
PAYSANS.
UNE ÉGYPTIENNE chantant et dansant.
ÉGYPTIENS dansants.

La scène est en Thessalie, dans un hameau de la vallée de Tempé.

PASTORALE COMIQUE.

SCÈNE I.

LYCAS, CORYDON.

SCÈNE II.

LYCAS, MAGICIENS chantants et dansants, DÉMONS.

PREMIÈRE ENTRÉE DU BALLET.

(Deux magiciens commencent, en dansant, un enchantement pour embellir Lycas : ils frappent la terre avec leurs baguettes, et en font sortir six démons, qui se joignent à eux. Trois magiciens sortent aussi de dessous terre.)

TROIS MAGICIENS CHANTANTS.

Déesse des appas,
Ne nous refuse pas
La grace qu'implorent nos bouches.
Nous t'en prions par tes rubans,
Par tes boucles de diamants,
Ton rouge, ta poudre, tes mouches,
Ton masque, ta coiffe et les gants.

PASTORALE COMIQUE.

UN MAGICIEN, seul.

O toi, qui peux rendre agréables
Les visages les plus mal faits,
Répands, Vénus, de tes attraits
Deux ou trois doses charitables
Sur ce museau tondu tout frais.

TROIS MAGICIENS CHANTANTS.

Déesse des appas,
Ne nous refuse pas
La grace qu'implorent nos bouches.
Nous t'en prions par tes rubans,
Par tes boucles de diamants,
Ton rouge, ta poudre, tes mouches,
Ton masque, ta coiffe et tes gants.

DEUXIÈME ENTRÉE DU BALLET.

(Les six démons dansants habillent Lycas d'une manière ridicule et bizarre.)

LES TROIS MAGICIENS CHANTANTS.

Ah ! qu'il est beau
Le jouvenceau !
Ah ! qu'il est beau ! ah ! qu'il est beau !
Qu'il va faire mourir de belles !
Auprès de lui les plus cruelles
Ne pourront tenir dans leur peau.
Ah ! qu'il est beau
Le jouvenceau !
Ah ! qu'il est beau ! ah ! qu'il est beau !
Ho ! ho ! ho ! ho ! ho ! ho ! ho ! ho !

SCÈNE II.

TROISIÈME ENTRÉE DU BALLET.

(Les magiciens et les démons continuent leurs danses, tandis que les trois magiciens chantants continuent à se moquer de Lycas.)

LES TROIS MAGICIENS CHANTANTS.

Qu'il est joli,
Gentil, poli !
Qu'il est joli ! qu'il est joli !
Est-il des yeux qu'il ne ravisse ?
Il passe en beauté feu Narcisse,
Qui fut un blondin accompli.
Qu'il est joli,
Gentil, poli !
Qu'il est joli ! qu'il est joli !
Hi, hi, hi, hi, hi, hi, hi, hi.

(Les trois magiciens chantants s'enfoncent dans la terre, et les magiciens dansants disparoissent.)

SCÈNE III.

LYCAS, PHILÈNE.

PHILÈNE, *sans voir Lycas, chante.*

PAISSEZ, chères brebis, les herbettes naissantes ;
Ces prés et ces ruisseaux ont de quoi vous charmer :
Mais si vous désirez vivre toujours contentes,
Petites innocentes,
Gardez-vous bien d'aimer.

LYCAS, *sans voir Philène.*

(Ce pasteur, voulant faire des vers pour sa maîtresse, prononce le nom d'Iris assez haut pour que Philène l'entende.)

PHILÈNE, à *Lycas.*

Est-ce toi que j'entends, téméraire ? Est-ce toi
Qui nommes la beauté qui me tient sous sa loi ?

LYCAS.

Oui, c'est moi ; oui, c'est moi.

PHILÈNE.

Oses-tu bien, en aucune façon,
Proférer ce beau nom ?

LYCAS.

Hé ! pourquoi non ? hé ! pourquoi non ?

PHILÈNE.

Iris charme mon ame ;
Et qui pour elle aura
Le moindre brin de flamme,
Il s'en repentira.

LYCAS.

Je me moque de cela,
Je me moque de cela.

PHILÈNE.

Je t'étranglerai, mangerai,
Si tu nommes jamais ma belle.
Ce que je dis, je le ferai,
Je t'étranglerai, mangerai ;
Il suffit que j'en ai juré.
Quand les dieux prendroient ta querelle,
Je t'étranglerai, mangerai,
Si tu nommes jamais ma belle.

LYCAS.

Bagatelle, bagatelle.

SCÈNE IV.

IRIS, LYCAS.

SCÈNE V.

LYCAS, UN PÂTRE.

(Le pâtre apporte à Lycas un cartel de la part de Philène.)

SCÈNE VI.

LYCAS, CORYDON.

SCÈNE VII.

PHILÈNE, LYCAS.

PHILÈNE *chante.*

ARRÊTE, malheureux;
Tourne, tourne visage,
Et voyons qui des deux
Obtiendra l'avantage.

LYCAS.

(*Lycas hésite à se battre.*)

PHILÈNE.

C'est par trop discourir;
Allons, il faut mourir.

SCÈNE VIII.

PHILÈNE, LYCAS, PAYSANS.

(Les paysans viennent pour séparer Philène et Lycas.)

QUATRIÈME ENTRÉE DU BALLET.

(Les paysans prennent querelle en voulant séparer les deux pasteurs; et dansent en se battant.)

SCÈNE IX.

CORYDON, LYCAS, PHILÈNE, PAYSANS.

(Corydon, par ses discours, trouve moyen d'apaiser la querelle des paysans.)

CINQUIÈME ENTRÉE DU BALLET.

(Les paysans réconciliés dansent ensemble.)

SCÈNE X.

CORYDON, LYCAS, PHILÈNE.

SCÈNE XI.

IRIS, CORYDON.

SCÈNE XII.

PHILÈNE, LYCAS, IRIS, CORYDON.

Lycas et Philène, amants de la bergère, la pressent de décider lequel des deux aura la préférence.)

PHILÈNE, *à Iris.*

N'ATTENDEZ pas qu'ici je me vante moi-même
Pour le choix que vous balancez;

SCÈNE XII.

Vous avez des yeux, je vous aime,
C'est vous en dire assez.

(La bergère décide en faveur de Corydon.)

SCÈNE XIII.

PHILÈNE, LYCAS.

PHILÈNE *chante*.

Hélas ! peut-on sentir de plus vive douleur ?
Nous préférer un servile pasteur !
O ciel !

LYCAS *chante*.

O sort !

PHILÈNE.

Quelle rigueur !

LYCAS.

Quel coup !

PHILÈNE.

Quoi ! tant de pleurs...

LYCAS.

Tant de persévérance...

PHILÈNE.

Tant de langueur...

LYCAS.

Tant de souffrance...

PHILÈNE.

Tant de vœux...

LYCAS.

Tant de soins...

PHILÈNE.
Tant d'ardeur...
LYCAS.
Tant d'amour...
PHILÈNE.
Avec tant de mépris sont traités en ce jour !
Ah ! cruelle !
LYCAS.
Cœur dur !
PHILÈNE.
Tigresse !
LYCAS.
Inexorable !
PHILÈNE.
Inhumaine !
LYCAS.
Insensible !
PHILÈNE.
Ingrate !
LYCAS.
Impitoyable !
PHILÈNE.
Tu veux donc nous faire mourir !
Il te faut contenter.
LYCAS.
Il te faut obéir.
PHILÈNE, *tirant son javelot.*
Mourons, Lycas.
LYCAS, *tirant son javelot.*
Mourons, Philène.
PHILÈNE.
Avec ce fer finissons notre peine.

LYCAS.

Pousse.

PHILÈNE.

Ferme.

LYCAS.

Courage.

PHILÈNE.

Allons, va le premier.

LYCAS.

Non, je veux marcher le dernier.

PHILÈNE.

Puisque même malheur aujourd'hui nous assemble,
Allons, partons ensemble.

SCÈNE XIV.

UN BERGER, LYCAS, PHILÈNE.

LE BERGER *chante.*

Ah ! quelle folie
De quitter la vie
Pour une beauté
Dont on est rebuté !
On peut, pour un objet aimable,
Dont le cœur nous est favorable,
Vouloir perdre la clarté ;
Mais quitter la vie
Pour une beauté
Dont on est rebuté,
Ah ! quelle folie !

SCÈNE XV.

UNE ÉGYPTIENNE; ÉGYPTIENS *dansants.*

L'ÉGYPTIENNE.

D'un pauvre cœur
Soulagez le martyre;
D'un pauvre cœur
Soulagez la douleur.
J'ai beau vous dire
Ma vive ardeur,
Je vous vois rire
De ma langueur :
Ah ! cruel, j'expire
Sous tant de rigueur !
D'un pauvre cœur
Soulagez le martyre;
D'un pauvre cœur
Soulagez la douleur.

SIXIÈME ENTRÉE DU BALLET.

(Douze Égyptiens, dont quatre jouent de la guitare, quatre des castagnettes, quatre des gnacares, dansent avec l'Égyptienne aux chansons qu'elle chante.)

L'ÉGYPTIENNE.

Croyez-moi, hâtons-nous, ma Sylvie,
Usons bien des moments précieux,
Contentons ici notre envie;
De nos ans le feu nous y convie :
Nous ne saurions, vous et moi, faire mieux

SCENE XV.

Quand l'hiver a glacé nos guérets,
Le printemps vient reprendre sa place,
Et ramène à nos champs leurs attraits ;
 Mais, hélas ! quand l'âge nous glace,
Nos beaux jours ne reviennent jamais.

Ne cherchons tous les jours qu'à nous plaire ;
Soyons-y l'un et l'autre empressés ;
 Du plaisir faisons notre affaire :
Des chagrins songeons à nous défaire,
Il vient un temps où l'on en prend assez.

Quand l'hiver a glacé nos guérets,
Le printemps vient reprendre sa place,
Et ramène à nos champs leurs attraits ;
 Mais, hélas ! quand l'âge nous glace,
Nos beaux jours ne reviennent jamais.

FIN DE LA PASTORALE COMIQUE.

LE SICILIEN,

OU

L'AMOUR PEINTRE,

COMÉDIE-BALLET,

Représentée à Saint-Germain-en-Laye en janvier,
et à Paris le 16 juin 1667.

PERSONNAGES DE LA COMÉDIE.

DON PÈDRE, gentilhomme sicilien.
ADRASTE, gentilhomme françois, amant d'Isidore.
ISIDORE, Grecque, esclave de don Pèdre.
ZAÏDE, jeune esclave.
UN SÉNATEUR.
HALI, Turc, esclave d'Adraste.
DEUX LAQUAIS.

PERSONNAGES DU BALLET.

MUSICIENS.
ESCLAVE chantant.
ESCLAVES dansants.
MAURES et MAURESQUES dansants.

La scène est à Messine, dans une place publique.

LE SICILIEN,

OU L'AMOUR PEINTRE.

SCÈNE I.

HALI, MUSICIENS.

HALI, *aux musiciens.*

Chut. N'avancez pas davantage, et demeurez dans cet endroit jusqu'à ce que je vous appelle.

SCÈNE II.

HALI.

Il fait noir comme dans un four. Le ciel s'est habillé ce soir en scaramouche, et je ne vois pas une étoile qui montre le bout de son nez. Sotte condition que celle d'un esclave, de ne vivre jamais pour soi, et d'être toujours tout entier aux passions d'un maître, de n'être réglé que par ses humeurs, et de se voir réduit à faire ses propres affaires de tous les soucis qu'il peut prendre! Le mien me fait ici épouser ses inquiétudes ; et, parcequ'il est amoureux, il faut que, nuit et jour, je n'aie aucun repos. Mais voici des flambeaux ; et sans doute c'est lui.

SCÈNE III.

ADRASTE; DEUX LAQUAIS, *portant chacun un flambeau;* HALI.

ADRASTE.

Est-ce toi, Hali?

HALI.

Et qui pourroit-ce être que moi, à ces heures de nuit? Hors vous et moi, monsieur, je ne crois pas que personne s'avise de courir maintenant les rues.

ADRASTE.

Aussi ne crois-je pas qu'on puisse voir personne qui sente dans son cœur la peine que je sens. Car, enfin, ce n'est rien d'avoir à combattre l'indifférence ou les rigueurs d'une beauté qu'on aime, on a toujours au moins le plaisir de la plainte et la liberté des soupirs : mais ne pouvoir trouver aucune occasion de parler à ce qu'on adore, ne pouvoir savoir d'une belle si l'amour qu'inspirent ses yeux est pour lui plaire ou lui déplaire, c'est la plus fâcheuse, à mon gré, de toutes les inquiétudes ; et c'est où me réduit l'incommode jaloux qui veille, avec tant de souci, sur ma charmante

SCÈNE III.

Grecque, et ne fait pas un pas sans la traîner à ses côtés.

HALI.

Mais il est, en amour, plusieurs façons de se parler ; et il me semble, à moi, que vos yeux et les siens, depuis près de deux mois, se sont dit bien des choses.

ADRASTE.

Il est vrai qu'elle et moi souvent nous nous sommes parlé des yeux ; mais comment reconnoître que chacun de notre côté nous ayons comme il faut expliqué ce langage ? Et que sais-je, après tout, si elle entend bien tout ce que mes regards lui disent, et si les siens me disent ce que je crois parfois entendre ?

HALI.

Il faut chercher quelque moyen de se parler d'autre manière.

ADRASTE.

As-tu là tes musiciens ?

HALI.

Oui.

ADRASTE.

Fais-les approcher. (*seul.*) Je veux jusqu'au jour les faire ici chanter, et voir si leur musique n'obligera point cette belle à paroître à quelque fenêtre.

SCÈNE IV.

ADRASTE, HALI, MUSICIENS.

HALI.

Les voici. Que chanteront-ils?

ADRASTE.

Ce qu'ils jugeront de meilleur.

HALI.

Il faut qu'ils chantent un trio qu'ils me chantèrent l'autre jour.

ADRASTE.

Non. Ce n'est pas ce qu'il me faut.

HALI.

Ah! monsieur, c'est du beau bécarre.

ADRASTE.

Que diantre veux-tu dire avec ton beau bécarre?

HALI.

Monsieur, je tiens pour le bécarre. Vous savez que je m'y connois. Le bécarre me charme; hors du bécarre point de salut en harmonie. Écoutez un peu ce trio.

ADRASTE.

Non, je veux quelque chose de tendre et de passionné, quelque chose qui m'entretienne dans une douce rêverie.

HALI.

Je vois bien que vous êtes pour le bémol. Mais il y a moyen de nous contenter l'un et l'autre: il faut qu'ils vous chantent une certaine scène d'une petite comédie que je leur ai vu essayer. Ce sont deux bergers amoureux, tout remplis de langueur, qui, sur bémol, viennent séparément faire leurs plaintes dans un bois, puis se découvrent l'un à l'autre la cruauté de leurs maîtresses; et là-dessus vient un berger joyeux avec un bécarre admirable, qui se moque de leur foiblesse.

ADRASTE.

J'y consens. Voyons ce que c'est.

HALI.

Voici tout juste un lieu propre à servir de scène; et voilà deux flambeaux pour éclairer la comédie.

ADRASTE.

Place-toi contre ce logis, afin qu'au moindre bruit que l'on fera dedans je fasse cacher les lumières.

FRAGMENT DE COMÉDIE,

chanté et accompagné par les musiciens qu'Hali a amenés.

SCÈNE PREMIÈRE.

PHILÈNE, TIRCIS.

PREMIER MUSICIEN, *représentant Philène.*

Si du triste récit de mon inquiétude
Je trouble le repos de votre solitude,
  Rochers, ne soyez point fâchés:
Quand vous saurez l'excès de mes peines secrètes,
   Tout rochers que vous êtes,
  Vous en serez touchés.

DEUXIÈME MUSICIEN, *représentant Tircis.*
Les oiseaux réjouis dès que le jour s'avance
Recommencent leurs chants dans ces vastes forêts;
Et moi j'y recommence
Mes soupirs languissants et mes tristes regrets.
Ah! mon cher Philène...

PHILÈNE.
Ah! mon cher Tircis...

TIRCIS.
Que je sens de peine!

PHILÈNE.
Que j'ai de soucis!

TIRCIS.
Toujours sourde à mes vœux est l'ingrate Climène.

PHILÈNE.
Chloris n'a point pour moi de regards adoucis.

TOUS DEUX ENSEMBLE.
O loi trop inhumaine!
Amour, si tu ne peux les contraindre d'aimer,
Pourquoi leur laisses-tu le pouvoir de charmer?

SCÈNE II.

PHILÈNE, TIRCIS, UN PÂTRE.

TROISIÈME MUSICIEN, *représentant un pâtre.*
Pauvres amants, quelle erreur
D'adorer des inhumaines!
Jamais les ames bien saines
Ne se payent de rigueur;
Et les faveurs sont des chaînes
Qui doivent lier un cœur.
On voit cent belles ici

SCÈNE IV.

Auprès de qui je m'empresse;
A leur vouer ma tendresse
Je mets mon plus doux souci :
Mais lorsque l'on est tigresse,
Ma foi, je suis tigre aussi.

PHILÈNE ET TIRCIS ENSEMBLE.

Heureux, hélas! qui peut aimer ainsi!

HALI.

Monsieur, je viens d'ouïr quelque bruit au dedans.

ADRASTE.

Qu'on se retire vite, et qu'on éteigne les flambeaux.

SCÈNE V.

D. PÈDRE, ADRASTE, HALI.

D. PÈDRE, *sortant de sa maison en bonnet de nuit et en robe de chambre, avec une épée sous son bras.*

Il y a quelque temps que j'entends chanter à ma porte; et sans doute cela ne se fait pas pour rien. Il faut que dans l'obscurité je tâche à découvrir quelles gens ce peuvent être.

ADRASTE.

Hali.

HALI.

Quoi?

ADRASTE.

N'entends-tu plus rien?

HALI.

Non.

(*Don Pèdre est derrière eux, qui les écoute.*)

ADRASTE.

Quoi! tous nos efforts ne pourront obtenir que je parle un moment à cette aimable Grecque! et ce jaloux maudit, ce traître de Sicilien, me fermera toujours tout accès auprès d'elle!

HALI.

Je voudrois de bon cœur que le diable l'eût emporté, pour la fatigue qu'il nous donne, le fâcheux, le bourreau qu'il est! ah! si nous le tenions ici, que je prendrois de joie à venger sur son dos tous les pas inutiles que sa jalousie nous fait faire!

ADRASTE.

Si faut-il bien pourtant trouver quelque moyen, quelque invention, quelque ruse, pour attraper notre brutal. J'y suis trop engagé pour en avoir le démenti; et quand j'y devrois employer...

HALI.

Monsieur, je ne sais pas ce que cela veut dire, mais la porte est ouverte; et, si vous voulez, j'entrerai doucement pour découvrir d'où cela vient.

(*Don Pèdre se retire sur sa porte.*)

ADRASTE.

Oui, fais, mais sans faire de bruit. Je ne m'éloigne pas de toi. Plût au ciel que ce fût la charmante Isidore!

D. PÈDRE, *donnant un soufflet à Hali.*

Qui va là?

des jeunes gens, pour les aimer! ce sont de beaux morveux, de beaux godelureaux, pour donner envie de leur peau! et je voudrois bien savoir quel ragoût il y a à eux!

HARPAGON.

Pour moi, je n'y en comprends point, et je ne sais pas comment il y a des femmes qui les aiment tant.

FROSINE.

Il faut être folle fieffée. Trouver la jeunesse aimable, est-ce avoir le sens commun? Sont-ce des hommes que de jeunes blondins? et peut-on s'attacher à ces animaux-là?

HARPAGON.

C'est ce que je dis tous les jours. Avec leur ton de poule laitée, leurs trois petits brins de barbe relevés en barbe de chat, leurs perruques d'étoupes, leurs hauts-de-chausses tout tombants, et leurs estomacs débraillés!...

FROSINE.

Hé! cela est bien bâti auprès d'une personne comme vous! Voilà un homme cela. Il y a de quoi satisfaire à la vue; et c'est ainsi qu'il faut être fait et vêtu pour donner de l'amou-

HARPAGON.

Tu me trouves bien?

FROSINE.

Comment! vous êtes à ravir, et votre figure est à peindre. Tournez-vous un peu, s'il vous plaît. Il ne se peut pas mieux. Que je vous voie marcher.

HALI.

Non. Le courroux du point d'honneur me prend; il ne sera pas dit qu'on triomphe de mon adresse; ma qualité de fourbe s'indigne de tous ces obstacles, et je prétends faire éclater les talents que j'ai eus du ciel.

ADRASTE.

Je voudrois seulement que, par quelque moyen, par un billet, par quelque bouche, elle fût avertie des sentiments qu'on a pour elle, et savoir les siens là-dessus. Après, on peut trouver facilement les moyens...

HALI.

Laissez-moi faire seulement. J'en essaierai tant, de toutes les manières, que quelque chose enfin nous pourra réussir. Allons, le jour paroît; je vais chercher mes gens, et venir attendre en ce lieu que notre jaloux sorte.

SCÈNE VII.

D. PÈDRE, ISIDORE.

ISIDORE.

Je ne sais pas quel plaisir vous prenez à me réveiller si matin. Cela s'ajuste assez mal, ce me semble, au dessein que vous avez pris de me faire peindre aujourd'hui; et ce n'est guère pour avoir le teint frais et les yeux brillants que se lever ainsi dès la pointe du jour.

SCÈNE VII.

D. PÈDRE.

J'ai une affaire qui m'oblige à sortir à l'heure qu'il est.

ISIDORE.

Mais l'affaire que vous avez eût bien pu se passer, je crois, de ma présence; et vous pouviez, sans vous incommoder, me laisser goûter les douceurs du sommeil du matin.

D. PÈDRE.

Oui. Mais je suis bien aise de vous voir toujours avec moi. Il n'est pas mal de s'assurer un peu contre les soins des surveillants; et cette nuit encore on est venu chanter sous nos fenêtres.

ISIDORE.

Il est vrai : la musique en étoit admirable.

D. PÈDRE.

C'étoit pour vous que cela se faisoit ?

ISIDORE.

Je le veux croire ainsi, puisque vous me le dites.

D. PÈDRE.

Vous savez qui étoit celui qui donnoit cette sérénade ?

ISIDORE.

Non pas; mais, qui que ce puisse être, je lui suis obligée.

D. PÈDRE.

Obligée !

ISIDORE.

Sans doute, puisqu'il cherche à me divertir.

D. PÈDRE.
Vous trouvez donc bon qu'on vous aime?
ISIDORE.
Fort bon. Cela n'est jamais qu'obligeant.
D. PÈDRE.
Et vous voulez du bien à tous ceux qui prennent ce soin?
ISIDORE.
Assurément.
D. PÈDRE.
C'est dire fort net ses pensées.
ISIDORE.
A quoi bon de dissimuler? Quelque mine qu'on fasse, on est toujours bien aise d'être aimée. Ces hommages à nos appas ne sont jamais pour nous déplaire. Quoi qu'on en puisse dire, la grande ambition des femmes est, croyez-moi, d'inspirer de l'amour. Tous les soins qu'elles prennent ne sont que pour cela, et l'on n'en voit point de si fière qui ne s'applaudisse en son cœur des conquêtes que font ses yeux.
D. PÈDRE.
Mais si vous prenez, vous, du plaisir à vous voir aimée, savez-vous bien, moi qui vous aime, que je n'y en prends nullement?
ISIDORE.
Je ne sais pas pourquoi cela; et si j'aimois quelqu'un, je n'aurois point de plus grand plaisir que de le voir aimé de tout le monde. Y a-t-il rien qui marque davantage la beauté du choix que l'on

fait? et n'est-ce pas pour s'applaudir, que ce que nous aimons soit trouvé fort aimable?

D. PÈDRE.

Chacun aime à sa guise, et ce n'est pas là ma méthode. Je serai fort ravi qu'on ne vous trouve point si belle, et vous m'obligerez de n'affecter point tant de le paroître à d'autres yeux.

ISIDORE.

Quoi! jaloux de ces choses-là?

D. PÈDRE.

Oui, jaloux de ces choses-là; mais jaloux comme un tigre, et, si vous voulez, comme un diable. Mon amour vous veut toute à moi. Sa délicatesse s'offense d'un souris, d'un regard qu'on vous peut arracher; et tous les soins qu'on me voit prendre ne sont que pour fermer tout accès aux galants, et m'assurer la possession d'un cœur dont je ne puis souffrir qu'on me vole la moindre chose.

ISIDORE.

Certes, voulez-vous que je dise? vous prenez un mauvais parti; et la possession d'un cœur est fort mal assurée, lorsqu'on prétend le retenir par force. Pour moi, je vous l'avoue, si j'étois galant d'une femme qui fût au pouvoir de quelqu'un, je mettrois toute mon étude à rendre ce quelqu'un jaloux, et l'obligerois à veiller nuit et jour celle que je voudrois gagner. C'est un admirable moyen d'avancer ses affaires; et l'on ne tarde guère à profiter du chagrin et de la colère que donnent à l'esprit d'une femme la contrainte et la servitude.

D. PÈDRE.

Si bien donc que, si quelqu'un vous en contoit, il vous trouveroit disposée à recevoir ses vœux?

ISIDORE.

Je ne vous dis rien là-dessus. Mais les femmes enfin n'aiment pas qu'on les gêne; et c'est beaucoup risquer que de leur montrer des soupçons, et de les tenir renfermées.

D. PÈDRE.

Vous reconnoissez peu ce que vous me devez; et il me semble qu'une esclave qu'on a affranchie, et dont on veut faire sa femme...

ISIDORE.

Quelle obligation vous ai-je, si vous changez mon esclavage en un autre beaucoup plus rude, si vous ne me laissez jouir d'aucune liberté, et me fatiguez, comme on voit, d'une garde continuelle?

D. PÈDRE.

Mais tout cela ne part que d'un excès d'amour.

ISIDORE.

Si c'est votre façon d'aimer, je vous prie de me haïr.

D. PÈDRE.

Vous êtes aujourd'hui dans une humeur désobligeante; et je pardonne ces paroles au chagrin où vous pouvez être de vous être levée matin.

SCÈNE VIII.

D. PÈDRE, ISIDORE; HALI, *habillé en Turc, et faisant plusieurs révérences à don Pèdre.*

D. PÈDRE.

Trève aux cérémonies : que voulez-vous?

HALI, *se mettant entre don Pèdre et Isidore.*

(Il se tourne vers Isidore à chaque parole qu'il dit à don Pèdre, et lui fait des signes pour lui faire connoître le dessein de son maître.)

Signor, (avec la permission de la signore) je vous dirai (avec la permission de la signore) que je viens vous trouver (avec la permission de la signore) pour vous prier (avec la permission de la signore) de vouloir bien (avec la permission de la signore) ...

D. PÈDRE.

Avec la permission de la signore, passez un peu de ce côté.

(*Don Pèdre se met entre Hali et Isidore.*)

HALI.

Signor, je suis un virtuose.

D. PÈDRE.

Je n'ai rien à donner.

HALI.

Ce n'est pas ce que je demande. Mais comme je me mêle un peu de musique et de danse, j'ai instruit quelques esclaves qui voudroient bien trouver un maître qui se plût à ces choses; et comme je sais que vous êtes une personne considérable, je voudrois vous prier de les voir et de les entendre, pour les acheter s'ils vous plaisent, ou pour leur enseigner quelqu'un de vos amis qui voulût s'en accommoder.

ISIDORE.

C'est une chose à voir, et cela nous divertira. Faites-les-nous venir.

HALI.

Chala bala... Voici une chanson nouvelle qui est du temps. Écoutez bien. Chala bala.

SCÈNE IX.

D. PÈDRE, ISIDORE, HALI, ESCLAVES, TURCS.

UN ESCLAVE, *chantant*, à *Isidore.*
D'un cœur ardent, en tous lieux,
Un amant suit une belle;
Mais d'un jaloux odieux
La vigilance éternelle
Fait qu'il ne peut, que des yeux,
S'entretenir avec elle.
Est-il peine plus cruelle
Pour un cœur bien amoureux?
(*à don Pèdre.*)
Chiribirida ouch alla,
Star bon Turca,
Non aver danara,
Ti voler comprara:

SCÈNE IX.

Mi servir à ti,
Se pagar per mi;
Far bona coucina,
Mi levar matina,
Far boller caldara.
Parlara, parlara :
Ti voler comprara.

PREMIÈRE ENTRÉE DE BALLET

(Danse des esclaves.)

L'ESCLAVE, *à Isidore.*

C'est un supplice, à tous coups,
Sous qui cet amant expire ;
Mais si d'un œil un peu doux
La belle voit son martyre,
Et consent qu'aux yeux de tous
Pour ses attraits il soupire,
Il pourroit bientôt se rire
De tous les soins du jaloux.

(à don Pèdre.)

Chiribirida ouch alla,
Star bon Turca,
Non aver danara,
Ti voler comprara :
Mi servir à ti,
Se pagar per mi;
Far bona coucina,
Mi levar matina,
Far boller caldara.
Parlara, parlara ;
Ti voler comprara.

DEUXIÈME ENTRÉE DE BALLET.

(Les esclaves recommencent leurs danses.)

D. PÈDRE *chante.*

Savez-vous, mes drôles,
Que cette chanson
Sent, pour vos épaules,
Les coups de bâton ?
Chiribirida ouch alla,
Mi ti non comprara,
Ma ti bastonara,
Si, si non andara ;
Andara, andara,
O ti bastonara.

(*à Isidore.*)

Oh! oh! quels égrillards! Allons, rentrons ici : j'ai changé de pensée; et puis le temps se couvre un peu. (*à Hali qui paroît encore.*)
Ah! fourbe, que je vous y trouve...

HALI.

Hé bien oui, mon maître l'adore. Il n'a point de plus grand désir que de lui montrer son amour; et, si elle y consent, il la prendra pour femme.

D. PÈDRE.

Oui, oui, je la lui garde.

HALI.

Nous l'aurons malgré vous.

D. PÈDRE.

Comment! coquin...

HALI.

Nous l'aurons, dis-je, en dépit de vos dents.

D. PÈDRE.

Si je prends...

HALI.

Vous avez beau faire la garde, j'en ai juré, elle sera à nous.

D. PÈDRE.

Laisse-moi faire, je t'attraperai sans courir.

HALI.

C'est nous qui vous attraperons. Elle sera notre femme; la chose est résolue.

(*seul.*)

Il faut que j'y périsse ou que j'en vienne à bout.

SCÈNE X.

ADRASTE, HALI, DEUX LAQUAIS.

ADRASTE.

Hé bien! Hali, nos affaires s'avancent-elles?

HALI.

Monsieur, j'ai déjà fait quelque petite tentative; mais je...

ADRASTE.

Ne te mets point en peine, j'ai trouvé par hasard tout ce que je voulois; et je vais jouir du bonheur de voir chez elle cette belle. Je me suis rencontré chez le peintre Damon, qui m'a dit qu'aujourd'hui il venoit faire le portrait de cette adorable personne; et comme il est depuis long-temps de mes plus intimes amis, il a voulu servir mes feux, et m'envoie à sa place avec un petit mot de lettre pour me faire accepter. Tu sais que de tout temps je me suis plu à la peinture, et que parfois je manie le pinceau, contre la coutume de France, qui ne veut pas qu'un gentilhomme sache rien faire; ainsi j'aurai la liberté de voir cette belle à mon aise. Mais je ne doute pas que mon jaloux fâcheux ne soit toujours présent, et n'empêche tous les propos que nous pourrions avoir ensemble; et, pour te dire vrai, j'ai, par le moyen d'une jeune esclave, un stratagème prêt pour tirer cette belle Grecque des mains de son jaloux, si je puis obtenir d'elle qu'elle y consente.

HALI.

Laissez-moi faire, je veux vous faire un peu de jour à la pouvoir entretenir. Il ne sera pas dit que je ne serve de rien dans cette affaire-là. Quand y allez-vous ?

ADRASTE.

Tout de ce pas, et j'ai déjà préparé toutes choses.

HALI.

Je vais de mon côté me préparer aussi.

ADRASTE, seul.

Je ne veux point perdre de temps. Holà! Il me tarde que je ne goûte le plaisir de la voir!

SCÈNE XI.

D. PÈDRE, ADRASTE, DEUX LAQUAIS.

D. PÈDRE.

Que cherchez-vous, cavalier, dans cette maison?

SCÈNE XI.

ADRASTE.

J'y cherche le seigneur don Pèdre.

D. PÈDRE.

Vous l'avez devant vous.

ADRASTE.

Il prendra, s'il lui plaît, la peine de lire cette lettre.

D. PÈDRE *lit.*

« Je vous envoie au lieu de moi, pour le por-
« trait que vous savez, ce gentilhomme françois,
« qui, comme curieux d'obliger les honnêtes gens,
« a bien voulu prendre ce soin, sur la proposition
« que je lui en ai faite. Il est, sans contredit, le
« premier homme du monde pour ces sortes d'ou-
« vrages, et j'ai cru que je ne vous pouvois rendre
« un service plus agréable que de vous l'envoyer,
« dans le dessein que vous avez d'avoir un portrait
« achevé de la personne que vous aimez. Gardez-
« vous bien sur-tout de lui parler d'aucune récom-
« pense; car c'est un homme qui s'en offenseroit,
« et qui ne fait les choses que pour la gloire et la
« réputation. »

Seigneur François, c'est une grande grace que vous me voulez faire; et je vous suis fort obligé.

ADRASTE.

Toute mon ambition est de rendre service aux gens de nom et de mérite.

D. PÈDRE.

Je vais faire venir la personne dont il s'agit.

SCÈNE XII.

ISIDORE, D. PÈDRE, ADRASTE, DEUX LAQUAIS.

D. PÈDRE, *à Isidore.*

Voici un gentilhomme que Damon nous envoie, qui se veut bien donner la peine de vous peindre.
(*à Adraste qui embrasse Isidore en la saluant.*)
Holà! seigneur François, cette façon de saluer n'est point d'usage en ce pays.

ADRASTE.

C'est la manière de France.

D. PÈDRE.

La manière de France est bonne pour vos femmes; mais pour les nôtres elle est un peu trop familière.

ISIDORE.

Je reçois cet honneur avec beaucoup de joie. L'aventure me surprend fort; et, pour dire le vrai, je ne m'attendois pas d'avoir un peintre si illustre.

ADRASTE.

Il n'y a personne, sans doute, qui ne tînt à beaucoup de gloire de toucher à un tel ouvrage. Je n'ai pas grande habileté; mais le sujet ici ne fournit que trop de lui-même, et il y a moyen de faire quelque chose de beau sur un original fait comme celui-là.

SCÈNE XII.

ISIDORE.

L'original est peu de chose, mais l'adresse du peintre en saura couvrir les défauts.

ADRASTE.

Le peintre n'y en voit aucun ; et tout ce qu'il souhaite est d'en pouvoir représenter les graces aux yeux de tout le monde, aussi grandes qu'il les peut voir.

ISIDORE.

Si votre pinceau flatte autant que votre langue, vous allez me faire un portrait qui ne me ressemblera pas.

ADRASTE.

Le ciel, qui fit l'original, nous ôte le moyen d'en faire un portrait qui puisse flatter.

ISIDORE.

Le ciel, quoi que vous en disiez, ne...

D. PÈDRE.

Finissons cela, de grace. Laissons les complimens, et songeons au portrait.

ADRASTE, *aux laquais.*

Allons, apportez tout.

(*On apporte tout ce qu'il faut pour peindre Isidore.*)

ISIDORE, *à Adraste.*

Où voulez-vous que je me place ?

ADRASTE.

Ici. Voici le lieu le plus avantageux, et qui reçoit le mieux les vues favorables de la lumière que nous cherchons.

ISIDORE, *après s'être assise.*

Suis-je bien ainsi ?

ADRASTE.

Oui. Levez-vous un peu, s'il vous plaît. Un peu plus de ce côté-là. Le corps tourné ainsi. La tête un peu levée, afin que la beauté du cou paroisse. Ceci un peu plus découvert. (*Il découvre un peu plus sa gorge.*) Bon là. Un peu davantage : encore tant soit peu.

D. PÈDRE, *à Isidore.*

Il y a bien de la peine à vous mettre : ne sauriez-vous vous tenir comme il faut ?

ISIDORE.

Ce sont ici des choses toutes neuves pour moi, et c'est à monsieur à me mettre de la façon qu'il veut.

ADRASTE, *assis.*

Voilà qui va le mieux du monde, et vous vous tenez à merveille. (*la faisant tourner un peu devers lui.*) Comme cela, s'il vous plaît. Le tout dépend des attitudes qu'on donne aux personnes qu'on peint.

D. PÈDRE.

Fort bien.

ADRASTE.

Un peu plus de ce côté. Vos yeux toujours tournés vers moi, je vous en prie ; vos regards attachés aux miens.

ISIDORE.

Je ne suis pas comme ces femmes qui veulent,

SCÉNE XII.

en se faisant peindre, des portraits qui ne sont
point elles, et ne sont point satisfaites du peintre,
s'il ne les fait toujours plus belles qu'elles ne sont.
Il faudroit, pour les contenter, ne faire qu'un
portrait pour toutes : car toutes demandent les
mêmes choses; un teint tout de lis et de roses,
un nez bien fait, une petite bouche, et de grands
yeux vifs, bien fendus, et sur-tout le visage pas
plus gros que le poing, l'eussent-elles d'un pied
de large. Pour moi, je vous demande un portrait
qui soit moi, et qui n'oblige point à demander
qui c'est.

ADRASTE.

Il seroit malaisé qu'on demandât cela du vôtre;
et vous avez des traits à qui fort peu d'autres ressemblent. Qu'ils ont de douceur et de charmes!
et qu'on court risque à les peindre!

D. PÈDRE.

Le nez me semble un peu trop gros.

ADRASTE.

J'ai lu, je ne sais où, qu'Apelle peignit autrefois une maîtresse d'Alexandre, d'une merveilleuse
beauté, et qu'il en devint, la peignant, si éperdument amoureux, qu'il fut près d'en perdre la
vie; de sorte qu'Alexandre par générosité lui céda
l'objet de ses vœux. (*à don Pèdre.*) Je pourrois
faire ici ce qu'Apelle fit autrefois; mais vous ne
feriez pas peut-être ce que fit Alexandre.

(Don Pèdre fait la grimace.)

ISIDORE, *à don Pèdre*.

Tout cela sent la nation; et toujours messieurs les François ont un fonds de galanterie qui se répand par-tout.

ADRASTE.

On ne se trompe guère à ces sortes de choses, et vous avez l'esprit trop éclairé pour ne pas voir de quelle source partent les choses qu'on vous dit. Oui, quand Alexandre seroit ici, et que ce seroit votre amant, je ne pourrois m'empêcher de vous dire que je n'ai rien vu de si beau que ce que je vois maintenant, et que...

D. PÈDRE.

Seigneur François, vous ne devriez pas, ce me semble, tant parler; cela vous détourne de votre ouvrage.

ADRASTE

Ah! point du tout. J'ai toujours coutume de parler quand je peins; et il est besoin dans ces choses d'un peu de conversation pour réveiller l'esprit et tenir les visages dans la gaieté nécessaire aux personnes que l'on veut peindre.

SCÈNE XIII.

HALI, *vêtu en Espagnol*; D. PÈDRE, ADRASTE, ISIDORE.

D. PÈDRE.

Que veut dire cet homme-là? Et qui laisse monter les gens sans nous en avertir?

SCÈNE XIII.

HALI, *à don Pèdre.*

J'entre ici librement; mais entre cavaliers telle liberté est permise. Seigneur, suis-je connu de vous?

D. PÈDRE.

Non, seigneur.

HALI.

Je suis don Gilles d'Avalos; et l'histoire d'Espagne vous doit avoir instruit de mon mérite.

D. PÈDRE.

Souhaitez-vous quelque chose de moi?

HALI.

Oui, un conseil sur un fait d'honneur. Je sais qu'en ces matières il est malaisé de trouver un cavalier plus consommé que vous. Mais je vous demande pour grace que nous nous tirions à l'écart.

D. PÈDRE.

Nous voilà assez loin.

ADRASTE, *à don Pèdre qui le surprend parlant bas à Isidore.*

J'observois de près la couleur de ses yeux.

HALI, *tirant don Pèdre pour l'éloigner d'Adraste et d'Isidore.*

Seigneur, j'ai reçu un soufflet. Vous savez ce qu'est un soufflet, lorsqu'il se donne à main ouverte sur le beau milieu de la joue. J'ai ce soufflet fort sur le cœur; et je suis dans l'incertitude si, pour me venger de l'affront, je dois me battre avec mon homme, ou bien le faire assassiner.

D. PÈDRE.

Assassiner, c'est le plus sûr et le plus court chemin. Quel est votre ennemi?

HALI.

Parlons bas, s'il vous plaît.

(Hali tient don Pèdre, en lui parlant, de façon qu'il ne peut voir Adraste.)

ADRASTE, *aux genoux d'Isidore, pendant que don Pèdre et Hali parlent bas ensemble.*

Oui, charmante Isidore, mes regards vous le disent depuis plus de deux mois, et vous les avez entendus : je vous aime plus que tout ce que l'on peut aimer; et je n'ai point d'autre pensée, d'autre but, d'autre passion, que d'être à vous toute ma vie.

ISIDORE.

Je ne sais si vous dites vrai, mais vous persuadez.

ADRASTE.

Mais vous persuadé-je jusqu'à vous inspirer quelque peu de bonté pour moi?

ISIDORE.

Je ne crains que d'en trop avoir.

ADRASTE.

En aurez-vous assez pour consentir, belle Isidore, au dessein que je vous ai dit?

ISIDORE.

Je ne puis encore vous le dire.

ADRASTE.

Qu'attendez-vous pour cela?

SCÈNE XIII.

ISIDORE.

A me résoudre.

ADRASTE.

Ah! quand on aime bien, on se résout bientôt.

ISIDORE.

Hé bien! allez; oui, j'y consens.

ADRASTE.

Mais consentez-vous, dites-moi, que ce soit dès ce moment même?

ISIDORE.

Lorsqu'on est une fois résolu sur la chose, s'arrête-t-on sur le temps?

D. PÈDRE, *à Hali.*

Voilà mon sentiment, et je vous baise les mains.

HALI.

Seigneur, quand vous aurez reçu quelque soufflet, je suis homme aussi de conseil; et je pourrai vous rendre la pareille.

D. PÈDRE.

Je vous laisse aller sans vous reconduire; mais entre cavaliers cette liberté est permise.

ADRASTE, *à Isidore.*

Non, il n'est rien qui puisse effacer de mon cœur les tendres témoignages...

(*à don Pèdre apercevant Adraste qui parle de près à Isidore.*)

Je regardois ce petit trou qu'elle a au côté du menton; et je croyois d'abord que ce fût une tache. Mais c'est assez pour aujourd'hui, nous finirons une autre fois. (*à don Pèdre qui veut voir le por-*

trait.) Non, ne regardez rien encore; faites serrer cela, je vous prie. (*à Isidore.*) Et vous, je vous conjure de ne vous relâcher point, et de garder un esprit gai, pour le dessein que j'ai d'achever notre ouvrage.

ISIDORE.

Je conserverai pour cela toute la gaieté qu'il faut.

SCÈNE XIV.

D. PÈDRE, ISIDORE.

ISIDORE.

Qu'en dites-vous? Ce gentilhomme me paroît le plus civil du monde; et l'on doit demeurer d'accord que les François ont quelque chose en eux de poli, de galant, que n'ont point les autres nations.

D. PÈDRE.

Oui : mais ils ont cela de mauvais, qu'ils s'émancipent un peu trop, et s'attachent en étourdis à conter des fleurettes à toutes celles qu'ils rencontrent.

ISIDORE.

C'est qu'ils savent qu'on plaît aux dames par ces choses.

D. PÈDRE.

Oui : mais s'ils plaisent aux dames, ils déplaisent fort aux messieurs; et l'on n'est point bien aise de voir sous sa moustache cajoler hardiment sa femme ou sa maîtresse.

ISIDORE.

Ce qu'ils en font n'est que par jeu.

SCÈNE XV.

ZAÏDE, D. PÈDRE, ISIDORE.

ZAÏDE.

AH! seigneur cavalier, sauvez-moi, s'il vous plaît, des mains d'un mari furieux dont je suis poursuivie. Sa jalousie est incroyable, et passe dans ses mouvements tout ce qu'on peut imaginer. Il va jusqu'à vouloir que je sois toujours voilée; et pour m'avoir trouvé le visage un peu découvert, il a mis l'épée à la main, et m'a réduite à me jeter chez vous pour vous demander votre appui contre son injustice. Mais je le vois paroître. De grace, seigneur cavalier, sauvez-moi de sa fureur.

D. PÈDRE, *à Zaïde, lui montrant Isidore.*

Entrez là-dedans avec elle, et n'appréhendez rien.

SCÈNE XVI.

ADRASTE, D. PÈDRE.

D. PÈDRE.

HÉ quoi! seigneur, c'est vous! Tant de jalousie pour un François! je pensois qu'il n'y eût que nous qui en fussions capables.

ADRASTE.

Les François excellent toujours dans toutes les choses qu'ils font; et quand nous nous mêlons d'être jaloux, nous le sommes vingt fois plus qu'un Sicilien. L'infâme croit avoir trouvé chez vous un assuré refuge; mais vous êtes trop raisonnable pour blâmer mon ressentiment. Laissez-moi, je vous prie, la traiter comme elle mérite.

D. PÈDRE.

Ah! de grace, arrêtez. L'offense est trop petite pour un courroux si grand.

ADRASTE.

La grandeur d'une telle offense n'est pas dans l'importance des choses que l'on fait; elle est à transgresser les ordres qu'on nous donne: et, sur de pareilles matières, ce qui n'est qu'une bagatelle devient fort criminel lorsqu'il est défendu.

D. PÈDRE.

De la façon qu'elle a parlé, tout ce qu'elle en a fait a été sans dessein; et je vous prie enfin de vous remettre bien ensemble.

ADRASTE.

Hé quoi! vous prenez son parti, vous qui êtes si délicat sur ces sortes de choses!

D. PÈDRE.

Oui, je prends son parti; et, si vous voulez m'obliger, vous oublierez votre colère, et vous

SCÈNE XVI.

vous réconcilierez tous deux. C'est une grace que je vous demande ; et je la recevrai comme un essai de l'amitié que je veux qui soit entre nous.

ADRASTE.

Il ne m'est pas permis, à ces conditions, de vous rien refuser. Je ferai ce que vous voudrez.

SCÈNE XVII.

ZAÏDE, D. PÈDRE ; ADRASTE, *dans un coin du théâtre.*

D. PÈDRE, *à Zaïde.*

Holà ! venez. Vous n'avez qu'à me suivre, et j'ai fait votre paix. Vous ne pouviez jamais mieux tomber que chez moi.

ZAÏDE.

Je vous suis obligée plus qu'on ne sauroit croire. Mais je m'en vais prendre mon voile ; je n'ai garde, sans lui, de paroitre à ses yeux.

SCÈNE XVIII.

D. PÈDRE, ADRASTE.

D. PÈDRE.

La voici qui s'en va venir ; et son ame, je vous assure, a paru toute réjouie lorsque je lui ai dit que j'avois raccommodé tout.

34.

SCÈNE XIX.

ISIDORE, *sous le voile de Zaïde;* ADRASTE, D. PÈDRE.

D. PÈDRE, *à Adraste.*

Puisque vous m'avez bien voulu abandonner votre ressentiment, trouvez bon qu'en ce lieu je vous fasse toucher dans la main l'un de l'autre, et que tous deux je vous conjure de vivre, pour l'amour de moi, dans une parfaite union.

ADRASTE.

Oui, je vous promets que, pour l'amour de vous, je m'en vais, avec elle, vivre le mieux du monde.

D. PÈDRE.

Vous m'obligez sensiblement, et j'en garderai la mémoire.

ADRASTE.

Je vous donne ma parole, seigneur don Pèdre, qu'à votre considération je m'en vais la traiter du mieux qu'il me sera possible.

D. PÈDRE.

C'est trop de grace que vous me faites. (*seul.*) Il est bon de pacifier et d'adoucir toujours les choses. Holà! Isidore, venez.

SCÈNE XX.

ZAÏDE, D. PÈDRE.

D. PÈDRE.

Comment! que veut dire cela?

ZAÏDE, *sans voile.*

Ce que cela veut dire? Qu'un jaloux est un monstre haï de tout le monde, et qu'il n'y a personne qui ne soit ravi de lui nuire, n'y eût-il point d'autre intérêt; que toutes les serrures et les verroux du monde ne retiennent point les personnes, et que c'est le cœur qu'il faut arrêter par la douceur et par la complaisance; qu'Isidore est entre les mains du cavalier qu'elle aime, et que vous êtes pris pour dupe.

D. PÈDRE.

Don Pèdre souffrira cette injure mortelle! non, non, j'ai trop de cœur, et je vais demander l'appui de la justice pour pousser le perfide à bout. C'est ici le logis d'un sénateur. Holà!

SCÈNE XXI.

UN SÉNATEUR, D. PÈDRE.

LE SÉNATEUR.

Serviteur, seigneur don Pèdre. Que vous venez à propos!

LE SICILIEN.

D. PÈDRE.
Je viens me plaindre à vous d'un affront qu'on m'a fait.

LE SÉNATEUR.
J'ai fait une mascarade la plus belle du monde.

D. PÈDRE.
Un traître de François m'a joué une pièce...!

LE SÉNATEUR.
Vous n'avez, dans votre vie, jamais rien vu de si beau.

D. PÈDRE.
Il m'a enlevé une fille que j'avois affranchie.

LE SÉNATEUR.
Ce sont gens vêtus en Maures, qui dansent admirablement.

D. PÈDRE.
Vous voyez si c'est une injure qui se doive souffrir.

LE SÉNATEUR.
Des habits merveilleux, et qui sont faits exprès.

D. PÈDRE.
Je demande l'appui de la justice contre cette action.

LE SÉNATEUR.
Je veux que vous voyiez cela. On la va répéter pour en donner le divertissement au peuple.

D. PÈDRE.
Comment! de quoi parlez-vous là?

SCÈNE XXI.

LE SÉNATEUR.

Je parle de ma mascarade.

D. PÈDRE.

Je vous parle de mon affaire.

LE SÉNATEUR.

Je ne veux point aujourd'hui d'autres affaires que de plaisir. Allons, messieurs, venez. Voyons si cela ira bien.

D. PÈDRE.

La peste soit du fou, avec sa mascarade !

LE SÉNATEUR.

Diantre soit le fâcheux, avec son affaire !

SCÈNE XXII.

UN SÉNATEUR, TROUPE DE DANSEURS.

ENTRÉE DE BALLET.

(Plusieurs danseurs, vêtus en Maures, dansent devant le sénateur et finissent la comédie.)

FIN DU TOME TROISIEME.

TABLE

DES PIÈCES CONTENUES DANS CE VOLUME.

	Pages
Don Juan ou le Festin de Pierre,	5
L'Amour Médecin,	107
Le Misanthrope,	157
Le Médecin malgré lui,	245
Mélicerte,	319
Pastorale comique,	353
Le Sicilien ou l'Amour peintre,	367

Fin de la table du tome troisième.

www.ingramcontent.com/pod-product-compliance
Lightning Source LLC
Chambersburg PA
CBHW071910230426
43671CB00010B/1543